趣味の多様化と観光地域

鈴木富之 編

昭和堂

はしがき

　日本では、「観光」の重要性が高まっています。かつて観光旅行は日本人にとって贅沢で特別なものでしたが、今日では格安航空会社（ローコストキャリア、LCC）やオンライン予約サイト、カプセルホテルや宿泊施設型ゲストハウス、空き家・空き部屋活用型の民泊など低廉宿泊施設の出現もあり、誰もが手軽に楽しめる余暇活動の1つに変化しています。また、2000年代以降、日本政府は「観光立国」や「観光先進国」と称し、外貨獲得を目的として外国人観光客の誘致に力を入れています。東京や大阪、福岡などの繁華街、東京ディズニーリゾートやユニバーサル・スタジオ・ジャパンなどのテーマパーク、伏見稲荷大社や日光東照宮などの社寺などには、外国人観光客が数多く訪問しています。東京の豊洲市場や併設する商業施設「豊洲 千客万来」、アメヤ横丁、大阪の黒門市場では、海鮮丼や食べ歩きグルメを求める外国人観光客の姿を目にすることができます。

　なかでも、1990年代半ば以降、観光旅行者の趣味嗜好に寄り添ったさまざまな観光形態が注目を集めています。こうした新しい観光形態は「オルタナティブ・ツーリズム」や「ニューツーリズム」（新しい観光）と呼ばれており、その種類は産業観光やスポーツツーリズム、エコツーリズム、グリーンツーリズム、ヘルスツーリズム、フードツーリズムなど多岐にわたります（鈴木2020）。2010年代以降になると、ソーシャルネットワーキングサービス（SNS）や動画投稿サイトなどソーシャルメディアの影響が大きくなり、グランピングやソロキャンプ、SUP（スタンドアップパドルボード）、推し活、SNS映え（インスタ映え）、アニメの聖地巡礼など、観光旅行者の趣味と観光が結びついた新しいキーワードを目にする機会が増えました。このように、今日の日本では趣味の多様化が観光旅行者の観光形態や観光地域のあり方に影響を及ぼしているといえるでしょう。

　少子化と超高齢化の進行が著しい日本は、2000年代後半に人口減少社会

に突入し、経済の停滞や社会格差の拡大、企業や自治体における人手不足や労働生産性の低さ、空き家や空き店舗の増加、インフラストラクチャーの老朽化、高齢者や若者の孤独・孤立などさまざまな課題に直面しています。これらを解決することは難しく、現在の日本社会に閉塞感や生きづらさを感じる読者の皆様も少なくないと思います。先行きがみえない時代であるからこそ、我々は観光旅行で心身を充足させ、旅行先で趣味に没頭し、「自分らしさ」を取り戻すことが必要なのではないでしょうか。

こうした時代背景を踏まえて、本書では、タイトルで示したように「趣味の多様化と観光地域」を主要なテーマとしました。具体的には、趣味の多様化がいかにして既存の観光地域に変化をもたらしているか、いかにしてオルタナティブ・ツーリズムが地域に導入されているか、また1990年代半ば以降に生まれたデジタルネイティブの若者（Ｚ世代）の余暇活動や観光資源の選好について明らかにします。

本書は3部構成になっています。

第Ⅰ部「趣味の多様化に伴う主要観光地域の変容」では、温泉観光地域や高原観光地域が趣味の多様化を反映していかにして変容したか、また歴史学習の場である歴史的町並み観光地域がいかにして形成したかについて取り上げます。また、趣味に金銭を費やす個人自由旅行者が節約目的で数多く利用する低廉宿泊施設（宿泊施設型ゲストハウスなど）を取り上げ、これらが都市に集積した要因について明らかにします。

第Ⅱ部「旅行者の趣味嗜好に寄り添ったオルタナティブ・ツーリズム（ニューツーリズム）の展開」では、文化観光（民泊体験事業）、産業観光（工場見学）、スポーツツーリズム（サイクルツーリズム）について取り上げます。また、2011年の東日本大震災後に新たに出現した復興ツーリズムの実態についても読み解いていきます。

第Ⅲ部「趣味に没頭するＺ世代の若者によるファン行動（推し活）と観光資源の評価」では、Ｚ世代の若者に該当する大学生がいかにしてファン行動を行っているか、またどのように農村の観光資源を評価するのかについて焦点をあてました。

本書が想定する主な読者層は、人文地理学や観光学などの学問分野から観光振興や地域づくりのあり方を学習・研究している大学生・院生や研究者です。とくに、フィールドワークに基づいた実証的な研究に関心を持つ読者の皆様には、ぜひご一読いただければと思います。必ず本書から地域やそこに住む人々のダイナミズムを感じ取ることができるでしょう。一方で、観光振興や地域づくりの担い手となっている自治体や観光協会、特定非営利活動法人（NPO法人）などの職員、観光関連産業の従事者、経営コンサルタントなど、実務家の皆様にとっても、本書がアカデミックな視点で観光や地域を捉えるきっかけになることでしょう。もちろん、「観光」や「趣味」という身近なトピックを取り扱っているため、それ以外の読者の皆様にもお楽しみいただける内容になっております。

　本書の内容の多くがすでに学術雑誌で公表した原稿を再構成したものであり、必要に応じて加筆・修正を行いました。各章の初出は以下のとおりです。

序章　「趣味の多様化と観光地域」を読み解くために
　　　　―本書の課題と構成―
　書き下ろし

1章　那須塩原市板室温泉における宿泊施設の経営特性
　　　　―温泉観光地域の変容（1）―
　鳥水梨歩・鈴木富之2021．那須塩原市板室温泉における宿泊施設の経営特性．地域デザイン科学10：349-377．

2章　仙台市秋保温泉における訪日外国人観光客の受け入れ態勢
　　　　―温泉観光地域の変容（2）―
　半澤佑紀・鈴木富之2020．仙台市秋保温泉における訪日外国人観光客の受け入れ態勢．地域デザイン科学8：53-76．

3章　日光市霧降高原におけるペンション集積地域の存続要因
　　　　―高原観光地域の変容―
　山本桂輔・鈴木富之2023．日光・霧降高原におけるペンション集積地域の存続要因．地域デザイン科学13：1-18．

4章　香取市佐原重要伝統的建造物群保存地区の形成と来訪者の観光行動
　　　　―歴史的町並み観光地域の形成―

　鈴木富之2007．香取市佐原重要伝統的建造物群保存地区来訪者の観光行動の空間特性．総合観光研究6：35-47．

5章　東京山谷地域における宿泊機能の変容
　　　　―都市における新たな宿泊拠点の形成（1）―

　鈴木富之2011．東京山谷地域における宿泊施設の変容―外国人旅行客およびビジネス客向け低廉宿泊施設を対象に．地学雑誌120：466-485．

6章　那覇市における宿泊施設型ゲストハウスの成立要因
　　　　―都市における新たな宿泊拠点の形成（2）―

　鈴木富之2014．那覇市における宿泊施設型ゲストハウスの成立要因．総合観光研究13：47-55．

7章　沖縄本島北部および伊江島における受け入れ組織からみた民泊体験事業の成立要因
　　　　―「文化観光」としての民泊体験事業―

　鈴木富之・柳　銀珠2024．沖縄本島北部および伊江島における受け入れ組織からみた民泊体験事業の成立要因．地域デザイン科学15：1-15．

8章　琉球泡盛製造業者における工場見学者の受け入れ態勢
　　　　―「産業観光」としての工場見学―

　鈴木富之2018．琉球泡盛製造業者における工場見学者の受け入れ態勢．名桜大学総合研究27：1-11．

9章　しまなみ海道におけるサイクリストの周遊行動特性
　　　　―「スポーツツーリズム」としてのサイクルツーリズム―

　田中春良・鈴木富之2021．しまなみ海道サイクリングロードにおけるサイクリストの周遊行動特性―国内在住のサイクリストを対象として．地域デザイン科学10：189-207．

10章　震災復興を目的として開設された「道の駅おながわ」来訪者の行

　　　　動特性
　　　　　―東日本大震災の「復興ツーリズム」―
　　書き下ろし
11章　大学生におけるイベントへの参加状況からみたファン行動（推し
　　　活）の特徴
　　吉澤優希・鈴木富之2024．大学生におけるイベントへの参加状況から
　　みたファン行動の特徴．地域デザイン科学14：43-55．
12章　大学生を対象としたモニターツアーと観光資源の評価
　　　　　―栃木県小山市を対象として―
　　鈴木富之2021．小山市におけるモニターツアーの実践と大学生による
　　観光資源の評価．総合観光研究19：11-20．
終章　趣味の多様化と観光地域
　　　　　―本書のまとめと今後の展望―
　　書き下ろし

　本書では、現地での聞き取り調査やアンケート調査などフィールドワーク に基づくオリジナルデータを多用し、できる限り現地の「生の声」を大事に しながら分析を行いました。聞き取り調査やアンケート調査を実施するにあ たり、自治体や観光協会、NPO法人、宿泊施設経営者、観光客、大学生な どの皆様には、多大なご支援とご協力をいただきました。皆様のご支援とご 協力がなければ、間違いなく本書を完成させることができなかったと思いま す。心からお礼を申し上げます。
　最後に、前著『大学的栃木ガイド―こだわりの歩き方』（松村ほか編 2023）がご縁となり、株式会社昭和堂の大石泉様には本書を刊行する機会 をいただきました。また、出版企画から本書の章構成やレイアウトの細部に 至るまで、私の"こだわり"に耳を傾けていただき、やさしく刊行まで導い てくださりました。大石様には心より感謝申し上げます。
　なお、本書の刊行にあたり、日本学術振興会（JSPS）科学研究費助成事業 若手研究「人口減少社会下の首都圏外縁部における観光地域の衰退とその再

生戦略に関する研究」（課題番号：21Ｋ17971、代表者：鈴木富之）の一部を使用しました。

〔参考文献〕

鈴木富之2020．日本における新しい観光の特徴．地域デザイン科学研究会編『地域デザイン思考―地域と向き合う82のテーマ』130-131．北樹出版．

松村啓子・鈴木富之・西山弘泰・丹羽孝仁・渡邊瑛季編2023．『大学的栃木ガイド―こだわりの歩き方』昭和堂．

鈴木富之

目　次

はしがき　i

序章　「趣味の多様化と観光地域」を読み解くために
　　　　　—本書の課題と構成— ──────── 鈴木富之　1
　1. 旅行者の趣味嗜好を反映した観光が台頭した背景　1
　2. 本書の課題と構成　7

第 I 部　趣味の多様化に伴う主要観光地域の変容 ──── 15

1 章　那須塩原市板室温泉における宿泊施設の経営特性—温泉観光地域の変容（1）—
　　　　　──────── 鳥水梨歩・鈴木富之　17
　1. 本章の課題　17
　2. 板室温泉の歴史と現状　21
　3. 板室温泉における宿泊施設の経営特性　25
　4. 本章の結論　40

2 章　仙台市秋保温泉における訪日外国人観光客の受け入れ態勢—温泉観光地域の変容（2）—
　　　　　──────── 半澤佑紀・鈴木富之　45
　1. 本章の課題　45
　2. 秋保温泉の歴史と外国人宿泊客数の動向　47
　3. 秋保温泉における訪日外国人観光客誘致に向けた取り組み　50
　4. 秋保温泉の宿泊施設における訪日外国人観光客の受け入れ態勢　55
　5. 本章の結論　69

3章　日光市霧降高原におけるペンション集積地域の存続要因—高原観光地域の変容—
　　　　　　　　　　　　　　　　　　山本桂輔・鈴木富之　75

1. 本章の課題　75
2. 霧降高原における観光資源とペンション宿泊客の主な観光行動　78
3. 霧降高原におけるペンション経営の特徴　81
4. 本章の結論　92

4章　香取市佐原重要伝統的建造物群保存地区の形成と来訪者の観光行動—歴史的町並み観光地域の形成—　　　　　　　　　　　　　鈴木富之　97

1. 本章の課題　97
2. 佐原重要伝統的建造物群保存地区の形成過程　100
3. 佐原重要伝統的建造物群保存地区の集客圏　109
4. 佐原重要伝統的建造物群保存地区における来訪者の観光行動の空間的特徴　111
5. 本章の結論　119

5章　東京山谷地域における宿泊機能の変容—都市における新たな宿泊拠点の形成（1）—　鈴木富之　127

1. 本章の課題　127
2. 山谷地域における簡易宿泊所街の特徴　134
3. 外国人旅行客およびビジネス客向け低廉宿泊施設の展開過程　140
4. 外国人旅行客およびビジネス客向け低廉宿泊施設の経営特性　145
5. 本章の結論　151

6章　那覇市における宿泊施設型ゲストハウスの成立要因—都市における新たな宿泊拠点の形成（2）—
　　　　　　　　　　　　　　　　　　　　　　　　　　　鈴木富之　161

1. 本章の課題　161
2. 那覇市における宿泊施設型ゲストハウスの分布　164
3. 那覇市における宿泊施設型ゲストハウス経営の特徴　167
4. 那覇市における宿泊施設型ゲストハウスの成立要因　170
5. 本章の結論　173

第II部　旅行者の趣味嗜好に寄り添ったオルタナティブ・ツーリズム（ニューツーリズム）の展開 ─── 177

7章　沖縄本島北部および伊江島における受け入れ組織からみた民泊体験事業の成立要因—「文化観光」としての民泊体験事業—
　　　　　　　　　　　　　　　　　　　　　鈴木富之・柳　銀珠　179

1. 本章の課題　179
2. 沖縄本島北部および伊江島における修学旅行生を対象とした民泊体験事業の受け入れ態勢　182
3. 沖縄本島北部および伊江島における受け入れ組織からみた民泊体験事業の成立要因　187
4. 本章の結論　196

8章　琉球泡盛製造業者における工場見学者の受け入れ態勢—「産業観光」としての工場見学—
　　　　　　　　　　　　　　　　　　　　　　　　　　　鈴木富之　199

1. 本章の課題　199
2. 産業観光の対象としての琉球泡盛製造業者　202
3. 琉球泡盛製造業における工場見学者の受け入れ態勢　209
4. 琉球泡盛製造業における工場見学者の受け入れに関する課題　215
5. 本章の結論　218

9章　しまなみ海道におけるサイクリストの周遊行動特性──「スポーツツーリズム」としてのサイクルツーリズム──

──────────── 田中春良・鈴木富之　*223*

1. 本章の課題　*223*
2. しまなみ海道におけるサイクリングの環境整備とレンタサイクルの利用状況　*228*
3. しまなみ海道におけるサイクリストの属性と特徴　*232*
4. しまなみ海道におけるサイクリストの周遊行動特性　*235*
5. 本章の結論　*241*

10章　震災復興を目的として開設された「道の駅おながわ」来訪者の行動特性──東日本大震災の「復興ツーリズム」──

──────────── 高橋　葵・鈴木富之　*245*

1. 本章の課題　*245*
2. 女川町における東日本大震災による被害と震災遺構　*248*
3. 「道の駅おながわ」の特徴　*249*
4. 「道の駅おながわ」来訪者の行動特性　*253*
5. 本章の結論　*263*

第Ⅲ部　趣味に没頭するZ世代の若者によるファン行動（推し活）と観光資源の評価 ─────*267*

11章　大学生におけるイベントへの参加状況からみたファン行動（推し活）の特徴

──────────── 吉澤優希・鈴木富之　*269*

1. 本章の課題　*269*
2. アンケート調査の概要　*270*
3. 大学生におけるイベント参加状況からみたファン行動の特徴　*271*
4. 本章の結論　*284*

12章 大学生を対象としたモニターツアーと観光資源の評価—栃木県小山市を対象として—
　　　　　　　　　　　　　　　　　　　　　　　鈴木富之　287
1. 本章の課題　287
2. 小山市の観光資源を対象としたモニターツアーの実践　288
3. モニターツアーに参加した大学生による観光資源の評価　292
4. 本章の結論　298

終章　趣味の多様化と観光地域
　　—本書のまとめと今後の展望—　　　　　　鈴木富之　301
1. 本書のまとめ　301
2. 今後の展望　303

索引
執筆者一覧

序章 「趣味の多様化と観光地域」を読み解くために
―本書の課題と構成―

鈴木富之

　1990年代半ば以降、日本では観光地域づくりのあり方や日本人の観光行動は多様化している。とくに、観光旅行者の趣味嗜好を反映した観光地域づくりが行われていたり、動画投稿サイトやソーシャルネットワーキングサービス（SNS）、自治体や観光協会などのホームページなどで特定の趣味嗜好と関連づけられた観光情報の発信が行われたりしている。こうした状況を踏まえて、本書ではさまざまな事例地域の取り組みやその来訪者の行動などを通じて、「趣味の多様化と観光地域」の関係性を検討していきたい。

1. 旅行者の趣味嗜好を反映した観光が台頭した背景

1）日本人の「観光」を取り巻く環境の変化

　本節では、旅行者の趣味嗜好を反映した観光が台頭した背景について述べる。1つ目に、日本人の「観光」を取り巻く環境が変化し、日本人の観光形態が変化したことが挙げられる。

　高度経済成長期からバブル期にかけて、「マス・ツーリズム」（観光の大衆化・大量化）の時代を迎え、人口集積がみられた首都圏の外縁部で温泉観光地域やスキー観光地域、海浜観光地域、高原観光地域などさまざまなマス・ツーリズム型の観光地域が形成された（図Ⅰ-1）。この時期の観光を振り返ると、日本経済が復興した1950年代以降に企業の招待旅行や慰安旅行が盛んになり、熱海温泉や鬼怒川温泉、水上温泉など東京方面からの近接性に優れた温泉観光地域ではこうしたニーズに対応するべく宴会用の大広間を併設した大規模な温泉旅館が林立した（山村2001）。また、スキー観光地域（長

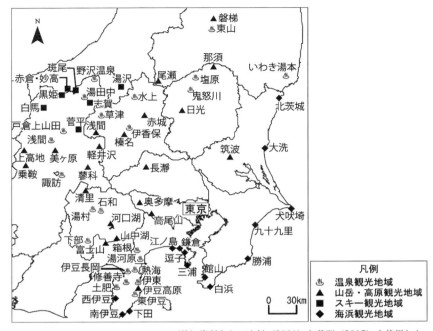

(注) 資料として山村 (2001) と呉羽 (2017) を使用した。
図Ⅰ-1　首都圏外縁部における主要観光地域の分布
(鈴木 (2020a) を加筆修正)

野県白馬村や新潟県南魚沼市など）や海浜観光地域（伊豆半島や房総半島など）では、それぞれ農家と漁家の副業として民宿集落が形成され、食事時には自家製の米や野菜、新鮮な魚介類などが提供された。1980年代になると、那須高原や清里高原、伊豆高原などの高原観光地域やスキー観光地域で洋風建築のペンションが登場し、流行に敏感な若年女性の受け皿となった。1983年に東京ディズニーランドが開園したことにより、さまざまな地域でテーマパークの開業が相次いだ（溝尾2009）。バブル期には、新潟県湯沢町にリゾートマンションやリゾートホテルの進出がみられる（呉羽2017）など、リゾート開発ブームが起きた。

　首都圏外縁部において観光地域が形成・発展した要因として、第1に、工業化の進展に伴い高度経済成長期以降に東北地方や北関東をはじめ地方の農

村部から、東京を中心とする南関東への人口移動が顕著になったことが挙げられる（鈴木2020a）。第2に、経済成長に伴い、可処分所得が増大したことにより多くの国民が自由に観光でき、その結果としてマス・ツーリズムの時代を迎えたことが挙げられる。第3に、私鉄資本（西武、東武、東急など）をはじめとする民間資本や行政などが積極的に観光開発を行ったことや、高速道路網および観光道路の整備が行われたことなどが指摘できる。

　以上のように、高度経済成長期からバブル期までの期間には、ハードによる画一的な観光開発が行われ、大都市圏の住民に依存したマス・ツーリズム型の観光地域が形成・発展したといえる。

　一方、バブル経済が崩壊した1990年代以降には、「マス・ツーリズム」に代わり、旅行者の趣味や嗜好を強く反映した「オルタナティブ・ツーリズム」が台頭した（呉羽2011）。こうした新しい観光形態は、国土交通省と観光庁が推奨した「ニューツーリズム」や持続可能な観光を意味する「サスティナブル・ツーリズム」とも呼ばれている（十代田2011）。これらに該当する観光形態は、産業観光（産業遺産や工場の見学など）やスポーツツーリズム（スポーツ合宿やスポーツイベントの誘致など）、文化観光（文化資源の閲覧やそれに関する体験を通じて文化の理解を深める観光）、エコツーリズム（自然環境の保全を考慮に入れた観光）、グリーンツーリズム（農林漁業体験）、ヘルスツーリズム（健康増進を目的とした観光や医療観光）、フードツーリズム（食や食文化を楽しむ観光）、コンテンツツーリズム（ロケ地巡りやアニメの聖地巡礼など）など多岐にわたっており、「参加・体験」「交流」「学習」などが重要なキーワードとなっている（鈴木2020b）。また、グリーンツーリズムの一形態である農家民泊や滞在型市民農園のように、特定の地域にとどまり活動を行う滞在型観光に該当する観光形態も存在する。2011年の東日本大震災後に登場した復興ツーリズム（防災・減災学習を目的として震災伝承施設や復興商店街などを訪問する観光）もこうした新しい観光の1つに位置付けられるだろう。

　オルタナティブ・ツーリズムが台頭した要因として、以下の3点が考えられる。第1に、自然や景観の破壊、文化変容、騒音、交通渋滞などマス・ツーリズムが観光地域にもたらした弊害に対する批判とその対応に迫られたこと

が挙げられる。なかでも、バブル期の1987年に成立した総合保養地域整備法（通称・リゾート法）では、民間企業の活力を活かしたリゾート開発を目指したが、実際には企業側が土地取得とキャピタルゲインを目的としてゴルフ場やリゾートマンションなどを開発したため、国民にリゾートライフが浸透しなかったこと（溝尾2009）も強く影響していると考えられる。第2に、長きにわたる経済不況や人口減少社会の到来により、自治体の財政難や企業活動の停滞に伴いハード主体の観光開発が行われにくくなったため、その代替としてオルタナティブ・ツーリズムを導入するようになったと考えられる。少子超高齢化や人口流出により過疎化が著しくなった自治体などで、オルタナティブ・ツーリズムは交流人口の増加や地域経済への効果を期待するなど地域活性化の手段と考えられるようになった。第3に、デジタル社会への移行や東日本大震災の教訓などから、モノ消費からコト消費や体験などに移行するなど、日本人の価値観が変化したことが挙げられる。なかでも、インターネット（とくに、SNSや動画投稿サイトなどソーシャルメディア）の普及により、趣味に関するさまざまな情報が発信されるようになり、それらが日本人の観光行動に影響を与えたことが指摘できる。

　以上のように、日本人の「観光」を取り巻くさまざまな環境が大きく変化したことにより、旅行者の趣味嗜好に寄り添ったオルタナティブ・ツーリズムが台頭したといえる。

2）都市観光（アーバンツーリズム）への注目の高まり

　旅行者の趣味嗜好を反映した観光が台頭した背景の2つ目として、1990年代以降に都市観光（アーバンツーリズム）への注目が高まったことが指摘できる。

　都市観光とは、「（魅力ある）近代的・現代的都市機能などを享受するために行う日常生活圏を離れた余暇活動」（北條2008）であり、その代表的な地域として東京や大阪、名古屋、札幌、仙台、横浜、神戸、広島、福岡などが挙げられる。都市観光の目的は、高級ホテルなどの宿泊、都市建築・構造物の見学、芸術・演劇の鑑賞、スポーツ観戦、博物館への入館、ライブコンサー

ト・会議・見本市・展示会・祝賀会などへの参加など多岐にわたる（ロー1997；北條2008）。

　都市観光が世界的に注目を集めるきっかけとして、1970年代のイギリスにおける都市の荒廃が挙げられる。淡野（2004, 2020）によると、イギリスでは、大都市の都心周辺で工業をはじめとする産業活動が停滞し、高失業率の発生や経済的衰退、住宅の老朽化などインナーシティ問題が深刻化し、都市の経済や環境の再生に向けた解決策として都市観光に関心が向けられるようになった。こうした流れは他の先進国にも広がった。それまで人口集積がみられる大都市は農山漁村の観光地域などに観光客を送り出す出発地として捉えられていたが（山村2001）、徐々に大都市が観光対象とみなされるようになった。

　日本でも、1980年代後半以降に建物の老朽化や産業施設の跡地利用、周辺道路の拡張、防災などを目的として、大都市などで都市再開発や埋立地開発などが行われ、商業施設、展望施設や観覧車など都市景観の眺望、水族館などの集客施設などで観光客や買い物客を誘致する例がみられるようになった。例えば、東京都庁、お台場・有明・豊洲、表参道ヒルズ、六本木ヒルズ、渋谷ヒカリエ、麻布台ヒルズ（東京）、横浜みなとみらい21（横浜市）、さいたま新都心（さいたま市）、幕張新都心（千葉市）、天保山、あべのハルカス（大阪市）、ポートアイランド（神戸市）などが該当する。これらのなかには、東京ビッグサイト、Zeppダイバーシティ東京、さいたまスーパーアリーナ、幕張メッセ、ZOZOマリンスタジアム、パシフィコ横浜、Kアリーナ横浜など、ライブコンサートや展示会の会場となる集会施設が開発された地域もあり、都市内部に新たにファンツーリズム（推し活）の空間がつくり出された。

　一方で、観光客のニーズによって都市内部の商業集積地区が有する性格が変わるケースもみられる。例えば、東京・秋葉原では、戦後にラジオや電子部品関係の店舗が、三種の神器が普及した高度経済成長期には家電製品の店舗が、パソコンが企業や一般家庭に普及した1980～90年代にはパソコン関連の製品が集積したが、サブカルチャーブームが訪れた2000年以降にはアニメ関係商品やメイド系の店舗が多くなっている（牛垣ほか2016）。また、

東京・新大久保地域では、1980年代以降にアジア系を中心とした外国人住民とその関連施設が増加し、コリアタウンが形成されたが、2003年にNHK BSで放映された『冬のソナタ』をきっかけに韓流ブームが起き、観光スポットとして大きく発展した（金2021）。都市内部では、商業施設経営者の業態転換と経営努力によって、観光客のニーズを満たす新しいかたちの商業集積地区が自然発生的に形成されていった。

以上のように、都市内部の新陳代謝も旅行者の趣味嗜好に寄り添った観光を誕生させるきっかけになっているといえる。

3）デジタルネイティブである「Z世代」の出現

旅行者の趣味嗜好を反映した観光が台頭した背景の3つ目として、デジタルネイティブである「Z世代」の若者が出現したことが挙げられる。

諸説あるが、Z世代は「1996年頃から2010〜2012年頃まで」に生まれた若者を指しており（ドーシー・ヴィラ2021）、子どもの頃からパソコンやタブレット端末、スマートフォンなどの通信機器が身近にあったデジタルネイティブである（鈴木2022a）。この世代はさまざまなソーシャルメディアを使いながら、コミュニケーションや情報検索などを行う傾向にある。ソーシャルメディアとは、「個人間のつながりを介した情報コミュニケーションを行うメディア」（杉本2021）であり、その代表例としてSNSのInstagramやX（旧・Twitter）、動画投稿サイトのYouTubeやTikTok、メッセージアプリのLINEなどが挙げられる（鈴木2022a）。Z世代は興味がある情報ばかりを閲覧・視聴し、その結果として若者の分断化を招いているという指摘もあるが、価値観や趣味の合うもの同士がソーシャルメディアでつながりやすいという長所もある（杉本2021）。

Z世代の若者には、仕事より私生活を優先させたいと考えている者も多く、彼ら彼女らにとって自分らしく行動できる余暇活動は生活満足度を高める上で重要である（杉本2021）。若者文化には、アニメ、マンガ、アイドル、音楽、ダンスなどのサブカルチャーがある（杉本2021）。2020年代以降、特定のアイドルや俳優を応援する「推し活」や、ソーシャルメディアのライブ

配信者などにインターネット上でチップを送る「投げ銭」、Netflix や Amazon Prime Video に代表される有料動画配信などの定額サービスを示す「サブスク（サブスクリプション）」などの用語を耳にすることが多いが、これらはコト消費や体験を重視する若者の消費傾向を反映したものであると考えられる（鈴木 2022 a）。Z 世代の大学生はアイドルやミュージシャン、YouTuber・TikToker、スポーツ選手・チームなど「推し」を持っていることが多く、とくにアイドルファンはファンクラブに入会する、推しの記念日を祝う、SNS に推しに関する投稿をする、ファン同士の交流を行うなどのファン行動を行っている（吉澤・鈴木 2024）。

以上のように、デジタルネイティブの Z 世代はさまざまなソーシャルメディアを活用しながら、自らの趣味に没頭する傾向にあり、アニメの聖地巡礼やファンツーリズムなど自らの趣味に特化した観光形態もみられている。

2．本書の課題と構成

1）本書の課題

本書の目的は、①趣味の多様化に伴う主要観光地域の変容、②旅行者の趣味嗜好に寄り添ったオルタナティブ・ツーリズム（ニューツーリズム）の展開、③趣味に没頭する若者によるファン行動（推し活）と観光資源の評価の 3 点について分析することにより、「趣味の多様化と観光地域」の関係性について考察したうえで、今後の課題と展望を明らかにすることである。

観光に関する研究については、地理学をはじめ、社会学、人類学、経済学、経営学などさまざまな学問分野からアプローチがなされている（山下 2011）。地理学は「地表の自然・人文にわたる諸現象を、環境・地域・空間などの概念に基づいて解明しようとする学問」（浮田編 2005）である。なかでも、人文・社会現象に注目した分野は「人文地理学」と呼ばれており、その下位領域は農業地理学、農村地理学、都市地理学、工業地理学、商業地理学、観光地理学、文化地理学、人口地理学など多岐にわたる（野間ほか編 2014；鈴木

2022b)。本書はおもに人文地理学の一領域である観光地理学の視点から分析を行うこととする。

　観光地理学は「観光を研究対象とする地理学」であり、その分析対象は（a）マクロスケールでみた観光地域の立地、（b）ローカルな地域スケールでみた観光地域や観光集落の形成、（c）観光客の流動や行動などである（浮田編2005）。本書は「趣味の多様化と観光地域」をテーマとしているため、第Ⅰ部から第Ⅲ部までの内容はおもにローカルな地域スケールで観光を捉え、（b）観光地域や観光集落の形成および（c）観光客の流動や行動を中心に分析を行う。

　また、ローカルな地域スケールで観光地理学の研究を遂行するためには、フィールドワーク（現地調査）による一次データの取得が不可欠である。たとえば、公的機関（政府省庁、都道府県、市町村役場など）や関連団体（観光協会、旅館組合、温泉組合など）、観光施設（旅館、民宿、土産物店、観光農園、スキー場など）、観光客などを対象とした聞き取り調査やアンケート調査、土地利用調査を行い、現地のみで入手できるデータを取得することが重要である（呉羽2014）。本書においても、これらの調査手法で取得したデータを用いて分析を行うこととする。

2）本書の構成

（1）趣味の多様化に伴う主要観光地域の変容（第Ⅰ部）

　第Ⅰ部のテーマは「趣味の多様化に伴う主要観光地域の変容」であり、1章から6章が該当する。

　1章と2章では、温泉観光地域の変容を取り上げる。1章は、栃木県那須塩原市板室温泉を対象として、いかにして小規模温泉旅館の経営が変化したかについて取り上げる。もともと湯治場としての性格を持っていた板室温泉は、大規模な温泉旅館が林立する鬼怒川温泉（日光市）や塩原温泉（那須塩原市）など他の温泉地域と異なり、家族経営を主体とした小規模な温泉旅館が多く立地している。そのため、経営者の趣味嗜好を反映した旅館経営が可能となっている。2章は、宮城県仙台市秋保温泉を事例として、外国人観光

客誘致に向けた取り組みやオルタナティブ・ツーリズムの導入などを紹介し、温泉旅館における外国人観光客の受け入れ態勢について分析する。

3章では、高原観光地域の変容の事例として、栃木県日光市霧降高原を取り上げ、霧降高原スキー場の撤退後におけるペンションの経営特性について分析する。霧降高原のペンションは、前述した板室温泉の温泉旅館と同様に、小規模家族経営であることが多く、経営者の趣味嗜好を反映した経営を実行しやすい状況にあった。

4章では、歴史的観光地域の形成を事例として、千葉県香取市佐原重要伝統的建造物群保存地区の観光地化プロセスについて紹介し、その来訪者の観光行動について明らかにする。同地区には歴史的建物の見学、伊能忠敬記念館や伊能忠敬旧宅などが存在しており、歴史学習の場になっている。

5章と6章では、都市観光を目的とした若者や外国人観光客など低予算志向の個人自由旅行者の宿泊拠点となっている都市の宿泊施設型ゲストハウスを取り上げる。5章は、東京・山谷地域を対象として、宿泊施設の経営がどのように変容したかについて明らかにする。2000年代以降、山谷地域は日雇い労働者の生活空間である「寄せ場」であり、彼らが居住していた簡易宿泊所が外国人を含めた低予算志向の個人自由旅行者やビジネス客などによって利用されるようになった。とくに、外国人旅行者のなかには、都内の繁華街や首都圏外縁部の観光地を訪問したり、アニメやゲームのグッズ購入やイベント参加を行ったりする者がみられる。6章は、那覇市中心部における宿泊施設型ゲストハウスが成立した要因を明らかにする。2000年代以降、新興航空会社や格安航空会社（LCC）などの出現に伴い航空券が低廉化したことにより、気軽に沖縄を訪問することができるようになり、節約しながら沖縄旅行を楽しんだり、長期間沖縄に滞在したりする旅行者がみられるようになった。こうした人々の受け皿として、那覇市中心部などに宿泊施設型ゲストハウスが出現した。

(2) 旅行者の趣味嗜好に寄り添ったニューツーリズムの地域的展開（第Ⅱ部）

第Ⅱ部では、「旅行者の趣味嗜好に寄り添ったオルタナティブ・ツーリズ

ム（ニューツーリズム）の展開」をテーマとし、7章から10章まで新しい観光形態の実態を紹介する。

　7章では、沖縄本島北部および伊江島の受け入れ組織を対象として、「文化観光」の一形態である民泊体験事業の受け入れ態勢を明らかにし、これらの成立要因について考察する。とくに、民泊体験事業では利用者のほとんどが修学旅行生であり、どのように彼ら彼女らをもてなしているのか、なぜ修学旅行を実施する学校団体が民泊体験事業を利用するのかについて検討する。

　8章では、沖縄県の琉球泡盛製造業者を事例として、「産業観光」の一形態である工場見学の受け入れ態勢を明らかにし、その課題について報告する。一般的に工場は製品を生産・製造することを目的として建設されたものである。そのため、工場の内部は見学者の受け入れを前提としてつくられておらず、彼ら彼女らの受け入れに際してはさまざまな課題が生じている。また、工場の従業員はいかにして生産・製造の業務と工場見学者の受け入れ業務を両立させるかを考慮する必要がある。

　9章では、瀬戸内海のしまなみ海道サイクリングロードを対象として、「スポーツツーリズム」の一形態であるサイクルツーリズムの展開過程を述べ、そこを利用するサイクリストの行動特性について分析する。しまなみ海道サイクリングロードは広島県尾道市から愛媛県今治市まで約70kmと長距離であることに加え、橋へと上る坂道やアップダウンが多いコースであるため、初級者から上級者までさまざまなサイクリストが訪れている。

　10章では、東日本大震災の「復興ツーリズム」をテーマとし、宮城県女川町に震災復興を目的として開設された「道の駅おながわ」の来訪者の行動特性を明らかにする。道の駅おながわには、おもに地元客向け商店街の性格を持つ「シーパルピア女川」、海鮮丼や生鮮食料品などを取り扱う店舗が入居する「地元市場ハマテラス」、震災復興の学習施設と地元住民の集会施設として利用される「女川町まちなか交流館」、町内の観光情報を提供する「女川町たびの情報館ぷらっと」の4施設が存在する。そのため、道の駅おながわには、観光客と地元客の双方が訪れており、それぞれの来訪目的や地域内

外での行動が異なっている。

(3) 趣味に没頭するZ世代の若者によるファン行動と観光資源の評価（第Ⅲ部）

第Ⅲ部のテーマは「趣味に没頭するZ世代の若者によるファン行動（推し活）と観光資源の評価」であり、11章と12章が該当する。

11章では、首都圏外縁部である栃木県宇都宮市の大学に通う学生を対象として、イベント参加時の事前準備行動とイベント前後の行動からみたファン行動の特徴を明らかにする。宇都宮市は、東京まで新幹線で1時間以内、普通列車で約2時間の位置にあり、南関東のライブコンサート会場などへのアクセスが優れているため、大学生のファン行動が活発に行われている。大学生は社会人に比べ金銭的な余裕がないといわれているが、工夫を凝らしながらファン行動を実施している。

12章では、栃木県小山市の観光資源を巡るモニターに参加した大学生がどのように観光資源を評価しているのかについて報告する。小山市は渡良瀬遊水地や本場結城紬などの地域資源を活用したり、農村部の廃校を活用してプロ野球独立リーグの球団を誘致したりするなど、農村観光による地域づくりに積極的に取り組んでいるが、大学生はそれらをどのように評価しているのかが興味深い。

(4) 趣味の多様化と観光地域——本書のまとめと今後の課題と展望（終章）

終章では、第Ⅰ部から第Ⅲ部までの研究成果のまとめを行い、「趣味の多様化と観光地域」の関係性について考察を行う。最後に、趣味を媒介とした観光地域づくりに向けた取り組みに関わる課題を挙げ、それらに関わる今後の展望を述べる。

〔参考文献〕

浮田典良編2005.『改訂版 最新地理学用語辞典（第2刷）』原書房.

牛垣雄矢・木谷隆太郎・内藤　亮2016. 東京都千代田区秋葉原地区における商業集積の特徴と変化—2006年と2013年の現地調査結果を基に．E-journal GEO 11：

85-97.

金　延景2021．若者であふれるエスニックタウン―韓流ブームと大久保コリアタウンの形成．杉本興運・磯野　巧編『若者と地域観光』150-161．ナカニシヤ出版．

呉羽正昭2011．観光地理学研究．江口信清・藤巻正己編『観光研究レファレンスデータベース　日本編』11-20．ナカニシヤ出版．

呉羽正昭2014．日本の観光地理学研究におけるフィールドワークに関する一考察．人文地理学研究34：95-106．

呉羽正昭2017．『スキーリゾートの発展プロセス―日本とオーストリアの比較研究』二宮書店．

杉本興運2021．今の若者とは？―余暇活動、文化消費、情報行動の視点から．杉本興運・磯野　巧編『若者と地域観光』18-32．ナカニシヤ出版．

鈴木富之2020a．首都圏外縁部における観光地域の形成．地域デザイン科学研究会編『地域デザイン思考―地域と向き合う82のテーマ』128-129．北樹出版．

鈴木富之2020b．日本における新しい観光の特徴．地域デザイン科学研究会編『地域デザイン思考―地域と向き合う82のテーマ』130-131．北樹出版．

鈴木富之2022a．観光まちづくりの現場における「若者目線」による地域活性化の課題と可能性．下野教育770：14-19．

鈴木富之2022b．人文地理学の観点から観光地域の空間構造を把握する―ミクロスケールで地域を可視化する分析手法．地域デザイン科学研究会編『地域デザイン技法―地域を「読み・解く」55のアプローチ』141-144．北樹出版．

十代田　朗2011．基礎知識編―戦後観光史と現代の観光．原田順子・十代田　朗編『観光の新しい潮流と地域』51-66．放送大学教育振興会．

淡野明彦2004．『アーバンツーリズム―都市観光論』古今書院．

淡野明彦2020．都市観光．白坂　蕃・稲垣　勉・小沢健市・古賀　学・山下晋司編『観光の辞典（初版第2刷）』278-279．朝倉書店．

ドーシー，Ｊ．・ヴィラ，Ｄ．著，門脇弘典訳2021．『Z世代マーケティング―世界を激変させるニューノーマル』ハーパーコリンズ・ジャパン．

野間晴雄・香川貴志・土平　博・河角龍典・小原丈明編2014．『ジオ・パルNEO―地理学・地域調査便利帖（初版第2刷）』海青社．

北條勇作2008．都市観光．長谷政弘編『観光学辞典（第11版）』9．同文舘出版．
溝尾良隆2009．観光史—日本（2）昭和時代戦後以降（1945～2008年）．溝尾良隆編『観光学全集第1巻 観光学の基礎』167-198．原書房．
山下晋司2011．観光学を学ぶ人のために—学際領域としての観光研究．山下晋司編『観光学キーワード』2-3．有斐閣．
山村順次2001．『新観光地理学』大明堂．
吉澤優希・鈴木富之2024．大学生における「最推し」を対象としたファン行動の特徴．地域デザイン科学15：29-43．
ロー，C.M．著，内藤嘉昭訳1997．『アーバン・ツーリズム』近代文芸社．

第 I 部
趣味の多様化に伴う主要観光地域の変容

鬼怒川温泉（栃木県日光市，2024年）
（鈴木富之撮影）

1章　那須塩原市板室温泉における宿泊施設の経営特性
―温泉観光地域の変容 (1) ―

鳥水梨歩・鈴木富之

1. 本章の課題

1) 研究の背景と目的

　温泉地は旅行先として根強い人気があるが、宿泊施設数や宿泊客数はともにピーク時より減少傾向にある。とくに、本来長期滞在型である湯治場では宿泊日数が短縮する傾向がみられ、観光客を確保するための取り組みがみられている。

　環境省では、温泉入浴に加え、周辺の自然、歴史・文化、食などを活かした多様なプログラムを楽しみ、地域住民や他の訪問者とふれあい、心身ともに元気になることを目指した「新・湯治[1]」を推進しており、湯治場における新たな取り組みは国家規模での課題であることがうかがえる。

　近年、観光客の趣味・嗜好に合わせた体験や交流を目的としたオルタナティブ・ツーリズム（ニューツーリズム）が発展しており、とくに温泉地はヘルスツーリズムにおいて重要な役割を担っている。これまでの利用客とは異なった層の観光客が増加することも予想され、多様なニーズに応じた変化が求められるだろう。

　温泉地は①従来のマス・ツーリズムを牽引した大規模温泉地と、②伝統的に温泉療養を目的とした長期滞在型である湯治場の2つに大別される。

　①前者では、マス・ツーリズムの衰退に伴って廃業する旅館や保養所も目立つが、定山渓温泉を取り上げた渡辺（2018）において、廃業した保養所が女性客向けのエステやヨガを行えるホテルや、高級志向の個人客向けのホテ

ル、食にこだわったホテルなど多様なニーズに対応した宿泊施設に変化していることが示されている。低価格志向とは一線を画した宿泊施設が増え、閉鎖保養所を活用することで個人の多様なニーズに対応していると結論づけた。

②後者においても、温泉地にはさまざまな変化がみられるようになっている。滞在期間が短くなるなかで個人のニーズに特化した魅力創造の取り組みが進んでいる。井上・内田（2016）では、宿泊施設がハード面では快適な日常生活を過ごせる「暮らしの充実」、ソフト面では各地域や施設の特性に応じ、非日常を味わえる「個性的な取り組み」を試みていることが明らかにされていた。それを踏まえ、滞在者行動パターンと滞在型温泉地に求めるイメージに対応した、「内と外」の飽きさせないための仕掛けが必要であると言及されている。具体的な取り組みとして、浦（2013）では、石川県和倉温泉と珠洲温泉を対象とし、地域資源を活用したイベントの開催やスポーツ観光の推進、温泉めぐりスタンプラリーなどの取り組みが紹介されていた。また、今後の温泉地の方向性として、地域資源を有効に活かしたロングステイを提案している。藤本（2020）では、兵庫県浜坂温泉、静岡県畑毛温泉のランニングやサイクリングの愛好家を呼び込む工夫や、長野県鹿教湯温泉のノルディックウォークフェスタ、石川県一里野温泉の音楽会やなめこ採り体験などが挙げられ、外部環境の活用が長期滞在の可能性を高めることになると述べられている。韓（2016）では、ゆふいん文化・記録映画祭が取り上げられ、温泉地でのイベントの展開が進んでいることが明らかになっている。小堀（2008）では、新しい地域づくりの試みとして、宮城県東鳴子温泉の温泉療養プランの推進や現代湯治入門東鳴子温泉３日間ツアーの実施、大分県鉄輪温泉の地域ガイドが紹介されている。

以上の研究では、湯治場の新たな取り組みが紹介されているものの、地域ぐるみのものが多く、宿泊施設の取り組みを取り上げているものは少ない。各宿泊施設の経営に注目することで、民間主導によるオルタナティブ・ツーリズム導入の可能性を示すことができるだろう。

本章では、それぞれの宿泊施設への聞き取り調査をもとに、伝統的な湯治

場である栃木県那須塩原市の板室温泉における宿泊施設の経営特性を分析し、それらの経営が多様化した要因について明らかにすることを目的とする。

2）調査方法

板室温泉旅館組合、宿泊施設（10軒中協力の得られた9軒）、アウトドアアクティビティ企業（3社）への聞き取り調査を行った。板室温泉旅館組合への調査実施日は2020年11月11日であり、調査内容は板室温泉の歴史と現在の経営状況などである。宿泊施設の調査実施日は同年9月17日、11月9・19・21・24日であり、宿泊施設の経営の歴史と現状を調査した。アウトドアアクティビティ企業の調査実施日は同年9月17日、10月20日、11月20日であり、各企業のツアーの特徴や経営について尋ねた。

3）調査対象地域の概要

板室温泉は、那須連山の西部に位置し、那珂川最上流の支流である湯川沿いの温泉地である（図1-1、写真1-1）。日光国立公園内に位置しており、標高は550メートル前後、豊かな自然景観が存在している。新緑や紅葉の季節には、ドライブコースとしても人気がある。温泉街には10軒の宿泊施設が立地している（2020年）。湯治場の歴史や雰囲気を感じることができる和風木造の建物や情緒豊かな町並みが残っており、首都圏をはじめ全国各地から観光客が訪れる。

板室温泉は37～45℃のアルカリ性単純温泉で、神経痛、リウマチ、高血圧、かっけ、脊髄病、小児麻痺などへの効能があり、療養・保養の湯治場として機能してきた。40℃以下のぬる湯が板室温泉の最大の特徴であり、ゆっくり温泉につかることができる。

周辺部には、関節炎・神経痛治癒祈願の板室温泉神社、乳がん治癒祈願の篭岩神社、子宝祈願の木の俣地蔵が立地しており、湯治場ならではの三大祈願所として親しまれている。

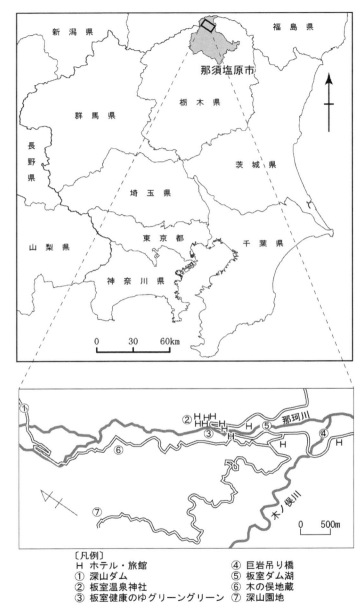

図1-1　板室温泉における宿泊施設と主な観光資源の分布（2020年）
（現地調査により作成）

写真1-1　板室温泉街の様子（2020年）
（鳥水撮影）

2. 板室温泉の歴史と現状

1）板室温泉の歴史

　板室温泉は、後冷泉天皇の時代である1059（康平2）年3月に那須三郎宗重が鹿狩りのために山奥に入り発見したといわれている[2]。1695（元禄8）年に会津中街道が整備されたことにより板室宿が開かれ、宿場町の温泉として知られるようになった。寛政年間（1789～1801）の頃から板室温泉は「下野の薬湯」として栄え、那須七湯の1つに数えられた。当時の旅館は板室本村の住民が隠居仕事として営んでいたものであり、屋号は本村のものを使用していた。

　1971年には、板室温泉は国民保養温泉地に指定され、さらに「ふれあい・やすらぎ温泉地」に選定された。かつて板室温泉にも湯治客向けの自炊設備が存在していたが、1978年に板室温泉で起こった火災の影響や消防法改正により、ほとんどなくなってしまった。高度経済成長期には農家のさなぶりや地元の老人会での宿泊客が中心であった。さなぶりとは、田植え終了後の祝いまたは休日のことを指し、板室では田植えや稲刈りの後に訪れる者が多かった。首都圏からの観光客の来訪もあり、高度経済成長期からバブル期にかけて、宣伝活動をしなくても次々と宿泊客が訪れる状況が続いた。当時は

営業を行う者はおらず、旅行会社との契約もなかったため、宿泊者が旅館へ直接予約する形式であった。バス3台で訪れる団体もあり、旅館の稼働率が100％を超えることも珍しくはなかった。

しかし、全国各地で温泉が掘削されたこと、バブル経済崩壊後における長きにわたる経済不況などにより、宿泊客の数は次第に減少していくようになった。2000年代以降は旅館の廃業がみられるようになった。

2) 板室温泉の現状

図1-2は2010年代以降における観光入り込み客数、観光宿泊者数の推移の動向を示したものである。板室温泉の観光入り込み客数は、ピーク時に比べ減少傾向にあるものの、2010年代以降ほぼ横ばいに推移している。観光宿泊者数に関しては、全体的に減少傾向にあるが、2016年から2018年にかけて微増している。なお、2019年には観光入り込み客数、観光宿泊者数ともに減少したが、台風19号の影響によるものと考えられる。

現在、温泉地の繁忙期は4～5・7～8・10～11月である。閑散期は1～3・6・9・12月である。とくに夏季には那須への観光客や川遊びの日帰り客（日

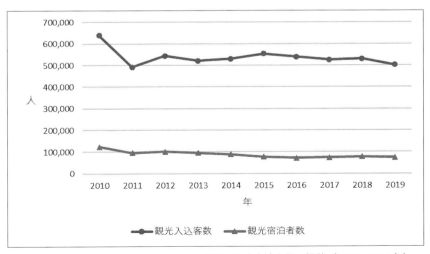

図1-2 板室温泉における観光入り込み客数と観光宿泊者数の推移（2010～2019年）
（2020年3月那須塩原市定例記者会見資料により作成）

本在住の外国人など）で賑わい、路上が車でいっぱいになってしまうこともある。冬季は観光よりも温泉につかることを目的とした宿泊客が多く、那須のスキー客はほとんど訪れない。近年、板室温泉では1人客の増加がみられるようになり、とくにビジネス客、夫・妻に先立たれた単身の高齢者の宿泊も多い。宿泊客の居住地は東京都、埼玉県、神奈川県、千葉県など首都圏が中心である。

　近年、板室温泉においてはさまざまなイベントが実施されている。「板室温泉こいのぼり」は、もともと板室温泉の飲食店組合が板室に名物を作りたいという思いから始めたもので、現在は板室温泉活性化委員会（飲食店組合、板室温泉旅館組合、自治会、黒磯観光協会）が4～5月にかけて実施している。使わなくなったこいのぼりを集め、温泉街の那珂川にあげており、満開の桜とこいのぼりがみられると幅広い世代に好評である。2019年に黒磯観光協会と板室温泉旅館組合により始められた「ほたるんぼ」は、7月にホタルを観察するツアーである。板室温泉ではゲンジボタル、ヘイケボタル、ヒメボタルの3種がみられるが、これは非常に珍しいとのことである。ツアーの目的は板室の自然をPRすること、自然を保護すること、ホタルの生態について学ぶことである。ホタルの幼虫を取りに来る業者が増加してしまったこと、ソーシャルネットワーキングサービス（SNS）で情報を得て訪れる来訪者の増加によってホタルに悪影響を及ぼす車のライトや懐中電灯の光が増えてしまったことから、ホタル観賞をツアー化し、自然環境の保護と観光客の確保を両立させている。ほたるんぼは人気のツアーとなり、2019年には1度で最高55人の参加を記録した。

　2020年現在、板室温泉が力を入れているのがワーケーションである[3]。ワーケーションとは、「ワーク」と「バケーション」を組み合わせた造語で、観光地やリゾート地でテレワークを活用しながら、働きながら休暇をとる過ごし方のことである。那須塩原市、黒磯観光協会、板室温泉旅館組合が連携して「板室温泉ワーケーションプログラム」を策定し、利用を呼びかけている。栃木県の三密回避旅行商品開発事業の一環で、板室温泉ワーケーション×アウトドアプログラム策定事業として実施している。

3）板室温泉におけるアウトドアアクティビティ企業の出現

2000年代後半以降、板室温泉では、アウトドアアクティビティ企業3社（M社、N社、O社）によるアウトドアアクティビティツアーが実施されており、同温泉を訪れた観光客の新たな観光資源になっている。

M社は板室温泉でのレギュラーツアーとしてネイチャーツアーやナイトツアーを通年行っている。タンデムハンモックを使って心地よい雰囲気を作り、暗闇の中で自分の内面と向き合うことができることがナイトツアーの特徴である。希望に応じて、写真撮影に特化したツアーを行うこともあるという。

N社は、2008年に日光の川治温泉で設立された企業である。2012年には、板室温泉での活動が始まった。板室温泉では、県管理のダムでカヌーツアーとSUP（スタンドアップパドルボード）ツアーを行っている。両ツアーともに時間は約2時間、定員は30名である。カヌーツアーは4〜11月中旬にかけて行われる。犬連れの参加者も多いため、犬用ライフジャケットが用意されているのも特徴である。一方、SUPツアーは6〜9月に行われる。この時期に行うのは、SUPが水に落ちることを前提としており、水温の比較的高い時期に行うのが望ましいためである。

O社は、2014年に開業した企業である。板室温泉での活動は2016年に始まった。板室温泉では、6〜10月中旬にかけてリバーウォーキングのツアーを開催している。飛び込みができたり、きれいな川の水に触れたりすることができる。とくに繁忙期の8〜9月には毎日開催している。また、リバーウォークは犬も参加することができるため、犬連れの参加者も多いという。犬も安全に参加できるよう犬用ライフジャケットを用意している。O社は参加者の希望に応じてプライベートツアーを行うこともあり、これがリピーターの獲得に繋がっている。

3. 板室温泉における宿泊施設の経営特性

　聞き取り調査の結果、板室温泉の宿泊施設は、経営の特徴をもとに3つの型に分類することができる（表1-1）。本稿では、それらを①「湯治型」、②「湯治＋趣味特化型」、③「高級型」とする。

　①「湯治型」は、「湯治客中心で湯治場らしさを守り続けている宿泊施設」を指す。宿泊料金は低く、連泊料金の設定がなされている。平均宿泊日数は他の類型よりも長い傾向にある。②「湯治＋趣味特化型」は、「湯治場としての性格を維持しつつ、特定の趣味・嗜好を持つ観光客などの受け入れに積極的な宿泊施設」である。宿泊施設の個性を活かした経営スタイルである。3軒中2軒は宿泊料金が20,000円以上となっている。③「高級型」は「2000年代に入って建て替えを行い、建物や内装、備品などに重点を置くことにより、従来の湯治場のイメージとは一線を画した高級感を演出している宿泊施設」とする。1泊あたりの宿泊料金が20,000円以上であり、部屋数が少ないこと（8部屋以下）が特徴である。この類型では湯治プランはなく、長期

表1-1　板室温泉における宿泊施設の特徴（2020年）

		開業年（建替）	主な客層	特徴	宿泊料金（1泊1人）	客室数	平均宿泊日数	湯治プラン
湯治型	宿泊施設1	1984	湯治客	綱の湯	7,990円〜	41	5〜7泊	○
	宿泊施設2	—	湯治客	登録有形文化財	6,000円〜	50	1泊	○
	宿泊施設3	1975	湯治客	源泉	6,530円	10	3〜4泊	○
	宿泊施設4	1991	湯治客	シングルルーム	7,980円〜	81	1泊	○
湯治＋趣味特化型	宿泊施設5	1980	湯治客サイクリスト	自転車・枕	8,950円	15	3.8泊	○
	宿泊施設6	1551	保養目的客	アート	20,000円〜	31	2泊	○
	宿泊施設7	2016	愛犬家	犬用湯治設備	20,000円〜	6	1.2泊	×
高級型	宿泊施設8	1966(2007)	女性	内装	20,000円	8	3泊	×
	宿泊施設9	1980(2019)	高齢夫婦	現代建築	26,950円	3	1泊	×

（宿泊施設への聞き取り調査により作成）

連泊者向けではない。

　以下では、各宿泊施設の経営状況をもとに、各類型の特徴を明らかにする。

1）湯治型宿泊施設の経営特性

（1）湯治客の受け入れに重きを置いた宿泊施設1の経営特性

　宿泊施設1は、1984年1月に開業した旅館である。湯治客が主であるが、ゴルフや那須へのレジャーを目的とした宿泊客も訪れる。かつてはさなぶりによる湯治客が多かったが、2010年代前半から減少し始めている。現在では関東近辺からの県外利用客が多い。かつては旅館に3年間住んだ宿泊客もおり、長期滞在が主体であったが、現在は長くても半月の滞在にとどまっている。一般的には1名での利用が多く、3日〜1週間ほど滞在する者が目立つ。2名での利用では2〜5泊が多い。

　宿泊施設1は開業以来、木造で全館畳敷きの旅館となっている。湯船内湯も畳敷きであるため、入浴者が滑って転倒する恐れがなく、子どもから高齢者まで安心安全に湯船を楽しむことができると好評である。また、宿泊施設1には、「綱の湯」という特徴的な温泉がある。綱につかまり立ったまま入るという板室温泉独自の入浴法で、1950年代頃まで親しまれていたものだという。立ったまま温泉につかると、胸のあたりからつま先まで水圧がかかるため、毛細血管まで血流が良くなり、温泉効果が上がるとされている。宿泊施設1では現在も綱の湯を残し、伝統と湯治場らしさを守り続けている。

　宿泊施設1のこだわりは食事内容である。天然素材を大事にすることを心がけており、米、味噌、お茶、手作りの梅など、素材と品質にこだわった食事を宿泊客に提供している。宿泊施設1では、サンドブラストを使用したガラス工芸体験も行っている。ガラス工芸は、1999年に湯治客が滞在の余暇を満たすためのアクティビティとして始まった。ガラスの透明感が温泉の透明感とマッチしていることから、ガラス工芸を取り入れた。ガラスは風化しないため、思い出の品として残すことができる。

（2）湯治客の受け入れに重きを置いた宿泊施設2の経営特性

　宿泊施設2は、正確な開業時期は不明だが、400年以上前から続くとされる老舗旅館である（写真1-2）。客室数は50室であるが、利用していない部屋があるため収容数は50名ほどである。木造の1919年に建てられた本館、1937年に建てられた別館、1952年に建てられた建物は文化庁より登録有形文化財の指定を受けており、ノスタルジックな雰囲気を楽しむことができる。これらから150mほど離れた場所には、現在の宿泊の中心である鉄筋コンクリート造の別館がある。明治以前の建物もあったが、1978年の火災により焼失してしまった。

　客層としては70〜80歳の湯治客が多い。湯治客は1日に4回ほど入浴し、温泉街の散歩をして過ごすことが多い。洗濯機は無料で利用できる。

　かつて湯治の方が圧倒的に多かったが、各地に日帰り温泉ができたことで2010年代前半頃から湯治客が減り、湯治客と那須町を訪れる観光客の割合がおよそ半分ずつになった。そのため、平均宿泊日数は1泊程度にとどまる。かつて1週間〜10日ほど滞在する者が多かったが、現在は長くても3〜4泊の滞在であるという。また、文化財に指定された旅館であるということもあり、建築家や歴史に興味のある者が本館への宿泊を目当てにやってくることも多いという。

　源泉掛け流しへのこだわりも特徴の1つである。宿泊施設2の温泉はpH9.8で強アルカリに近いものであるが、これは栃木県内にもほとんどない珍しい泉質である。温度が非常にぬるいため、宿泊客から加熱してほしいと相談されることもあるが、そのままの温度を楽しんでもらっている。大浴場では熱め、中間、ぬるめの3段階の温泉を楽しむことができる。

　青木サッカー場で試合が行われ

写真1-2　湯治型宿泊施設（宿泊施設2）の外観（2020年）
（烏水撮影）

る毎年8月には、高校生のサッカーチームが団体で宿泊する。関東各地からの高校の宿泊で、1日に2チーム入ることもある。近年では、アウトドアアクティビティ企業とのつながりもみられる。年末年始に行われるM社のツアー「提灯ナイトDEお湯詣で」では、宿泊施設2でマイ提灯を作り、その灯りだけで板室温泉神社へお参りに行く。今後も希望があれば積極的に文化財を活用していきたいという。

(3) 湯治客の受け入れに重きを置いた宿泊施設3の経営特性

　宿泊施設3は、1975年に開業した旅館である。客室数は10室であり、収容人数は26名となっている。主な客層は湯治目的の高齢者で、リピーターが多い。お土産を持って宿泊に来る者もおり、玄関正面には宿泊客が作った作品などが並んでいる（写真1-3）。2010年代後半から楽天、じゃらんなどのインターネット上の宿泊予約サイト（OTA、Online Travel Agent）の導入により、那須町への観光を目的としたファミリー層も徐々に増加している。客層の割合をみると、湯治客は約70％、OTAで予約した短期滞在客が約30％である。OTAによる予約を始めたことで1泊の宿泊客が多くなり、現在の平均宿泊日数は3～4泊となっている。湯治客の場合、現在でも1週間～10日ほど滞在することもあるが、徐々に短期間になりつつある。

　湯治客はグループで宿泊し、客室で話して過ごすことが多い。かつては長期滞在者向けに将棋やゲートボール場の貸し出しがあったが、現在は廃止している。

　宿泊施設3の特徴は、冬でも加熱しない源泉である（写真1-4）。天然の温泉を楽しんでもらうことを重視しているため、泉質の良い温泉を楽しみに宿泊する者が多い。

　食事は手作り中心で、地元の野菜を活用している。湯治宿であるため、メニューは高齢者向けを意識している。OTAによる予約の導入以降、子供連れでの宿泊が増えたため、子供でも食べられるような料理を提供できるようにもしている。

　スポーツとのつながりとして、8月には青木サッカー場で行われる大会に

写真1-3　宿泊施設3における湯治客から贈られた作品（2020年）
（鳥水撮影）

写真1-4　宿泊施設3の露天風呂の様子（2020年）
（鳥水撮影）

出場するサッカーチームの受け入れが挙げられる。サッカーチームの年齢層は、中学生、高校生である。

（4）湯治客の受け入れに重きを置いた宿泊施設4の経営特性

　宿泊施設4は、1991年に開業したホテルである。客室数は81室で、収容人数は170名となっている。もともと客室は100室あったが、2000年頃にファミリー客に対応するため、4人部屋用を大きな部屋に改築したため、部屋数は当初より減った。

　客層は70歳以上の高齢者が中心で、1人で長期滞在することが多い。湯治客はホテル内でゆっくり体を休め、近隣を散歩して過ごしている。湯治客の滞在期間は1～2週間が主体となっている。一方で、2010年代まで湯治客がほとんどであったが、徐々にファミリーをはじめとする観光客の宿泊も増えている。そのため、観光客の平均宿泊日数は1泊程度にとどまる。

　かつては高齢者をターゲットにして新聞広告を出して宣伝していたが、徐々に効果がなくなり、2010年代中頃からはインターネットでの広告に切り替えた。固定の湯治客以外の観光客やビジネス客の誘致もできるようにというねらいがある。

　宿泊施設4では、1名での利用と長期滞在を歓迎している。板室温泉の宿泊施設では珍しいシングルルームがあるが、これは経営母体がビジネスホテ

ル経営を行っていたためである。ホテルという名称ではあるが、和室も多く、旅館に近い業態である。2000年代頃から全室にWi-Fiを導入しており、長期滞在の高齢者がインターネットを利用し、株取引を行っていることもある。電子機器を用いる高齢者がわからないことを従業員に聞いてサポートすることも多く、気軽に会話できるアットホームな雰囲気を心がけているという。

　また、食事に関しては、連泊の高齢者を飽きさせないように工夫している。毎日違うメニューを提供し、なるべく出来合いのものは使わず手作り中心にしている。ホームページには「豪華さはありませんが」と記載しており、宿泊客の期待以上の食事が提供できるよう努力しているという。

　8月には青木サッカー場でサッカー大会が行われるため、学生の団体を受け入れることもある。基本的には個人客に丁寧に接客したいため、団体客の受け入れはあまり行っていないが、予約状況によっては受け入れることもある。そのため、大型バスは1台のみ駐車可能である。

2）湯治+趣味特化型宿泊施設の経営特性

(1) 自転車愛好者の受け入れと枕へのこだわりを持つ宿泊施設5の経営特性

　宿泊施設5は、1980年7月に開業した旅館である。3階建て鉄骨造の建物で、客室数は15室、収容人数は43名となっている。平日は連泊の高齢者、休日はファミリー層の宿泊が主体である。湯治客が中心の宿であるが、目的には変化がみられるようになってきている。昔はさなぶりの湯治で年に4回ほど訪れる者が多かったが、現在は夏場の避暑や紅葉を目的として訪れている者が多い。高齢者のなかには、毎月、2ヵ月に1回、年に4回などのペースで家族に送ってきてもらい、1週間ほど滞在する者もいる。かつての平均宿泊日数は7泊ほどで、2ヵ月滞在するような宿泊客もいたが、現在は3.8泊程度にとどまる。

　湯治客の多い宿泊施設5では、快適さや健康に配慮したサービスとして、約30年間枕にこだわっている。板室温泉はよく眠れるようになる温泉としても知られており、宿泊施設5は昔から昭和西川のムアツ布団を導入し、睡眠に重点を置いたサービスを提供してきた。宿泊客は19種類の枕の中から

好きなものを選んで使用することができるようになっている。

　宿泊施設5の特徴として、自転車愛好家とのつながりが挙げられる。経営者は那須ブラーゼンという自転車ロードレースのプロチームの外部役員も務めており、自転車愛好家の受け入れに積極的である。宿泊施設5では2010年頃から空気入れや修理道具を備えており、自転車で訪れた者も安心して宿泊できる環境が整えられている。また、入り口の前にはサイクルスタンド（写真1-5）が置かれていたり、サイクルピットサイン（写真1-6）が掲示されていたりする。サイクルピットとは、サイクルスタンドや空気入れ、簡易修理キットが備えられており、休憩やトイレ、水分補給等ができ、サイクリストが困ったときに気軽に利用できる施設とされている。このサイクルピットサインは那須町が配布しているもので、那須地域共通のものとなっている。自転車仲間同士や、チームのメンバーで宿泊する者が多く、チームの合宿も受け入れている。なかには毎日訪れる選手や自転車愛好家もいて、宿泊客同士での情報交換・コミュニケーションの場にもなっている。勝風館が自転車愛好家を集めるための情報提供や広報を行っているわけではなく、宿泊したサイクリストのSNSや、ボランティアで知り合った者の口コミをきっかけに広まっているのだという。

写真1-5　宿泊施設5のサイクルスタンド
　　　　（2020年）
　　　　（鳥水撮影）

写真1-6　宿泊施設5のサイクルピットサイン（2020年）
　　　　（鳥水撮影）

(2) アートへのこだわりを持つ宿泊施設6の経営特性

　宿泊施設6は、1551（天文20）年に開業した旅館である。客室数は31室で、収容人数は86名である。平日は60歳以上の宿泊客が主体であり、休日は20～40代の宿泊が多い。宿泊客の目的は観光ではなく湯治による保養であり、60歳以上は2泊、20～40代は1泊することが多い。かつては5～10日ほど滞在する者が多かったが、長期滞在が減ってきている。

　宿泊施設6は現代アートを経営の軸とする「保養とアートの宿」であり、美術館を併設したり、展覧会を実施したりするメセナとしての役割を持つ。かつては湯治宿であったが、現社長が1989年にアートに重きを置く経営を始めた。

　宿泊施設6には、芸術家S氏の倉庫美術館や、支援アーティストの作品を展示するギャラリー、展示会が行われるサロン、作家の器を購入できるショップ、器の展示室、図書室などが設けられており、アートに触れながらゆっくり過ごすことができる。長期滞在者向けには、マンション管理の別会社をつくり、1年や1ヵ月契約で貸し出している。長期滞在者向けの建物は、東の館、西の館、北の館、南の館の4棟である。このうち、南の館は一軒家であり、薪を燃やして入る五右衛門露天風呂や、本格的なキッチンが備え付けられている。

　敷地内にはS氏が手がけた、風・空・地がコンセプトの3つの庭園を設けている。それぞれ風の耕路（写真1-7）、集空庭（写真1-8）、空間見石庭（写真1-9）という名前がついており、このコンセプトは空海が説いた森羅万象の根源である六大（地・水・火・風・空・識）に基づくものである[4]。

　宿泊施設6ではさまざまな催し物が行われているのが特徴である。展覧会に足を運んでアーティストに声をかけることもあるが、宿泊施設6の取り組みを知って、芸術家の方からアプローチがあることが多くなっている。催し物については、イギリスの大学で美術を学んだ社長の息子が中心となって選んでいる。

　宿泊施設6では、アーティストの支援活動も行っている。現在の支援アーティストは3名で、13年間行った公募展で約500名の中から選ばれた。支

援アーティストが宿泊施設6の従業員として働くことも多いという。これは、芸術家も社会経験を積んでおくべきという考え方にもとづいている。倉庫美術館に作品が展示されているS氏も支援アーティストの1人であった。宿泊施設6はS氏を従業員として雇いながら、彼を支援することで世界的な芸術家へと押し上げた。S氏を12年間支援し、最後に宿泊施設6ののれんを作ってもらった。このように、宿泊施設6は単なる宿泊施設ではなく、芸術家を育成し世界へ送り出す場にもなっている。

(3) ペット連れの受け入れに特化した宿泊施設7の経営特性

宿泊施設7は、2016年に開業したホテルである。2015年に閉館した旅館をリノベーションした宿泊施設で、客室数は6室、収容人数は15名である。客層は、時間や経済的に余裕のある50〜60代の高齢夫婦が中心となっている。同犬種や同じブリーダーから引き取った犬を連れたグループでの旅行も多い。また、トリミングを行うサロンが常連客を連れて貸し切りにすることもあ

写真1-7　宿泊施設6の「風の耕路」(2020年)
　　　　（鳥水撮影）

写真1-8　宿泊施設6の「集空庭」(2020年)
　　　　（鳥水撮影）

写真1-9　宿泊施設6の「空聞見石庭」(2020年)
　　　　（鳥水撮影）

るという。観光客は宿泊前後に、ワンコネット那須協議会発行の『那須ワンちゃんとお出かけマップ』に掲載されている施設を訪問したり、アウトドアアクティビティのツアーに参加したりすることが多い。連泊は少なく、平均宿泊日数は1.2泊となっている。宿泊施設7は、シニア犬をはじめとする愛犬の健康を考えるペットオーナーのための宿であり、那須のペットツーリズムを牽引している。ターゲットはシニア犬、疾患のある犬、術後のケアが必要な犬、犬連れの女性である。本館はもともとテニス客で賑わったコテージだったが、2011年の東日本大震災で観光が打撃を受けると赤字になり、2014年に現在の経営主体に事業譲渡された。社長は黒字化するため、他の宿泊施設が実施していないペット客の受け入れを始めた。

　健康シニアをつくることがペット業界で重要なことであるが、はっきりと取り組んでいる人物や企業はこれまでになかった。そのような状況下で、東京で老犬介護をしていたペットケアサービスL社と巡り会い、犬と人間の湯治ができる宿泊施設をつくることになった。L社は飼い主へのセミナーを行っており、股関節変形症の研究や改善のサポートを実践していたため、犬の健康サポートを温泉で行うことを決断した。宿泊施設7の社長、L社代表、JAPANペットケアマネージャー協会のI氏、動物の行動学を勉強していたK氏の4名で「伏半（ともいぬ）」という専門家集団を立ち上げ、宿泊施設7の企画・設計が行われた。伏半は板室温泉での運営をきっかけに、高齢犬のためのリノベーションや、犬との共生住宅を考える住宅メーカーや家具メーカー、ペット同伴を目指すホテルへのアドバイスも行っている。それらの人々はかつて宿泊施設7を訪れたことがある者が多く、宿泊施設7は法人向けのコンサルティングをするためのショールームにもなっている。さらに、宿泊施設7はシニア犬をケアできる人材の養成の場所にもなっている。L社のもとで知識を得た者が板室の温泉を使い、全国各地でマッサージを行うこともある。

　宿泊施設7には犬の湯治のためのさまざまな工夫・設備がある。近年犬のアレルギーが多く、呼吸器疾患を持つ犬も多い。これらの犬にとって湿気は大きな問題であるため、天井のクロスには珪藻土を使い、除湿できるようにしている。また、客室では犬が歩きやすく、かつ人間が膝をつきやすい床材

が使用されている。すぐに剥がすことができる床材であるため、汚れてしまった際にも交換が可能である。客室の1段高くなっているステージは、日中は遊びと運動のスペースとして客室を広く利用できるようにとオリジナルで制作されており、布団はソファー代わりになるようにセットされている（写真1-10）。各部屋にはエクササイズDVDが備えられており、バランスボールの貸し出しも行っている（写真1-11）。犬専用温泉露天風呂は、温泉リハビリのための設備であり、浸かり湯と歩行湯がある（写真1-12）。浸かり湯は2つの深さがあり、飼い主は足湯として利用することができる。歩行湯では飼い主とゆっくり歩くことによる温泉効果と足つぼ刺激で血流が良くなり、デトックス効果が期待できるという。開業後にわかったことだが、板室の温泉は低張性の温泉で小動物に優しい。トリートメントをしなくても毛のつやが良くなったり、皮膚疾患の赤みがなくなったり、飲んでしまってもかえって腸の働きが活性化されたりと、犬の湯治に適した条件である。森と湖のドッグウォークは、森の中の山道を囲い、ノーリー

写真1-10　宿泊施設7のステージと寝具（2020年）
（烏水撮影）

写真1-11　宿泊施設7のエクササイズDVD（2020年）
（烏水撮影）

写真1-12　宿泊施設7の犬専用温泉露天風呂（2020年）
（烏水撮影）

ドで遊ぶことができるドッグウォークである。あえてあまり整備をいれず、坂道、枝、落ち葉、岩の中で走ったり歩いたりすることで、筋力アップが期待できる。セミナーハウスでは、骨盤矯正やO脚矯正のトレーニング、足腰の負担を和らげるためのマッサージ、栄養講座や愛犬と暮らす快適住宅の作り方などのプロによるセミナーを開催している。

ソフト面の取り組みとしては、犬と同乗できるバスは少ないことから、バス会社と契約してバス付プランを用意している。また、篭岩地蔵にお参りするさんぽツアーを行っている。参加者の女性（人間・犬）全員に参拝記念のお札をプレゼントしている。犬専用温泉露天風呂で毎年実施されるプロによるペットプログラムである愛犬健康DAYは非常に好評で、毎年100匹以上の参加がある。

板室温泉で活動するアウトドアアクティビティ企業とは密接に連携しているという。とくに、カヌーツアーはほとんど犬連れの参加であることもあり、営業活動をともにしたり、サービスの向上について相談したりしている。

宿泊施設7の社長はワンコネット那須協議会の会長も務めている。これは日本一ドッグフレンドリーなリゾートを目指して発足させたものだ。活動はすべてボランティアで、『那須ワンちゃんとお出かけマップ』はペットツーリズム業界で最古参の媒体となっている。また、各地の大学で特別授業を行ったり、就職先の1つとして紹介したりして、ペットツーリズムの発信を行っている。食から健康を考えようと、那須の食材を用いたドッグフードの開発も行った。

3) 高級型宿泊施設の経営特性

(1) 建て替えに伴い客室の高級化を図った宿泊施設8の経営特性

宿泊施設8は、1966年に開業した旅館である。かつては4階建て24部屋の湯治場の宿であったが、2007年に建て替えが行われ、8部屋限定の現代建築の旅館となった（写真1-13）。

湯治場時代の宿泊料金は7,000～8,000円であったが、現在は約20,000円と、約3倍の価格に設定されている。現在の客層は20代後半～60代にわ

たっており、そのうち女性が約65％を占めている。母子旅行、ファミリー層、女子旅、カップル、マタニティの来訪者が多い。かつて地域住民がさなぶりで訪れ、田植えや稲刈りの後に10日間ほど滞在していたが、徐々に1週間ほどの滞在となり、現在では3日間ほどの宿泊が主となっている。湯治向けの宿泊プランもない。

写真1-13　高級型宿泊施設（宿泊施設8）の外観（2020年）
（鳥水撮影）

　宿泊施設8が8室限定の旅館に建て替えた理由は、経営者の夢や趣味と密接に関係している。宿泊施設8が大学時代にバブルが崩壊したため、静岡の熱海で2年間の修行をすることになった。当時、熱海は団体旅行が活発な地域であったが、景気の悪化により多数の旅館が廃業していった。そのなかで建物や内装などにこだわった小規模旅館が廃業せず残っているのを目にし、そのような旅館を作りたいという夢を持つようになったのだという。アメリカンカジュアルが好きで家具を集めていたり、建物にこだわっていたりしたこともあり、旅館を建て替えた際にはデザイナーを入れず、設計士と検討を重ねて現在の現代建築の宿を完成させた。木のぬくもりと、珪藻土壁の落ち着きのある客室は、梅、桃、柚、柑、橙、橘、楓、椛という名称にし、それぞれにおいて全て異なる造りとなっている。

　宿泊施設8は、素材の「素」を中心とした「和敬静寂」をおもてなしの基本としている。「和敬静寂」は、千利休が茶道のあり方を表現した言葉である「和敬清寂」を由来としている。和は温泉、敬は食事、静は環境、寂は人に結びつけた言葉で、心も体もゆっくり休んでいただきたいという思いが込められている。客室の布団は敷いたままにしておくことで、煩わしさがなく、一歩引いた接客で宿泊者が寛げるようにしている。また、食事場所は個室であり、プライベートな空間を大切にしている。

　外注のアロマエステは板室温泉で唯一の取り組みである。オーガニックオ

イルとオーガニックエッセンシャルオイルを使用しており、利用者も多い。マタニティエステもあり、マタニティ層の獲得に寄与しているものと考えられる。

近年では、板室温泉で活動するアウトドアアクティビティ企業とも活動をともにしている。現在、他の企業とともにアウトドア協議会を立ち上げ、補助事業を申請したり、自身の所有する土地をアウトドアの拠点にしたりと、板室温泉でのアクティビティの充実を積極的に進めている。

(2) 移転に伴い客室の高級化を図った宿泊施設9の経営特性

宿泊施設9は、1980年10月に開業した旅館である。もともと別名称の旅館を営んでいたが、2019年8月に現在の場所に移転した（写真1-14）。

客室は山吹、藍（写真1-15）、若草の3室で、収容人数は7名である。従業員は経営者の家族3名と、パート1名の計4名となっている。各部屋に天然温泉掛け流しの風呂があり、一般的な客室の風呂よりも大きく、湯量も多いのが特徴である（写真1-16）。

移転前は民宿のような雰囲気の湯治宿であり、家族連れの利用が多かった。客室数は20部屋で、収容人数は45名ほどだったという。かつての宿泊が7,000～9,000円であったのに対し、現在は平日26,950円、休日28,600円であり、約4倍の価格設定にしている。現在は湯治客向けのプランはない。移転によって富裕層の宿泊が目立つようになったという。移転後は、貸し切りの場合を除き、10歳未満の子供連れの宿泊はできなくなっている。幼い子供が宿泊すると館内が汚れてしまったり、足音が響いてしまったりすることが多く、宿泊客が静かに過ごせるようにするためにと考えた上での対応である。

客層は50～60代の夫婦の利用がとくに多い。さらにカップルでの利用のほか、結婚記念日、喜寿や米寿など家族のお祝いでの貸し切り利用もある。リピーターが多く、1年に5回訪れる者もいるという。平均宿泊日数は1泊であるが、時には3泊する者もいる。宿泊客は保養目的で訪れており、11時のチェックアウトまで客室でゆっくり過ごすことが多いという。観光客は

宿泊後に那須方面へ出かけることが多い。

　宿泊施設9の最大の特徴は1日3組限定ということである。宿泊客と直接関わり、宿泊客に旅館でゆっくりして欲しいという気持ちから、少人数の宿泊施設となった。また、2000年代半ば頃までは宿泊客が数多く訪れていたが、徐々に20部屋全てを埋められない状況が出てきたことや、サービスが行き届かないと感じていたことも経営方針の変更に影響した。2019年の移転後は1人1人の宿泊客と、向き合い、焦せらず接客できるようになった。

　宿泊施設9では、内装や食器にこだわりがみられる。とくに経営者の妻と娘に強いこだわりがあり、旅館で使われている家具や食器を、1つ1つ実際に見て選んだ。娘はもともと作家の作品や海外の家具などに関心があり、宿泊施設9にもモロッコの家具が置かれている。板室の自然な空気感に溶け込むことを意識して、海外の家具を選んでいる。食事場所にはトチノキ、イチョウ、ナラのテーブルが並び、日本を代表する椅子デザイナーの井上昇氏が手がけるブランドであるAwazaの椅子が

写真1-14　高級型宿泊施設（宿泊施設9）の外観（2020年）
（鳥水撮影）

写真1-15　宿泊施設9の客室「藍」（2020年）
（鳥水撮影）

写真1-16　宿泊施設9の客室風呂（2020年）
（鳥水撮影）

写真1-17　宿泊施設9の食事場所（2020年）
（鳥水撮影）

写真1-18　宿泊施設9の照明（2020年）
（鳥水撮影）

写真1-19　宿泊施設9で使用する益子焼の食器（2020年）
（鳥水撮影）

使用されている（写真1-17）。

　旅館の設計を行った際も、カーテンではなく障子にするなど、数多くの希望を出したという。とくに、部屋の照明については、経営者の妻と娘が選択した（写真1-18）。これらのこだわりは、部屋数が少ないからこそ実現できたことだという。大規模な宿泊施設では、食洗機を使用できる食器を用いることが多いが、宿泊施設9では益子焼の食器を使っている（写真1-19）。益子在住の人気作家である伊藤剛俊氏の作品を見せてもらい、気に入った食器を選択した。

4. 本章の結論

　これまでの分析の結果、伝統的な湯治宿が多かった板室温泉では、自転車やアート、ペットなど特定の趣味に特化した宿泊施設や収容人数を限定して高級志向を図る宿泊施設などに転換する例がみられるようになった。このように、宿泊施設の経営が多様化した要因として、以下の3点が考えられる。

　第1に、板室温泉が温泉地として小規模であり、そこに立地する旅館

の収容規模も小さかったことが指摘できる。人口集積地域である首都圏外縁部には、温泉地が多数立地している。とくに、熱海や鬼怒川などの大規模温泉地は東京からの近接性が優れており、高度経済成長期における企業の慰安旅行など団体客を想定とした収容規模が大きい温泉旅館が林立している（山村2000）。一方、公共交通機関の便があまり良いとはいえない板室温泉では、こうした立地条件から大規模な観光開発が行われてこなかった。板室温泉の温泉旅館では、大量の観光客を受け入れることは少なく、さなぶりや農閑期に利用される小規模な湯治場の機能を維持してきた。そのため、収容規模が小さい宿泊施設も多く残存している。こうした小規模な宿泊施設では、宿泊客の多様なニーズに耳を傾けることが可能であり、同時に自転車やアート、ペット、客室の内装や備品の高級化など、経営者の趣味や嗜好に基づいた経営方針を柔軟に反映させることが可能であった。こうした傾向は、小規模家族経営のペンションが集積する観光地域においてもみられる（花島ほか2009：Suzuki2015）。

　第2に、板室温泉を訪問する観光客の観光行動が変化したことがあげられる。高度経済成長期からバブル経済期の観光形態は、温泉、スキー、海水浴、テーマパークなどに代表されるように、特定の観光地域に大量の観光客が訪れる「マス・ツーリズム」が主体であったが、1990年代半ば以降になると観光客の趣味や嗜好を反映した個人や小グループによる「オルタナティブ・ツーリズム」が台頭するようになった（呉羽2011）。板室温泉においても、かつてさなぶりなどによる湯治客が客層の主体であったが、2000年代以降にはこうした湯治客が減少傾向にあり、廃業する温泉旅館もみられるようになった。それに伴い、板室温泉の宿泊施設では、いかにして繰り返し訪れていた湯治目的の固定客への依存から脱却し、那須地域などを訪問する新規顧客を開拓するかが課題となった。こうした状況下、板室温泉の宿泊施設は、湯治場としての機能に加え、自転車やアート、ペット、客室の内装や備品の高級化などの導入により、地域内および隣接地域の温泉旅館と差別化する経営を志向するようになったと考えられる。

　第3に、インターネットの普及により、宿泊施設の個性が可視化しながら

宣伝できるようになったことが指摘できる。以前は高齢の湯治客が中心的な客層であったため、電話などでの予約が多かった。しかしながら、前述のように、2000年代以降には湯治型を除くと、固定の湯治客以外の宿泊客も多くなり、こうした利用者は宿泊施設の公式ホームページや宿泊予約サイト、SNSなどインターネットで事前に検索して宿泊施設を選択する傾向にある。このような状況下、アートやペットなど特定の趣味・嗜好に関わる写真や、高級感のある建物や内装などの写真など、閲覧者の目を引くような写真が宣伝媒体として重要な意味を持つようになった。同時に、宿泊施設がこれらをうまく活用し、それぞれの個性を前面に出した経営方針を打ち出すようになったと考えられる。

〔注〕
1) 環境省「新・湯治の推進—温泉地の活性化に向けて—」、https://www.env.go.jp/nature/onsen/spa/index.html、最終閲覧日2021年2月2日。
2) 2節1)項では、板室温泉旅館組合ホームページ「板室温泉とは」(https://www.itamuro.com/history/、最終閲覧日2021年2月2日)、黒磯観光協会ホームページ「板室温泉について」(https://www.kuroiso-kankou.org/itamuro/about/index.html、最終閲覧日2021年2月2日)を参考とした。
3) 観光経済新聞「栃木県板室温泉、ワーケーション誘致へ本腰(2020年10月20日)」(https://www.kankokeizai.com/%E6%A0%83%E6%9C%A8%E7%9C%8C%E6%9D%BF%E5%AE%A4%E6%B8%A9%E6%B3%89%E3%80%81%E3%83%AF%E3%83%BC%E3%82%B1%E3%83%BC%E3%82%B7%E3%83%A7%E3%83%B3%E8%AA%98%E8%87%B4%E3%81%B8%E6%9C%AC%E8%85%B0/、最終閲覧日2021年2月2日)。
4) 真言宗千光寺派・白浜温泉・水晶山千光寺ホームページ「空海の真言密教「三密・六大・四曼」とは?」、https://senkooji.jp/?p=387、最終閲覧日2021年2月2日。

〔参考文献〕
井上晶子・内田　彩2016. 温泉地の魅力ある滞在構造の形成に関する研究. 日本

国際観光学会論文集23：29-38.

浦　達雄2013．温泉地の活性化．大阪観光大学観光学研究所年報『観光研究論集』12：1-10．

小堀貴亮2008．東北・九州地方における湯治場の機能変化．国士舘大学地理学報告16：89-98．

韓　準祐2016．由布院の事例分析を通した観光まちづくり研究の再考察の試み．観光学評論4(2)：91-106．

呉羽正昭2011．観光地理学研究．江口信清・藤巻正己編『観光研究レファレンスデータベース日本編』ナカニシヤ出版11-20．

花島裕樹・西田あゆみ・呉羽正昭2009．黒姫高原におけるスキーリゾートの変容．地域研究年報31：1-19．

藤本和宏2020．国民保養温泉地において長期滞在需要を高めるには何が必要か—現地調査に基づく考察から．日本温泉気候物理医学会雑誌83(2)：82-92．

山村順次2000．『新観光地理学（3刷)』大明堂．

渡辺水樹2018．定山渓温泉における廃業した保養所の活用実態について．地理学論集93(2)：8-15．

Suzuki, T. 2015. Transformation of Pension Villagesin the Outer Zone of Tokyo Metropolitan Area: A Case Study of Minenohara Kogen, Nagano Prefecture. A Dissertation Submitted to the Graduate School of Life and Environmental Sciences, the University of Tsukuba in Partial Fulfillment of the Requirements for the Degree of Doctor of Philosophy in Science.

2章　仙台市秋保温泉における訪日外国人観光客の受け入れ態勢
―温泉観光地域の変容（2）―

半澤佑紀・鈴木富之

1. 本章の課題

1）研究の目的

　2000年代以降、日本政府の積極的な観光誘致策の効果より、日本を訪れる外国人観光客は大幅に増加した。政令指定都市である宮城県仙台市においても年々数字は伸び続けている。仙台市の西部に位置する秋保温泉では、2010年代半ば以降に外国人観光客が日本らしい風景や文化を求めて、知名度が低い地方を旅行先に選ぶケースが増加したことに加え、2016年に秋保温泉の旅館がG7（仙台財務大臣・中央銀行総裁会議）の開催地に選ばれ注目度が上昇した。秋保温泉では、秋保温泉旅館組合および各宿泊施設がG7開催に向けて外国人観光客の受け入れを目的とした環境整備を進めており、G7終了後もそれらを活かして外国人観光客の集客に取り組んでいる。

　そこで、本章では、秋保温泉旅館組合や民間企業などにおける外国人観光客の誘致に向けた取り組みと秋保温泉の宿泊施設における外国人観光客の受け入れ態勢を分析し、それを踏まえて秋保温泉において外国人観光客が増加した要因について考察をする。

2）調査対象地域

　調査対象地域である秋保温泉は、宮城県仙台市太白区秋保町湯元（旧国陸奥国、明治以降は陸前国）に位置する温泉であり（図2-1、写真2-1）、宮城県の鳴子温泉、福島県の飯坂温泉とともに奥州三名湯の1つとされている[1]。

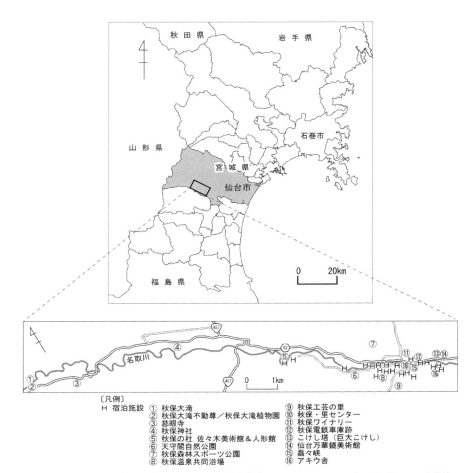

注）宿泊施設は、ホテル、温泉旅館、ペンション・ロッジ、ゲストハウスを指す。
図2-1　秋保温泉における宿泊施設と主な観光資源の分布（2024年）
（仙台観光国際協会『仙台秋保温泉旅あるきMAP（2024年8月版）』およびGoogleマップ（https://www.google.com/maps、閲覧日2024年10月18日）により作成）

写真2-1　秋保温泉の旅館街（2020年）
（鈴木撮影）

また、古くは「名取の御湯」と呼ばれ、長野県の野沢温泉（犬養の御湯）や別所温泉（信濃の御湯）と並んで「日本三御湯」の1つに数えられた。源泉数は17ヶ所存在し、泉質はナトリウム・カルシウム塩化物泉である。神経痛や筋肉痛、関節痛によいとされる。所要時間は仙台駅から車で約30分、仙台空港から株式会社タケヤ交通の仙台西部エアポートライナーで約40分である。近年は「車で30分の100万都市仙台のリゾート地」と謳っており、宿泊客数は県内で最も多く、日帰りは松島に次いで2番目の入込客数を誇る。秋保温泉の強みは家族旅行をはじめアウトドア、湯治、社員旅行など多様なニーズに対応できることである。

2. 秋保温泉の歴史と外国人宿泊客数の動向

1）秋保温泉の歴史

(1) 古代～江戸期

　秋保温泉は6世紀半ば欽明天皇が皮膚病を患った際にこの温泉の湯を用いたところ全快し、「御湯」の称を与えたことに由来し、古代以来に「名取の御湯」の名で知られた温泉である[2]。

　江戸時代に秋保温泉を「湯守」として管理していたのは湯本村の佐藤家であった。佐藤家の系譜によると、秋保温泉は佐藤家の先祖が開発した温泉だと伝えられており、そのような経緯もふまえ仙台藩により佐藤家が湯守の職に任じられたものだと考えられている。「湯守」というのは温泉の源泉の管理を行い、かつ入湯者から「湯銭」という税を徴収し藩に上納する役目を負っていた。そのほか、湯治客が利用する宿を経営することも義務づけられていた。この頃の湯治客は自炊をしながら滞在するのが一般的であったため、湯守は「木銭」と称された燃料代を徴収し、炊事や食事のための道具類の貸し出しを行っていた。江戸時代初期において秋保温泉に入湯する者は年間数十人であったが、江戸時代を通じて湯治に訪れる人数は増加傾向にあった。宿泊した延べ人数は享和年間（1801～1804）に年間6,000人から9,000人で

あり、1807年（文化4）には約1万700人に達しているとの記録がある。

(2) 明治期〜現在

明治期以降、仙台市の発展に伴って「仙台の奥座敷」として繁栄した。高度成長期やバブル経済期にかけて高層の大型観光ホテルが相次いで完成し、団体旅行で賑わっていた。しかし、バブル崩壊に伴い大人数の団体旅行は激減し、施設の維持管理費の負担に困窮する旅館が増加した。さらに、2011年3月に東日本大震災が発生した。秋保温泉は山間部に位置しているため、津波の被害はなかったものの、激しい揺れにより建物の損傷がみられた。しかも、秋保温泉は地元客が大半を占める温泉であるため、顧客も震災で被害を受けたことから宿泊客数は減少した。

2016年5月に宮城の震災復興をアピールするため、佐藤家が経営する老舗の温泉旅館である「佐勘」でG7が開催されることが決定する。G7は金融当局だけでなく、各局の報道関係者ら約800人が集まる国際イベントである。そこで、佐勘の社長であるA氏は2015年10月から社内で外国人対応研修を開始した。仙台観光国際協会から外国語指導助手（ALT）を派遣してもらい、フロントやラウンジ、売店などを担当する社員に英語での受け答えを指導するなど外国人の受け入れの準備を進めた。

2) 外国人宿泊客数の推移

2013年以前の外国人宿泊客数は500人程度にとどまっていた。しかしながら、全体的に2014年から2017年にかけて国際会議などが開催されたことで世界からの注目度が上がり大きく伸びをみせている（図2-2）。外国人宿泊客数のデータを入手することができた宮城県内にある他の主要温泉地と比較すると、松島温泉では、2017年から2018年にかけて外国人宿泊客数が約2,700人増加した。宮城県松島町産業観光課観光班の「宮城県松島町におけるインバウンドの取組について」[3]によると、訪日外国人の受入体制整備や英語での情報発信、海外要人への対応、外国人が参加するイベントのサポートなどを担う国際交流員（Coordinator for International Relations、CIR）の

雇用を行うなどの取り組みを展開している。作並温泉では、2017年に7,212人を記録したが、翌年に減少している。とはいえ、3地域とも全体的に外国人宿泊客数は増加傾向にある。とくに、外国人宿泊客は2016～2018年の3年間において、おもに秋保温泉と作並温泉を宿泊地として選択する傾向にあることがわかる。

全体的にアジア圏からの宿泊客が大半を占めている（表2-1）。台湾からの直行便が増えていることもあり、台湾からの宿泊客が最も多い。2番目に多いのが中国であり、次いで2015年からプロモーションに直接訪れていることも影響し、タイが3番目に位置する。また、アメリカとカナダからの宿泊客数はアジア圏と比較すると少ないが、増加傾向にある。

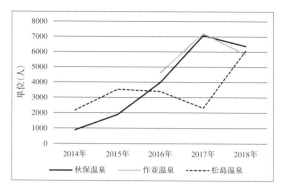

図2-2 宮城県の主要温泉地における外国人宿泊客数の推移（2014～2018年）
（仙台市文化観光局観光交流部誘客戦略推進課提供資料、秋保温泉旅館組合提供資料、松島町産業観光課提供資料により作成）

表2-1 秋保温泉における外国人宿泊客の国籍別内訳（2018年）

国名・地域名		宿泊客数
アジア	台湾	3,074
	中国	1,105
	タイ	522
	韓国	331
	香港	398
	東南アジア（タイを除く）	118
	その他アジア	16
アメリカ大陸	アメリカ・カナダ	287
	中南米その他	2
ヨーロッパ	イギリス	33
	ドイツ	26
	フランス	15
	ロシア	1
	その他ヨーロッパ	40
オセアニア	オーストラリア	20
	その他オセアニア	2
国籍不明		380

（秋保温泉旅館組合提供資料により作成）

3. 秋保温泉における訪日外国人観光客誘致に向けた取り組み

3節では、2019年8月2日に実施した秋保温泉旅館組合への聞き取り調査および秋保温泉組合実施事業冊子をもとに、秋保温泉旅館組合と民間企業などによる訪日外国人観光客誘致に向けた取り組みについて述べる。

1) 秋保温泉旅館組合における訪日外国人誘致に向けた取り組み

1961年に宮城県仙台市長町と名取郡秋保村（現・仙台市太白区秋保町）をつなぐ秋保電気鉄道が廃止され、仙台からの観光客が減ることを危惧したため、秋保温泉旅館組合が結成された。旅館業法により旅館として登録している施設で秋保温泉旅館組合に加盟しているものは現在12軒である。

同組合では基本事業戦略として人材育成事業、誘客促進事業、食文化推進事業、インバウンド対応事業の4つを推進している。秋保温泉旅館組合において、インバウンド事業が開始したのは2011年の東日本大震災後である。2012年から「『世界リゾート秋保』インバウンド対応事業」として、インバウンド観光に詳しい有識者とともに旅館や秋保の観光地域の現地視察を実施している。秋保温泉旅館組合が行っている主なインバウンド事業は以下の通りである。

(1) QRコードを用いた多言語ガイドの作成

秋保温泉旅館組合では外国人観光客受け入れのため、QRコードを利用した多言語ガイドを作成している。2016年に開催されるG7に備えて仙台市と連携し、2015年に秋保地区内の観光名所の説明（看板に記載、写真2-2）と温泉旅館の利用方法の説明（客室に置く、写真2-3）の2種類のQRコードを作成した。この事業については全額組合が出資している。スマートフォンで日本語を含め9ヶ国語（英・日・中・韓・タイ・仏・ベルギー・伊・露）で説明をみることができる（2019年現在）。QRコードは訪日外国人観光客に限らず日本人観光客の利用も多い。2015年は年間アクセスが1,000未満で

写真2-2　秋保・里センターに設置されたQRコードの案内看板（2019年）
(半澤撮影)

写真2-3　秋保温泉の観光名所（左）と温泉の入浴方法（右）を説明するQRコード（2019年）
(半澤撮影)

あったが、G7の開催された2016年には年間を通してアクセス数は4,000以上であった。

(2) 秋保の魅力を発信するYouTubeの作成

秋保の魅力を世界へ発信するため動画を2本作成し、YouTubeにて公開している（2019年現在）。YouTubeにおけるPR事業は100万円ずつ秋保温

泉旅館組合と仙台市から出資して作成された。

　2014年に作成された「踊ろうぜ、AKIU」は、秋保に暮らす人々や観光に携わる人々に踊り手として出演してもらい、秋保にある複数の観光スポットで踊り、秋保の良さをPRする作品である。AKB48やアニメ「プリキュア」シリーズに楽曲提供している仙台在住のヒザシ氏がオリジナル楽曲を製作し、振り付けは振付師でタレントの前田健氏に委託した。この観光PVは日本語、タイ語、英語、中国語の4ヶ国語で公開されている。

　2018年には「伊達なYouTuberプロモーション」として、日本文化や日本各地の観光地を紹介する動画が人気を博しているフォロワー数142万人越え（2019年12月現在）の人気YouTuberクリスを起用した。仙台西部地区と秋保の魅力を伝える「Stay in gat 1,000 Year Old Japanese Hot Spring Resort」をクリスの「Abroad in Japan」というチャンネル内で公開した。観光まちづくり会社「アキウツーリズムファクトリー」に関わるA氏とタッグを組み、動画内でニッカウキスキー、秋保ワイナリーのアルコールツーリズム、秋保温泉の魅力を紹介している。前編英語で日本語は字幕のみであり、そのほかタイ語、簡体字、繁体字、ハングル、ドイツ語、フランス語など11カ国の字幕も作成されている（2019年現在）。

（3）ニュージーランドでの研究事業

　2018年には「『観光大国に学ぶ』世界先進地研究事業」として、秋保の強みとして今後伸ばしていきたいワインツーリズムや自然を使ったツアーが人気な観光先進国であるニュージーランドへ訪れている。秋保らしさの演出、体験コンテンツの整備、創出のために秋保の将来像を構築するための仕組みづくりに関する情報収集が行われた。

（4）タイへのプロモーション事業

　2019年現在、秋保温泉旅館組合はタイに重点を置いた誘致活動を行っている。仙台市観光課から人脈を受け継いだことからタイとのプロモーションを開始するに至った。タイの主要な旅行会社を招いての秋保観光セミナーの

実施や、マスコミ訪問などのパイプづくりを官民連携して実施している。また、秋保温泉旅館組合ではタイと仙台市との連携事業や商談会にも積極的に参加している。

なお、2019年10月末には仙台―バンコク間の直行便の就航が始まり、仙台空港から秋保まで運行するエアポートライナーも本数を増やした。しかしながら、2020年の新型コロナウイルスCOVID-19により、仙台―バンコク間の直行便は運休となった。

2）秋保温泉におけるオルタナティブ・ツーリズム（ニューツーリズム）の展開

近年、魅力ある観光資源や様々な体験型観光を充実させることに重点を置き、オルタナティブツーリズム（ニューツーリズム）に着手している例がみられる。2017年に社長に仙台市内で企画会社を運営するB氏が代表取締役を務める観光まちづくり会社「アキウツーリズムファクトリー」を設立し、その活動拠点として江戸時代後期の古民家を改修しカフェ「アキウ舎」（写真2-4）をオープンした。レンタサイクル（写真2-5）、ガイドと秋保を巡る里山サイクリングツアーなども実施している。秋保ワイナリー（写真2-6）で生産されたワインを活用したイベントが開催され、今後は秋保の田植え踊り（写真2-7）を学ぶワークショップの実施を検討している（2019年現在）。

近年では、秋保温泉では自転車で観光施設や寺社、カフェを巡り、その後温泉で汗を流すサイクルツーリズムが人気である。秋保温泉ではサイクルツーリズムを促進するため、秋保・里センター（写真2-8）や仙台市観光課によって秋保のサイクリングマップがいくつか作成されている。マップは英語版も作成されており、外国人観光客のなかには自国から自転車を持参して秋保の自然を楽しむ者も存在する。外国人のレンタサイクルの利用は台湾人が多いとのことであった。また、アウトドアアクティビティ会社がそれぞれ二口渓谷でのキャニオリングと秋保大滝（写真2-9）での滝つぼダイビングを実施している。

写真2-4　アキウ舎（2019年）
（半澤撮影）

写真2-5　秋保・里センターのレンタサイクル（2019年）
（半澤撮影）

写真2-6　秋保ワイナリー（2020年）
（鈴木撮影）

写真2-7　秋保の田植え踊り（2019年）
（半澤撮影）

写真2-8　秋保・里センター（2020年）
（鈴木撮影）

写真2-9　秋保大滝（2019年）
（半澤撮影）

3）訪日外国人観光客をターゲットにした宿泊施設の開業

　秋保地区では、秋保温泉旅館組合長で「佐勘」社長のC氏が、2016年5月にビジネス客やバックパッカーなど海外からの宿泊客をターゲットとして「KYOU BAR ROUNGE&INN」を開業した。KYOU BAR ROUNGE&INNは、もともと海外からの観光客を狙った宿泊施設として開業したのではなく、G7開催にあたって会議関係者の宿泊施設が不足したことから整備された建物である。2016年に行われたG7の際に各国のVIPはもちろん、警備のための警察官や各国のマスコミも数多く秋保温泉に訪れた。そこで、マスコミ関係者の収容のために当時の佐勘の女子寮を改築し宿泊施設へと整備を行った。その際、警察官については小中学校の体育館を宿泊場所として開放することで宿泊場所を補った。

　全室に浴室とトイレがついていないアウトバスで、温泉大浴場が備えられている。限られた面積で部屋数を増やし、工事やメンテナンスのコストを削減したことで1泊5,000円（税別）と温泉ホテルとしては低料金を実現した（2019年現在）。館内のバーラウンジは宿泊客だけではなく、地元住民も利用できる地域交流型スペースとして整備されている。

4. 秋保温泉の宿泊施設における訪日外国人観光客の受け入れ態勢

　筆者は2019年に秋保温泉の宿泊施設18軒にアンケートを配布し、回収部数は11であった。回収率は61％である。今回、回答を得た11軒の宿泊施設を「施設で外国人旅行者の集客に取り組んでいますか。」という問いに対し「はい」と回答した宿泊施設7軒と、「実施していないが今後検討」「取り組む予定はない」と回答した宿泊施設4軒の2つに分類した。前者を「外国人観光客受け入れ積極型宿泊施設」、後者を「外国人観光客受け入れ消極型宿泊施設」とする。

［1］外国人観光客受け入れ積極型宿泊施設における訪日外国人観光客の受け入れ態勢

　全7軒の外国人観光客受け入れ積極型宿泊施設を宿泊施設A、宿泊施設B、宿泊施設C、宿泊施設D、宿泊施設E、宿泊施設F、宿泊施設Gとする。

1）訪日外国人観光客の誘致に着手した理由

　外国人観光客受け入れ積極型宿泊施設の7軒において、「なぜ外国人観光客を受け入れていますか。理由を教えてください。」という問いに対して、「海外からのインバウンドのお客様が年々全国的に増えているなか、当館でも多様な国々からのお客様をお迎えし、お客様層の底上げ、サービス向上につなげたい」（宿泊施設A）、「売り上げ、販路拡大のため」（宿泊施設B）、「インバウンド政策への対応、集客増加のため」（宿泊施設C）、「国内旅行者のみで成長できる幅は限られているから」（宿泊施設D）「特にお断りする理由がないから」（宿泊施設G）との回答が挙がった。

　全体的に集客増加につなげたいとの意見が多い。仙台市において、近年外国人観光客数は年々大幅に増加している。受け入れに着手することにより、外国人観光客を秋保温泉に取り込み宿泊施設の稼働率を上げることが各宿泊施設の狙いであると推測される。一方で、宿泊施設Aでは外国人旅行者を受け入れてサービス改善につなげたいという、外国人の受け入れによるさらなる接客の質の向上に対して前向きな回答もみられた。

2）宿泊施設における訪日外国人観光客誘致に向けた取り組み

(1) 宿泊施設における訪日外国人観光客誘致に向けた取り組み

　外国人観光客誘致のために宿泊施設が実施している取り組みをみると（表2-2）、全宿泊施設が実施しているのはExpedia、Booking.comなどの「海外インターネット予約サイトへの登録」である。海外の宿泊予約サイトへの登録は、インターネットを活用して宿泊施設を検索する外国人が施設を知る

表2-2　外国人観光客受け入れ積極型における外国人観光客誘致の取り組み（2019年）

	宿泊施設A	宿泊施設B	宿泊施設C	宿泊施設D	宿泊施設E	宿泊施設F	宿泊施設G
外国人版HPの開設（自社）	○	○		○	○	○	○
海外インターネット予約サイトへの掲載	○	○	○	○		○	
外国語対応可能なスタッフの雇用	○	○				○	
Wi-Fiなどインターネット接続環境の整備	○	○					
メニューや施設内の案内等の外国語表記の実施				○		○	○
国内旅行代理店へのセールス	○						
国外旅行代理店へのセールス	○	○		○			
コンベンション団体とのイベントへの出展							
日本文化体験プログラムの導入							
SNSでの情報発信							
海外の旅行雑誌やフリーペーパー等への掲載							
その他			○				

注）宿泊施設Cの「⑫その他」の回答は「秋保温泉旅館組合との連携」であった。
（宿泊施設へのアンケート調査により作成）

きっかけとなり、訪日外国人の集客増加のために欠かすことはできない。財務省が2018年9月に行った調査によると、インバウンド観光客の約55％は宿泊施設を個人で手配しており、そのうちの約70％はインターネット経由であることが明らかになっている（杉山・関2018）。しかし、サイト内で他の宿泊施設と比較されるため、差別化や値段を割安にして勝負する必要がある。そこで、上記でも述べたように旅行情報源としてインターネットを主に活用する外国人に対して、5軒が実施している「外国人版HPの開設（自社）」が宿泊予約サイトのみでは伝えることのできない宿泊施設の魅力を伝える重要な宣伝媒体になっていると考えられる。また、「外国人版HPの開設（自社）」の対応言語を調査すると（表2-3）、宿泊施設D、宿泊施設E、宿泊施設Fが英語での開設であるのに対し、宿泊施設Aと宿泊施設Bは英語に加えて秋保温泉で集客数の多い国・地域の言語に合わせた開設を行ってい

表2-3　外国人観光客受け入れ積極型におけるホームページの対応言語（2019年）

	英語	中国語	韓国語	タイ語
宿泊施設A	○	○		○
宿泊施設B	○	○	○	○
宿泊施設D	○			
宿泊施設E	○			
宿泊施設G	○			

（宿泊施設へのアンケート調査により作成）

ることがわかった。

　宿泊施設G以外の6軒が共通して取り組んでいる項目が「Wi-Fiなどインターネット接続環境の整備」である（表2-2）。2017年に観光庁が実施した「訪日外国人旅行者の国内における受入環境整備に関する調査」[4]において、調査対象の訪日外国人旅行者（回答数5,332件）のうち53.8％が「無料公衆無線LAN」を通信手段として利用していることが明らかになっている。また、日本滞在中に役だった旅行情報源として「インターネット（スマートフォン）」と回答したのが全体の64.5％であることから、訪日外国人観光客にとってインターネット接続環境が整備されていることは、観光に欠かすことのできない必要条件であると考えられる。

　また、外国人観光客受け入れ積極型宿泊施設の7軒のなかでも、内部体制の整備とインターネット戦略に加えて国内外の旅行代理店へのセールスを行うなど、積極的に訪日外国人観光客の受け入れに取り組む旅館（宿泊施設A、宿泊施設B、宿泊施設E、宿泊施設G）と、内部体制の整備とインターネット戦略のみに留まる旅館（宿泊施設C、宿泊施設D、宿泊施設F）に2分類され、集客に対する意欲の差がみられる。

(2) 外国人観光客受け入れに用いる主な予約方法

　訪日外国人が宿泊施設を予約する際に最も多く用いられている予約方法は、「国内インターネット予約サイト（じゃらん・楽天トラベル等）」と「海外インターネット予約サイト（Expedia、Booking.com等）」であった（表2-4）。両者とも7軒中5軒が実施していた。この結果についても、外国人がインターネットを活用して宿泊施設を探す傾向が現れている。続いて、「直接予約（自社ホームページ・電話・FAX・メール等）」「国内旅行代理店（JTB等）」「海外旅行代理店（東南旅行社、・EGLtours等）」がそれぞれ4軒からの回答があった。

　なお、宿泊施設Bと宿泊施設Dは海外インターネット予約サイトに自社の情報を掲載しているにも関わらず、外国人観光客から予約方法として活用されていないことがわかる（表2-2と比較）。

表2-4 外国人観光客受け入れ積極型における外国人観光客誘致に用いる主な予約方法（2019年）

	宿泊施設A	宿泊施設B	宿泊施設C	宿泊施設D	宿泊施設E	宿泊施設F	宿泊施設G
直接予約（自社ホームページ・電話・FAX・メール等）	○	○	○	○			○
国内旅行代理店（JTB等）	○	○		○			○
国内インターネット予約サイト（じゃらん・楽天トラベル等）	○	○	○		○		○
海外旅行代理店（東南旅行社・EGL Tours等）		○	○		○		
海外インターネット予約サイト（Expedia、Booking.com等）	○				○	○	
その他							

（宿泊施設へのアンケート調査により作成）

3）訪日外国人観光客誘致の現状

　外国人観光客受け入れ積極型宿泊施設7軒の年間外国人宿泊割合は平均して2％程度となった。日本人における宿泊利用者と日帰り利用者の平均比率は8.68：1.32、外国人における平均比率は9.98：0.02であった。遠方から秋保温泉に訪れた外国人観光客の宿泊利用が多いのはもちろんのこと、日本人観光客には近場である宮城県内からの利用者が多く含まれているため、日帰りでの利用が多いことが予測される。また、宿泊利用においての平均宿泊日数は日本人宿泊客が1日、外国人宿泊客が1.17日とさほど差はなかった。

（1）宿泊施設における外国人宿泊客の受け入れ状況

　各宿泊施設に集客数1〜5位の国・地域名とその集客方法および団体客と個人客のどちらが中心か、全宿泊客に対する割合を調査した（表2-5）。集客数1位の国・地域は、全宿泊施設が台湾と回答した。2位からの回答についても全体に占める割合が多い中国とタイが並んだ。
　集客方法においては、宿泊施設Aが集客数1位の台湾に2位以降の国・地域と異なるアプローチをかけているのに対して宿泊施設B〜Gは国・地域が

表2-5 外国人観光客受け入れ積極型における外国人宿泊客の出発地1～5位の国・地域（2019年）

施設名	順位	国名	集客方法	客層	全宿泊客に対する割合
A	1位	台湾	現地エージェント、国内ランドオペレーターへの情報提供	団体	―
	2位	中国	海外向けエージェントへの登録	個人	―
	3位	香港	海外向けエージェントへの登録	個人	―
	4位	タイ	海外向けエージェントへの登録	個人	―
B	1位	台湾	直接営業、ネット、エージェント	両方	1%
	2位	中国	直接営業、ネット、エージェント	―	1%
	3位	タイ	直接営業、ネット、エージェント	―	1%
	4位	香港	直接営業、ネット、エージェント	―	1%
	5位	韓国	直接営業、ネット、エージェント	―	1%
C	1位	台湾	国内・海外旅行予約サイトへの登録、海外旅行代理店へのセールス	両方	0.13%
	2位	中国	国内・海外旅行予約サイトへの登録、海外旅行代理店へのセールス	両方	0.12%
	3位	香港	国内・海外旅行予約サイトへの登録、海外旅行代理店へのセールス	両方	0.03%
D	1位	台湾	海外予約サイト	個人	0.3%
	2位	中国	海外予約サイト	個人	0.3%
	3位	ヨーロッパ	海外予約サイト	個人	0.3%
	4位	アメリカ	海外予約サイト	個人	0.1%
E	1位	台湾	―	両方	―
	2位	中国	―	個人	―
F	1位	台湾	在日AG（エージェント）へのセールス	団体	1%
G	1位	台湾	海外予約サイトへの登録	個人	0.49%
	2位	中国	海外予約サイトへの登録	両方	0.25%
	3位	香港	海外予約サイトへの登録	個人	0.22%
	4位	韓国	海外予約サイトへの登録	両方	0.06%
	5位	アメリカ	海外予約サイトへの登録	個人	0.06%

（宿泊施設へのアンケート調査により作成）

異なるに関わらず、全ての国・地域に対して同一の集客方法を実施していることが明らかになった。集客の手段として最も多く用いられているのは、エージェントへのセールスであった。その次に挙げられた回答として、全宿泊施設が実施している海外インターネット予約サイトへの登録が多かった。

1～5位の国・地域ごとの全宿泊客に対する割合をみると、最も高くても1％であり、ほとんどが1％を割る結果になった。

集客数1位である台湾からの訪日観光客は、団体旅行と個人旅行のどちらかに偏る傾向はみられなかったが、個人客に比べ団体客の利用が多いとの回答があったのも台湾のみであった。また、外国からの団体ツアー客受け入れを行っているのは宿泊施設D以外の6軒であった（表2-6）。そのうち5軒が受け入れを行っている地域として台湾を挙げており、宿泊施設Gの「中国中心（アジア系）」との回答から、台湾も含まれていると考えられる。そのほかも中華圏の受け入れが主となっていることがわかった。

(2) 日本人宿泊客と外国人宿泊客の1泊2食付きの平均宿泊単価

日本人宿泊客と外国人宿泊客の1泊2食付きの平均宿泊単価は、宿泊料金を日本人観光客と外国人観光客との間で平均宿泊料金の価格帯が変わらない宿泊施設C、宿泊施設D（素泊まり料金）、宿泊施設E、宿泊施設Gの4軒と、日本人観光客の平均宿泊料金の価格帯に対して外国人観光客の平均宿泊料金の価格帯が高い宿泊施設A、日本人観光客の平均宿泊料金の価格帯に対して外国人観光客の平均宿泊料金の価格帯が安い宿泊施設B、宿泊施設Fに3分類された（表2-7）。観光庁が2018年に発表した「訪日外国人消費動向調査」[5]から訪日外国人1人当たりの宿泊費の平均額（1日）は5,087.4円であることが明らかになっている。2食付という点を考慮した上であっても、この平均額と比較すると高い価格設定になっていることがわかる。また、宿泊施設Cでは土日祝日や繁忙期は日本人宿泊客と外国人宿泊客の両者とも「15,000～20,000円未満」で値段設定を行っているとの記載があった。

表2-6 外国人観光客受け入れ積極型における外国からの団体ツアー客の受け入れ状況（2019年）

	団体ツアー客を受け入れているか	受け入れ開始時期	ツアー客の発地
宿泊施設A	受け入れている	2005	台湾
宿泊施設B	受け入れている	2016	台湾など
宿泊施設C	受け入れている	2015	台湾、香港、中国
宿泊施設D	受け入れていない	—	—
宿泊施設E	受け入れている	2014	台湾
宿泊施設F	受け入れている	1990年代	台湾、中国
宿泊施設G	受け入れている	不明	中国中心（アジア系）

（宿泊施設へのアンケート調査により作成）

表2-7 外国人観光客受け入れ積極型における日本人宿泊客と外国人宿泊客の1泊2食付きの平均宿泊単価（2019年）

	日本人観光客	外国人観光客
宿泊施設A	15,000～20,000円未満	20,000～25,000円未満
宿泊施設B	15,000～20,000円未満	10,000～15,000円未満
宿泊施設C	10,000～15,000円未満	10,000～15,000円未満
宿泊施設D	食事付きにしていない	食事付きにしていない
宿泊施設E	30,000円以上	30,000円以上
宿泊施設F	10,000～15,000円未満	10,000円未満
宿泊施設G	15,000～20,000円未満(19,350円)	15,000～20,000円未満(18,330円)

（宿泊施設へのアンケート調査により作成）

（3）各宿泊施設の外国人観光客受け入れによるメリットとデメリット

　外国人観光客を受け入れて良かった点として、「集客の増加」に関する回答が最も多かった。宿泊施設Gでは、外国人観光客誘致の利点として「平日の集客」を挙げた（表2-8）。そのほか、宿泊客のみではなく、秋保在住者および秋保へ訪れた観光客が利用できるラウンジを開放している宿泊施設Dでは共有スペースの活性化を挙げた。また、2016年に実施されたG7の開催場所である宿泊施設Aでは多数の国際会議の開催実績があることから集会機能を併せ持ったサービスを展開できていることがわかる。

　また、不安な点として数々の国際会議やコンベンション会場としての開催実績をもつ宿泊施設Aであっても、ハラール食への対応ができていない現状が明らかになった。そのほか、外国語スタッフの雇用を実施していない宿泊施設Eと宿泊施設Gに加え、雇用を行っている宿泊施設B（表2-2）におい

表2-8 外国人観光客受け入れ積極型における外国人観光客を受け入れて良かった点と不安な点（2019年）

	良かった点	不安な点
宿泊施設A	多様な国からの集客増（微増）、国際会議の受け入れ実績を作れている（G7、ASEAN＋3財務大臣・中央銀行総裁代理会議、日中韓中央銀行局長会議など）、スタッフの語学力対応向上への意識変化	料理の対応（ベジタリアン対応はしているが、ハラールなどは対応しきれていない）
宿泊施設B	集客の増加	言語、生活習慣の差異
宿泊施設C	温泉の良さを伝えた	害虫
宿泊施設D	共有スペースでのお客様同士の会話が活発になった	刺繍をされている方の温泉案内（現在はシャワーブースのみ案内）
宿泊施設E	販路拡大	言語対応、マナー
宿泊施設F	集客の増加	トコジラミなど害虫発生のリスク、世界情勢に左右される
宿泊施設G	平日対策として有効	言語対応、病気等の緊急時の対応マニュアルがない

（宿泊施設へのアンケート調査により作成）

ても言語の壁を不安要素として抱えている。また、宿泊施設Fでは外来害虫発生（トコジラミ）のリスクが懸念されていることが回答として挙げられた。

（4）秋保温泉に宿泊する観光客の訪問地

秋保温泉に訪れた日本人および外国人観光客の秋保温泉以外の訪問地として挙げられたのは、仙台市内の観光名所や松島、山形、蔵王などであった（表2-9）。日本人観光客と外国人観光客の秋保温泉以外の目的地に相違点はほとんどみられなかった。また、秋保温泉旅館組合への聞き取りのなかで、訪

表2-9 外国人観光客受け入れ積極型における宿泊客の主な訪問地（2019年）

	日本人観光客	外国人観光客
宿泊施設A	仙台市内（青葉城、瑞鳳殿等）、松島、中尊寺、立石寺（山寺）、山形市内	仙台市内（名所旧跡、アウトレットモール、ショッピング）、松島、中尊寺、立石寺（山寺）、山形市内
宿泊施設B	仙台、松島、山形など	仙台、松島、東北各地
宿泊施設C	松島、仙台	松島、仙台
宿泊施設D	蔵王、松島	蔵王
宿泊施設E	松島、平泉、蔵王、立石寺（山寺）、仙台市内（青葉城址など）	松島、平泉、蔵王
宿泊施設F	松島、山形	仙台、ゴルフ
宿泊施設G	ニッカウヰスキー工場、松島、青葉城	松島、青葉城、鳴子、立石寺（山寺）

（宿泊施設へのアンケート調査により作成）

日外国人は宮城県内を中心的に周遊するのではなく県外も合わせて回ることが多いとの話であったが、アンケート結果でもその傾向がみられた。主に宮城県を中心とした東北の観光名所を巡る際に、その宿泊拠点として秋保温泉に立ち寄る訪日外国人宿泊客が多い。

4）宿泊施設におけるインバウンド事業の今後

(1) 今後の外国人誘致の方針

　外国人観光客に対する今後の方針について、「今後も積極的に受け入れていきたい」「受け入れてもよい」「受け入れを縮小したい」「受け入れをやめたい」「検討中」の5つの選択肢で各宿泊施設の意向を聞いたところ、全宿泊施設が今後の外国人宿泊客の受け入れについて前向きな見解を示した（表2-10）。

(2) 今後実施予定の外国人観光客誘致に向けた取り組み

　各宿泊施設で訪日外国人集客のために今後実施する予定の取り組みとして、主に言語関係のものが多くみられた（表2-11）。外国語対応スタッフを雇用していない宿泊施設C、宿泊施設Eでは通訳機器を導入することで対応する考えであることがわかった。訪日外国人の受け入れに向けて、表示案内や、トイレの改修、Wi-Fiの整備など施設内の整備を実施する予定がある宿泊施設もみられた。

　しかしながら、今後施設の受け入れ整備を進めていくなか、宿泊施設Eから「訪日外国人の受け入れに対する施設独自でのさまざまな整備は予算面で厳しいため、経済産業省や観光庁が行う補助金制度は大変ありがたい」と意見が出されるなど、補助金なしには大規模な施設整備を進めるのは難しいという現状が指摘できる。

表2-10　外国人観光客受け入れ積極型における今後の外国人誘致の方針（2019年）

	今後の方針	理由
宿泊施設A	今後も積極的に受け入れていきたい	仙台空港が民営化され、台湾や中国、この秋にはタイへの直行便も就航する。都市型温泉地として外国の方々にもっとAKIUを楽しんで頂き、認知度を上げたい
宿泊施設B	今後も積極的に受け入れていきたい	集客の増加のため
宿泊施設C	受け入れてもよい	インバウンド政策対応
宿泊施設D	今後も積極的に受け入れていきたい	平日の集客力が上がる
宿泊施設E	今後も積極的に受け入れていきたい	東北全体のインバウンド観光を広げたい
宿泊施設F	今後も積極的に受け入れていきたい	以前に比べ宿泊単価も高くなり、日本人客の単価と遜色なくなって充分に収益が見込まれるため
宿泊施設G	受け入れてもよい	特にお断りする理由がないから

（宿泊施設へのアンケート調査により作成）

表2-11　外国人観光客受け入れ積極型における今後実施予定の外国人観光客誘致に向けた取り組み（2019年）

宿泊施設A	キャッシュレス決済対応端末の整備、タイ語や多言語の更なる表示案内、和式トイレの完全洋式化（1部和式あるため）
宿泊施設B	—
宿泊施設C	通訳機器整備
宿泊施設D	—
宿泊施設E	Wi-Fi工事中、ポケトーク（通訳機器）導入予定
宿泊施設F	HP多言語化
宿泊施設G	—

（宿泊施設へのアンケート調査により作成）

［2］外国人観光客受け入れ消極型宿泊施設における訪日外国人観光客の受け入れ態勢

　全4軒の外国人観光客受け入れ消極型宿泊施設を宿泊施設H、宿泊施設I、宿泊施設J、宿泊施設Kとする。

1) 訪日外国人観光客の集客を実施していない理由

　外国人観光客の集客を実施しない理由として、「語学ができるスタッフが少ない」（宿泊施設H）、「内部の体制が作れていない」（宿泊施設J）、「客室数が16と少ないから。また、ほぼ全日日本人の宿泊者で85％の集客を維持できている」（宿泊施設K）との理由が挙げられた。外国人観光客の受け入れ態勢が整っていないことがわかった。

　上記の宿泊施設Kの回答を踏まえ、外国人観光客受け入れ積極型宿泊施設と外国人観光客受け入れ消極型宿泊施設の部屋数と比較すると、施設名が未記入で客室数が不明であった宿泊施設Fを除いた外国人観光客受け入れ積極型宿泊施設6軒の平均部屋数は126部屋であった。一方、外国人観光客受け入れ消極型宿泊施設の宿泊施設Hについては52室の約300人収容と中規模施設だが、その他の3施設については、宿泊施設Iが7部屋、コテージタイプの宿泊施設Jは17棟、宿泊施設Kは16部屋と収容規模が小さいため、外国人の団体観光客の受け入れに向いておらず、日本人宿泊客の集客で施設運営が成り立っていることと推測できる（各宿泊施設公式HPによる）。

　また、「今後、貴施設で外国人旅行者の集客に着手する予定はありますか。」の設問に対して「ぜひ取り組みたい」「取り組んでも良い」「取り組む予定はない」「検討中」の選択肢を提示したところ、訪日外国人観光客誘致に対して前向きな姿勢を示したのは宿泊施設Iのみであった（表2-12）。

表2-12　外国人観光客受け入れ消極型における今後の外国人観光客誘致の方針（2019年）

宿泊施設H	検討中
宿泊施設I	ぜひ取り組みたい
宿泊施設J	検討中
宿泊施設K	取り組む予定はない

（宿泊施設へのアンケート調査により作成）

2) 訪日外国人観光客誘致の状況

　外国人観光客受け入れ消極型宿泊施設4軒の年間外国人宿泊割合は平均して約1.5％となった。日本人における宿泊利用者と日帰り利用者の平均比率

は7.33：2.67、外国人における平均比率は9.33：0.67であった。また、宿泊利用においての平均宿泊日数は日本人宿泊客が1.125日、外国人宿泊客が0.875日とさほど差はなかった。外国人平均宿泊日数に関しては、宿泊施設Jは訪れる外国人観光客は隣接する喫茶店や工芸品の展示・販売ギャラリーなどの日帰り利用のみで宿泊利用がないため宿泊日数を0日と回答しており、1日を割る結果となった。

（1）宿泊施設における外国人宿泊客の受け入れ状況

外国人観光客受け入れ消極型宿泊施設が受け入れている国・地域では、秋保温泉の外国人宿泊客数において半数以上を占める台湾と中国に加え、近年客数が年々増加しているアメリカとカナダの2カ国の名前も挙がっている（表2-13）。

外国人観光客が施設予約の際に用いる主な予約方法としては、施設への電話予約かインターネットからの予約のどちらかである。外国人受け入れ消極型宿泊施設では、外国人観光客受け入れ積極型宿泊施設とは異なり、海外インターネット予約サイトへの掲載やエージェントへの働きかけがないことが

表2-13 外国人観光客受け入れ消極型における外国人宿泊客の出発地1〜5位の国・地域（2019年）

施設名	順位	国名	集客方法	客層	全宿泊客に対する割合
H	1位	中国	ＴＥＬ、インターネット	両方	1%未満
	2位	アメリカ	ＴＥＬ、インターネット	個人	1%未満
	3位	ロシア	ＴＥＬ、インターネット	個人	1%未満
	4位	オーストラリア	ＴＥＬ、インターネット	個人	1%未満
	5位	フィリピン	ＴＥＬ、インターネット	両方	1%未満
I	1位	アメリカ	―	―	3%
	2位	カナダ	―	―	2%
J	1位	中国（香港・台湾）	―	個人	0%
	2位	欧米	―	個人	0%
K	1位	台湾	楽天のネット宿泊予約サイト	個人	0.016%
	2位	中国	楽天のネット宿泊予約サイト	個人	―
	3位	香港	楽天のネット宿泊予約サイト	個人	―

（宿泊施設へのアンケート調査により作成）

わかる。

　また、全宿泊施設が団体ツアー客の受け入れを実施していないため個人客が中心となっている。宿泊施設Ⅰでは経営者の外国人の友人が宿泊する機会が多いということもあり、全宿客に対する割合が2～3％であったが、それ以外の宿泊施設は1％を割る結果になった。

(2) 日本人宿泊客と外国人宿泊客の1泊2食付きの平均宿泊単価

　宿泊施設Hでは日本人観光客の平均宿泊料金の価格帯に対して外国人観光客の平均宿泊料金価格帯が高くなっている。宿泊施設Kでは日本人観光客と外国人観光客が同じ平均宿泊料金であった（表2-14）。

表2-14　外国人観光客受け入れ消極型における日本人宿泊客と外国人宿泊客の1泊2食付きの平均宿泊単価（2019年）

	日本人観光客	外国人観光客
宿泊施設H	20,000～25,000円未満	25,000～30,000円未満
宿泊施設I	食事付きにしていない	食事付きにしていない
宿泊施設J	10,000円未満	―
宿泊施設K	10,000～15,000円未満	10,000～15,000円未満

（宿泊施設へのアンケート調査により作成）

(3) 秋保温泉に宿泊する観光客の訪問地

　外国人観光客受け入れ消極型宿泊施設では、外国人観光客受け入れ積極型宿泊施設の回答（表2-9参照）と同様に、日本人観光客と外国人観光客の双方とも宮城県を中心に東北各地を巡る結果となった。また、宿泊施設Kの回答から、秋保温泉は東日本大震災の被災地を訪れる際に宿泊地および県内観

表2-15　外国人観光客受け入れ消極型における宿泊客の主な訪問地（2019年）

	日本人観光客	外国人観光客
宿泊施設H	市内観光、松島、鳴子、仙台うみの杜水族館、山形蔵王	市内観光、松島、中尊寺
宿泊施設I	松島、東松島、立石寺（山寺）	―
宿泊施設J		
宿泊施設K	平泉の世界遺産、被災地（釜石、宮古、石巻）	遠刈田のキツネ村

（宿泊施設へのアンケート調査により作成）

光の目的地として設定されるケースがあることがわかった（表2-15）。

5．本章の結論

調査の結果、秋保温泉が外国人観光客の受け入れを実施し、外国人観光客数が近年増加した要因として、以下の4点が考えられる。

まず1つ目に、秋保温泉に訪れる日本人観光客の減少を背景に、集客数を増やし宿泊施設の稼働率を上げるために外国人観光客の受け入れを開始したことが挙げられる。鈴木（2013）と玉木（2014）によると、全国各地の温泉地がバブル崩壊後の国内経済の低迷による宿泊客数の減少の対応策として外国人誘致に着手している。また、秋保温泉では、インバウンド事業に着手をしたのが2012年の東日本大震災後である。よって、バブル崩壊後の集客減少に加え、震災による集客の減少も秋保温泉旅館組合および各宿泊施設が外国人観光客の受け入れへの着手した要因になっていると考えられる。

2つ目に、秋保温泉が仙台駅および仙台国際空港から近距離に立地していることが挙げられる（図2-3）。前秋保温泉は新幹線の停車駅である仙台駅から車で約30分、株式会社タケヤ交通が運行する西部ライナーを利用した場合も約30分で行くことが可能である[6]。また、仙台国際空港からは株式会社タケヤ交通が運行する仙台西部エアポートライナーにて約40分で行くことができ、アクセスがよい[7]。また、各宿泊施設からも仙台駅からの無料シャトルバスが運行している。

九鬼・清水（2019）の研究において韓国、台湾、中国の順に直行便の有無が延べ宿泊客数に大きな影響を及ぼすことが明らかになっている。2019年12月の各国と仙台国際空港を結ぶ直行便数をみると、台湾（台北）が209便、韓国（ソウル）が62便、中国（大連・北京・上海）が52便という結果になった[8]。2018年の仙台市における204,340人の外国人宿泊客数のうち43％が台湾からの観光客が占めることも直行便数の多さが関係すると推測される。そのため、台湾や中国などアジアから宮城に訪れた訪日外国人観光客は、宮城県で仙台駅および仙台国際空港からのアクセスが優れている有名温泉地として

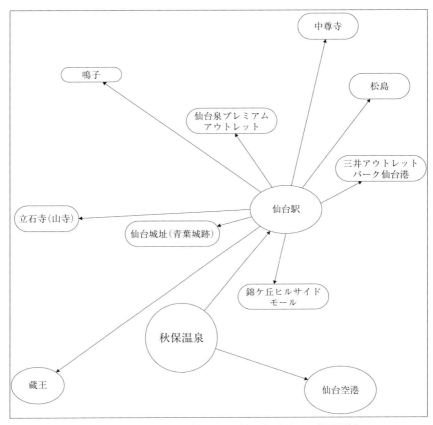

図2-3　秋保温泉と交通機関および主要観光資源の位置関係

(筆者作成)

旅行日程に取り込むケースが多いことが考えられる。

　仙台駅および仙台国際空港から近距離に立地する点に関連して、秋保温泉が持つ主要な観光資源への近接性が挙げられる。秋保温泉からの二次交通が弱い点が秋保温泉の課題として挙げられるが、自家用車利用者以外の秋保温泉の観光客のほとんどが利用する仙台駅からの各所への交通網は発達している。新幹線や、鉄道、市営バス、仙台市地下鉄南北線に加え、2015年には市内に東西線も開通した。前述のように、秋保温泉に来訪した外国人観光客が仙台市内や松島の観光資源、アウトレットに加え、県外の立石寺（山寺、

山形県)や世界遺産である平泉(岩手県)へ訪れていることが明らかになった。秋保温泉が、交通網が発達している仙台駅に近接するために宮城県内および東北各地の観光地へ訪日外国人観光客が訪問する際の利便性が高いことも、宿泊地として選択される1つの要因として考えられる。

3つ目に、台湾人の日本および日本文化への関心が高いためである。関心の強さは、日本に対して素朴な憧れを持つ人を意味する「哈日族(ハーリーズー)」という呼称が存在することからも読み取れる。2017年の観光庁の「訪日外国人消費動向調査」[9]によると、台湾人が日本への旅行に期待する内容として、「日本食を食べること」「ショッピング」「自然・景勝地観光」「繁華街の街歩き」「旅館宿泊」「温泉入浴」が上位に上がっている。また、JNTO(日本政府観光局)の調査[10]によると、季節の変化が乏しい台湾では、桜や紅葉など、四季折々の風景は、台湾人にとって大変魅力的に映り訪日旅行の目的の1つともなっている。JTB総合研究所とナビタイムジャパンの共同調査[11]によると、訪日旅行で「田舎を訪れるのが好き」と回答した者が55.8%を占めている。また、訪日サイクリングツアーが販売されるほど、台湾ではサイクリング観光が人気を集めている。

温泉旅館は台湾人にとって日本食や温泉、畳など日本文化に触れることのできる人気の観光資源の1つである。また、秋保温泉は山間部かつ農村部であるため田園風景のほか、桜や紅葉も合わせて楽しむことが可能である。また、前述したとおり、人気を集める秋保温泉でのサイクルツーリズムを促進するため、秋保・里センターや仙台市観光課から秋保のサイクリングマップ(英語版など)が作成されている。また、秋保温泉の外国人におけるレンタサイクルの利用は台湾人が多く、サイクルツーリズムは台湾人のニーズに適している。加えて、宮城県は仙台駅周辺のファッションビルや家電専門店が立ち並び、アウトレットも複数立地しているため、ショッピングを好む台湾人にとって最適な観光地の1つとして位置づけられると考えられる。

JNTO(日本政府観光局)の調査結果(前出の注10参照)で、台湾は観光地を容易に効率よく回ることのできる団体旅行の割合が高いことが特徴であることが指摘されている。秋保温泉では、4節のアンケートの分析結果におい

て、「団体と個人どちらが中心か（台湾人）」という設問に対し、「団体」と回答した宿泊施設が7軒中2軒、「両方」と回答した宿泊施設が3軒であった（表2-5参照）。このことから、団体の台湾人の宿泊客が多く訪れていることがわかる。また、これは、団体旅行の受け入れを実施する宿泊施設のほとんどがツアー客の発地として台湾を挙げている（表2-6参照）。秋保温泉における訪日外国人宿泊客の割合のうち、台湾人が半数を占めているのは団体客の受け入れが多いことも1つの要因であると考えられる。

　4つ目に、秋保温泉旅館組合が近年タイに特化したPR活動を展開しているためである。前述のように、秋保温泉旅館組合では2014年からPRを開始した。タイからの宿泊客数は秋保温泉における外国人宿泊客数のうちの10％前後を推移している状況だが、PRを開始した2014年のタイからの受け入れが23人であったのに対し、2017年には790人の入り込みを記録した。タイからの観光客数数の増加は各宿泊施設へも影響を及ぼしている。4節でみたように、宿泊施設Aと宿泊施設Bが「受け入れている外国人観光客で集客数1〜5位の国」でタイと回答しており（表2-5参照）、それぞれ自社のHPをタイ語に対応させる（表2-3参照）とともに、タイ人の集客方法として宿泊施設Aでは「海外向けエージェントへの登録」を、宿泊施設Bでは「直接営業、ネット、エージェント」と回答している。個々の宿泊施設がタイへのアプローチをかけ始めたことも集客の増加の1つの要因なのではないかと推測する。

〔注〕
1) 1節2)項については、秋保温泉旅館組合実施事業冊子を参考とした。
2) 2節1)項は仙台市史編さん委員会（2004）および新谷（2018）をもとに作成した。
3) 国土交通省ホームページ「宮城県松島町におけるインバウンドの取組（宮城県松島町産業観光課観光班）」、http://www.mlit.go.jp/sogoseisaku/soukou/soukou-magazine/1712matsushima.pdf、最終閲覧日2019年12月16日。
4) 観光庁ホームページ「『訪日外国人旅行者の国内における受入環境整備に関するアンケート』結果、http://www.mlit.go.jp/common/001171594.pdf、最終閲覧日

2019年12月26日．

5) 観光庁ホームページ「訪日外国人消費動向調査 2018年（平成30年）の訪日外国人旅行消費額（確報）」、https://www.mlit.go.jp/common/001283138.pdf、最終閲覧日2019年12月26日．

6) 株式会社タケヤ交通公式ホームページ「秋保 川崎 仙台西部ライナー」、http://takeyakoutu.jp/sendaiseibuiraina.html、最終閲覧日2019年12月26日．

7) 株式会社タケヤ交通公式ホームページ「仙台西部エアポートライナー」、http://takeyakoutu.jp/sendai_airport_liner.html、最終閲覧日2019年12月26日．

8) 仙台国際空港公式ホームページ「国際線今月のフライトスケジュール（目的地別）」、https://www.sendai-airport.co.jp/、最終閲覧日2019年12月26日．

9) 観光庁ホームページ「訪日外国人消費動向調査」、https://warp.ndl.go.jp/info:ndljp/pid/13342335/www.mlit.go.jp/kankocho/siryou/toukei/syouhityousa.html、最終閲覧日2024年9月26日．

10) JNTO（日本政府観光局）ホームページ「JNTO訪日旅行誘致ハンドブック2019（アジア6市場編）」、https://www.jnto.go.jp/jpn/inbound_market/taiwan02.pdf、最終閲覧日2019年12月26日．

11) JTB総合研究所ホームページ「台湾からの旅行者の心理と行動に関する調査研究（ナビタイムジャパン・JTB総合研究所共同調査）」、『JTB総合研究所公式ホームページ』、https://www.tourism.jp/wp/wp-content/uploads/2017/03/taiwanese-tourist-mindaction.pdf、最終閲覧日2019年12月26日．

〔参考文献〕

九鬼令和・清水哲夫2019．訪日外国人旅行者（中国、韓国、台湾）の延べ宿泊者数に対する影響要因についての研究．観光研究30(2)：5-13．

新谷　敬2018．地域活性化に挑む一過性で終らせない平安時代から続く古湯を活かしインバウンド観光狙う秋保温泉．ニューリーダー31(4)：73-75．

鈴木　晶2013．別府における国際観光に関する考察．別府大学短期大学部紀要32：75-83．

杉山　渉・関　祥吾2018．旅館業界とインバウンド旅行者．ファイナンス（財務

省広報誌）637：58-59.

仙台市史編さん委員会2004.『仙台市史通史編5』宮城県教科書供給所.

玉木栄一2014. 伊東市の観光開発の歴史と今後の課題. 玉川大学観光学部紀要2：
　13-35.

3章　日光市霧降高原におけるペンション集積地域の存続要因
―高原観光地域の変容―

山本桂輔・鈴木富之

1. 本章の課題

1) 研究の背景と目的

　日本では、高度経済成長期以降、観光需要の増大に伴うマスツーリズムの発展により、スキー観光地域や高原観光地域などで観光開発が進展した（山村1995；鈴木2020）。こうした状況下、これらの観光地域では、宿泊施設の新規開発も進んだ。なかでも、ペンションは1970年代以降に高原観光地域やスキー観光地域で急速に普及した。「ペンション」とは、西洋風の外観・内装の建物に、主に西洋風料理を提供する小規模宿泊施設のことである。ペンションにみられる経営上の特徴としては、家族や夫婦などが経営主体であること、客室数や収容人数が少ないことから旅館の経営者と宿泊客が親しくなれることなどが挙げられる。

　しかしながら、バブル経済が崩壊した1990年代半ば以降、スキー人口の減少や設備の老朽化などによりスキー場の閉鎖が相次いでおり（呉羽2017）、スキー場の周辺部に立地するペンションの経営も変化しつつある。たとえば、ペンション経営者は自然体験のインストラクターとしても活動したり、スポーツ合宿を誘致したりするなど、趣味や特技を活かした経営を行っている事例がみられている（花島ほか2009；片平2017）。本章で取り上げる栃木県日光市の霧降高原では、2004年に霧降高原スキー場が閉鎖となり、冬季のスキーヤーによる宿泊需要がほとんど失われた。

　霧降高原におけるペンションの経営実態を明らかにした研究には、岸野

(2007) があり、経営者出身地、家族構成、開業理由、客層および規模、経営上の課題点についての調査が行われた。とくに、経営上の課題として、①グリーンシーズンである5〜11月に繁忙期を迎えるが、11〜4月に閑散期を迎えること、②こうした季節性の大きさがゆえに、家族経営を基本としながらも住み込みによる臨時雇用者が必要であったこと、③冬季の収入源を確保する手段として、スキー・スケート目的の観光客を対象とした飲食店を併設するなど多角的な経営に乗り出していることが指摘されている。ただし、この調査はスキー場閉鎖前の1988年に実施されたものであるため、バブル経済崩壊以降におけるスキーブームの終焉や霧降高原スキー場の閉鎖などの影響については明らかにされていない。

現状では、人口の少子高齢社会の進展や人口減少社会の到来により、今後も日本人のスキー離れが加速し、経営難により閉鎖となるスキー場が全国的に増加すると見込まれている。そのため、霧降高原のペンションでは、スキー場の閉鎖後にいかにして新たな観光需要を生み出し、存続を図っているのかを把握することが必要であろう。

そこで、本章では、霧降高原スキー場閉鎖後の霧降高原におけるペンション経営の特徴を明らかにし、ペンション集積地域の存続要因について考察する。

霧降高原を調査対象地域として選定した理由として、霧降高原は、グリーンシーズンに多く観光客が訪れる、日本を代表するペンション集積地域の1つであることが指摘できる。ペンションは、1980年代から1990年代前半にかけて、当時の女性向けファッション雑誌に取り上げられたことから、流行に敏感な首都圏在住の若い女性によって人気を博したため（池・木下1989；佐々木1998）、長野県や山梨県、栃木県などの首都圏外縁部にペンション集積地域（ペンション村）が形成された（市川1981）。ペンション集積地域は、①著名な観光資源が立地し、グリーンシーズンに多く観光客が訪れる地域（那須高原、霧降高原、伊豆高原、清里高原、山中湖など）と、②集客手段がスキー場に依存した地域（斑尾高原、乗鞍高原、峰の原高原など）に大別できる。霧降高原は、東京をはじめとする南関東への近接性に優れた首都圏外縁部に位

置し、那須高原や伊豆高原、清里高原などと同様に、①グリーンシーズンに特化したペンション集積地域に位置付けられる。とくに、霧降高原の場合、冬季の重要な観光資源であった霧降高原スキー場の閉鎖に伴い、その傾向がより顕著になった。スキー場閉鎖後の霧降高原におけるペンション経営の実態を明らかにすることにより、主に①グリーンシーズンに特化した観光地域におけるペンション経営のあり方を把握するための重要な知見を得ることができるだろう。

2）調査対象地域の概観

霧降高原は日光市街地の北部に広がる標高1,200～1,600mの山麓地帯である[1]。日光国立公園の一部であり、区域内には多くの自然資源が存在し、これらを観光スポットとして活用している。なかでも、1965年から2004年まで営業していた霧降高原スキー場のゲレンデ跡地を利用した日光市霧降高原キスゲ平園地（以下、「霧降高原キスゲ平園地」とする）は、関東平野を一望できるパノラマビューを楽しむことができる。初夏にはニッコウキスゲの花が一面に咲き、斜面を黄色く埋め尽くすことから、多くの観光客やハイカーで賑わいをみせる。

1965年には市営スキー場として霧降高原スキー場がオープンし、斜度の異なる全4コースを備え、家族連れから初心者から中級者まで楽しめるようになっていた。1976年には日光宇都宮有料道路も開通し、マイカーで日光観光を楽しむ観光客が増加した。同年には、霧降高原有料道路が開通し（2006年に無料化）、日光から霧降高原を経て川治温泉や鬼怒川温泉への回遊が可能となった。1977年には雪不足に備えて人工降雪機を採用し、関東地方で初めて人工降雪によるスキー場としてシーズンを迎えた。同年には、霧降高原内で初めてペンションが営業を開始した。霧降高原スキー場は2004年に営業を終了した。終了後もリフトは撤去せず夏山リフトとして稼働させ、ツツジやニッコウキスゲを楽しめるスポットとして賑わいをみせたが、設備の老朽化により2010年にリフトが廃止・撤去となった。その後、跡地に遊歩道を整備し、2013年に霧降高原キスゲ平園地がオープンした。無料開放さ

れた遊歩道は通年で利用が可能であるため、ニッコウキスゲの開花時期以外でも散策が可能であり、四季の花や風景を楽しめる場所となった。

3）調査方法

今回の調査対象施設は、鳴沢川の左岸および、県道169号線沿いとその西側に位置するペンションとした[2]。この条件に該当する営業中のペンションは24軒[3]（2022年9月現在）である（図3-1、写真3-1）。調査方法は対面式および配布式によるアンケート調査を実施した。調査は2022年11月11日から12月19日にかけて行い、全24軒中11軒（対面式10軒、配布式1軒）から回答を得られた。調査項目は、経営者の特徴やその家族構成、ペンション業務従事者の特徴、開業理由、霧降高原スキー場閉鎖後および霧降高原キスゲ平園地オープン後の変化、団体宿泊客の受け入れ状況、特徴的な施設や観光サービス（食事内容、浴室の特徴、宿泊客向けの体験内容など）などである。

なお、今回のアンケートでは、新型コロナウイルスCOVID-19流行の影響を受ける以前における状況について調査した。

2. 霧降高原における観光資源とペンション宿泊客の主な観光行動

1）霧降高原に存在する観光資源

霧降高原に存在する観光資源には、先述した通りニッコウキスゲやマウンテンビューを満喫できる霧降高原キスゲ平園地（写真3-2）をはじめ、広大な敷地面積を持ちブラウンスイス牛（乳用牛）の飼育を行っている大笹牧場（写真3-3）や、華厳滝・竜頭の滝と並ぶ日光三大名瀑のひとつである霧降の滝（写真3-4）、マックラ滝・玉簾の滝・丁字ヶ滝の3つからなる隠れ三滝、5月に赤々としたヤマツツジの花が咲くつつじヶ丘などの自然観光資源が数多く存在し、これらスポットを結ぶハイキングコースも充実している。そのほか、屋内温水プールやキャンプ場、会員制ゴルフ場などリゾート施設も点在している。また、高原の山麓部は別荘地としての利用がなされており、避

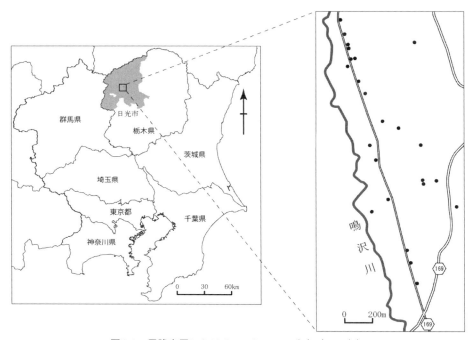

図3-1 霧降高原におけるペンションの分布（2022年）
（現地調査により作成）

写真3-1 霧降高原におけるペンションの外観（2022年）
（山本撮影）

写真 3-2　霧降高原キスゲ平園地（2022年）
（山本撮影）

写真 3-3　大笹牧場（2022年）
（山本撮影）

写真 3-4　霧降の滝（2022年）
（山本撮影）

暑地としての需要もあるほか、江戸川区、江東区、足立区の林間学校も存在する。霧降高原のペンションは主にこの別荘地内に点在している。以上のようにさまざまな自然資源が立地する高原観光地域となっている。

2）ペンション宿泊客の主な観光行動

ここでは霧降高原におけるペンション宿泊客の主な観光行動について述べる。霧降高原のピークシーズンは主に5〜8月のいわゆるグリーンシーズンに迎える。5月の大型連休からニッコウキスゲの開花する梅雨時、夏本番である8月にかけて多くの登山客や観光客が訪れる。紅葉シーズン時期（10〜11月）は奥日光や鬼怒川に比べると相対的に観光客数は少ない傾向にあるが、霧降高原キスゲ平園地をはじめとする紅葉スポットには多く見物客が訪れる。

来訪者の観光行動としては、日光東照宮など著名の観光資源を訪れた後に霧降高原に立ち寄るなど、他の観光スポットと一緒に来訪することが多い。霧降高原道路が日光駅前から霧降高原、大笹牧場を経由して今市方面、川治・川俣温泉、さらには

湯西川温泉や塩原温泉、福島県会津地域方面へとつながる国道121号にまで抜けられるため、日光市街地から渋滞回避およびドライブを目的に霧降高原方面に来訪し、そのまま鬼怒川・会津地域方面へと向かう観光客もみられる。

冬季は積雪があることや霧降高原方面に向かうバスが霧降の滝までの区間運行となることから、大幅に観光客が減少する傾向にある。しかしながら、日光発祥のアイスホッケーチーム「H.C.栃木日光アイスバックス」のホームアリーナである日光霧降アイスアリーナが霧降高原に近い小倉山にあることから、ファンや試合の観戦客などの霧降高原への来訪もみられる。また、霧降高原キスゲ平園地でもスノーシューのレンタルを行っており、普段は立ち入ることのできないフィールド上を歩くことができるほか、天然のゲレンデとしてスキーやソリ滑りを楽しむ来訪者も存在する。

3. 霧降高原におけるペンション経営の特徴

本章では、筆者が実施したアンケート調査をもとに、霧降高原におけるペンション（No.1～11）の経営的な特徴について分析する。

1）ペンション経営者の特徴と開業理由

ここでは、霧降高原のペンションにおける①経営者の特徴、②経営者の家族構成とペンション業務従事者、③開業理由、④霧降高原スキー場閉鎖後および霧降高原キスゲ平園地開園後の変化について述べる。

（1）経営者の特徴

経営者の年齢をみると、その多くが60～70代であり、これら年代の経営者は自身が創業者であることが多い（表3-1）。40代と50代の経営者のうち、No.5とNo.11は両親が創業者であり、その後経営を引き継いだ。No.7は前経営者から建物と屋号を引き継ぎ、経営を行っている。

霧降高原のペンションは新規開発された別荘地内に立地するため、経営者の出身地はNo.7とNo.11を除くといずれも栃木県外であった。経営者の前

表3-1　ペンション経営者の出身地および経歴（2022年）

No.	年齢・性別	出身地	前住地	前職業	開業年／竣工年	経営者世代	創業者との間柄	経営形態
1	74・男性	東京都	埼玉県	会社員	1994／1986	2代目	他人	専業
2	64・男性	広島県	群馬県	会社員	1998／1997	1代目		専業
3	61・女性	北海道	埼玉県	会社員	1998／1998	1代目		専業
4	70・男性	千葉県	千葉県	会社員	1996／1996	1代目		専業
5	49・男性	福岡県	埼玉県	会社員	1994／1994	2代目	父親	専業
6	63・男性	三重県	愛知県	アルバイト	1997／1986	1代目		専業
7	40・男性	佐野市	佐野市	調理師	2016／1992	2代目	他人	専業
8	72・男性	佐賀県	東京都	会社員	1989／1989	1代目		専業
9	63・男性	山形県	大阪府	会社員	1981／1981	2代目	他人	専業
10	63・男性	東京都	埼玉県	会社員	1982／1982	3代目	元所属会社	専業
11	54・男性	日光市	日光市	会社員	1984／1984	2代目	母親	専業

（アンケート調査により作成）

職業および前居住地をみると、No.6とNo.7以外の経営者はいずれも会社員としての前歴がある。会社員としての勤務年数は3～20年前後とさまざまであった。前住地に注目すると、もともと会社員として南関東や大阪で勤めていたが、中途退職により生活の場を霧降高原に移し、ペンション業を営むようになった経営者が多くみられる。ペンションの開業年は1980～1990年代が多い。No.1・6・7・9では現経営者以前に別の経営者がペンション業を営んでおり、その後土地と建物を売却していたところを現経営者が購入し、居抜きでペンション業を営んでいる。そのため、開業年と建物の竣工年が異なっている。ペンションの屋号はNo.1・6・7では経営者交代時に変化したが、No.9は変更しなかった。

　また、No.10の経営者は、当初リゾート企業がペンションを建設し、営業管理を行っていたが、同社に勤務していた経営者が店長候補としてそのペンションに赴任し、その後企業からペンションを購入したのち、自営業として同じペンションで営業している。経営形態としては、全てのペンションで経営者はペンション業務に専業として従事しており、ペンション以外の仕事に従事するという回答はなかった。

(2)　経営者の家族構成とペンション業務従事者

　経営者の家族構成をみると、多くのペンションで基本的には経営者夫妻の

表3-2　経営者の家族構成およびペンション業務従事者（2022年）

No.	同居家族			家族以外のペンション業務従事者	
	家族	年齢	職業	常勤	臨時
1	妻 長女 次男	70 41 40	ペンション従事 オアシス事業所 施設職員		長男
2	妻	61	ペンション従事	パートスタッフ1名	パートスタッフ1名
3	夫	61	会社員	パートスタッフ1名	
4	妻	55	ペンション従事		パートスタッフ1名
5	妻 長男 次男	44 18 14	ペンション従事 高校生 中学生		経営者の母親、妹、子供の友人やその母親
6	妻 長男 次男	62 36 31	ペンション従事 ペンション従事 ペンション従事	パートスタッフ1名	
7	妻 長女 次女 三女	39 12 10 7	ペンション従事 中学生 小学生 小学生		妻の家族・親戚
8	妻	65	ペンション従事	パートスタッフ1名	
9	妻	63	ペンション従事		なし
10	妻 次女	63 22	ペンション従事 大学生		次女、スタッフ1名
11	父 母 娘	88 85 25	自治会長 ペンション従事 会社員	経営者の姉	経営者の娘

（アンケート調査により作成）

みがペンションに在住し、専業として業務に従事しており、子どもはすでにペンションを離れて自立して生活している、あるいは同居している場合でも基本的にペンション業務には携わらないことが多い（表3-2）。No.6は家族全員でペンション業務に従事しているが、こちらはペンションが本館と別館に分かれており、本館を経営者夫妻が、別館を子供世帯がそれぞれ運営を行っている。No.11は当初創業者である母親と姉、兄の3人がペンション業務を行っていたが、現在の経営者がのちに兄と入れ替わりで運営に携わるようになった。

　また、通常時は経営者夫妻のみ、あるいは夫妻に加えて常勤のパート・アルバイト労働者1名程度が従事し、繁忙期には経営者の同居および別居家族、臨時雇入パート労働者も対応している。なお、岸野（2007）の調査で確認さ

れた住み込みによる臨時労働者の雇入れはみられなかったが、過去に経営者の友人や子供の友人家族、近隣住民などの手伝いが入っていたペンションは存在した。

（3）開業理由

ペンションを始めた理由として、やはり都市部での会社員生活から一変して自然に囲まれた環境で働くことができること、人との直接的な関わりができる仕事でもあること、さらには開業当時にはバブル経済期やペンション

表3-3　ペンション開業理由・営業地域として霧降高原を選んだ理由（2022年）

No.	ペンションの開業理由	ペンション営業地域として霧降高原を選んだ理由
1	家族の事情により会社を休職しボランティア活動に携わった際に、人と直接接する仕事、家族でできる仕事がしたいと考えたから。	先代オーナー時が経営していたペンションに宿泊した際に、ペンション建物を売りに出す話を聞いて購入を即決したから。
2	自然に囲まれて生活しつつ収入を得たいと考えたから。	元々奥日光にスキーなどでよく来ていて馴染みがあったため、日光での開業を決めたが、奥日光では生活に不便なので市街地にほど近い霧降高原を選んだ。
3	人が集える場所としてペンションという形を考えた。	自然環境と都会からの距離感が良かったから。
4	自然の中でペンションのような仕事がしたいと考えたから。	以前からペンション組織に加入しており、組織が日光市内の別の場所で運営していた賃貸ペンションを経営していたが、土地の所有権などの関係からその場所での経営を継続することに意味を見いだせなくなり、霧降高原で独立した。
5	料理人を目指した父が家族に反対され、会社員として勤めたのち老後に始めた。	創業者である父親が大学時代日帰りスキーで日光に来ており、バブル末期に開拓された霧降高原の土地を購入したから。
6	ペンションオーナー代理として働いたのち独立した。	知り合いだった前ペンション経営者から紹介され、土地と建物を購入し引き継ぎをしたから。
7	日光市で仕事がしたいと思ったから。	前経営者がペンションを営業していた時に妻が臨時アルバイトとして勤めていた場所だったから。
8	ペンションの流行に乗りたかったのに加えて、バブル期で銀行の融資が取りやすかったから。	知人が日光におり土地勘があったほか、近くに滝やスキー場、日光東照宮、大笹牧場などがあって土地も十分に確保できたから。
9	旅行が好きで、若い頃は自転車で全国一周などをしていた際にはユースホステルを利用し、そこでアルバイトをしていた。その中でこういう仕事は楽しそうだと考えたから。	ペンションディベロッパー会社に勤務していた友人から現所在地のペンション建物を紹介されて購入した。
10	会社として営業していたところを後に購入した。	会社の命令でこの地に移転したから。
11	家族で鉢石（日光市街地）にてユースホステルを営業していたが、その場所で営業を続けること、ユースホステル自体の営業が今後難しいと考えたから。	以前住んでいた居住地では十分な土地が確保できないため、当時別荘地として開発が進んでおり、市街地に近くて生活しやすい霧降高原へと移住した。

（アンケート調査により作成）

ブームであり、経済的・社会的な時局の流れがあったことなどが指摘できる（表3-3）。

　また、ペンションの営業として霧降高原を選んだ理由として、開業当時に開発が進んでいたリゾート地域であること、日光市街地からほど近い場所だったために日常生活を送る上でも便利な場所であることが大きく影響したと考えられる。また、ペンションが生活道路沿いに建てられているが、これは冬期の積雪時に除雪がなされる道路沿いの方が除雪作業の手間を少なく済ませることができることも関係している。一方で、もともと日光という場所に馴染みがあったことから日光での開業を決定したという回答もみられた（No.2やNo.7）。

（4）霧降高原スキー場閉鎖後および霧降高原キスゲ平園地開園後の変化

　スキー場が存在した当時に比べ霧降高原でのスキーを目的とする宿泊客は少なく、霧降高原キスゲ平園地が開園したあとも変化がないという回答が多い（表3-4）。霧降高原キスゲ平園地オープン後の変化として、スノーシュー（No.1）や星空観察（No.9）を目的とする来訪のケースが存在することが挙

表3-4　霧降高原スキー場閉鎖後と霧降高原キスゲ平園地オープン後の観光行動の変化（2022年）

No.	スキー場閉鎖後の変化	キスゲ平園地オープン後の変化
1	スキー客はほぼ0だった	スノーシューを行っているので冬期の宿泊客が増えた
2	以前はスキー場でソリ・雪遊びしていたファミリー層が減った	変化なし
3	変化なし	変化なし
4	変化なし	変化なし
5	少しいたが0に、冬季は暇な時に閉めるようになった	変化なし
6	元々スキー客は多くなかったが、その分は減少した	変化なし
7	該当なし	該当なし
8	変化なし	変化なし
9	前オーナー時は結構いたが、引き継ぎ後はほぼゼロ	特になし、リフトなくなり逆に減った　たまに星を見に行く宿泊客がいる
10	大きく減った、現在はたまにハンターマウンテン、湯元スキー場に行く宿泊客あり	変化なし
11	元々多くなかったのであまり変化ない	宿泊客が行くことは増えた

（アンケート調査により作成）

げられる。後者については、2019年より日光市観光協会内のライトアップ誘客実行委員会が主催する企画「星降る夜の日光[4]」で霧降高原が取り上げられ、霧降高原キスゲ平園地のレストハウスでは期間限定で「星カード」が配布されている。先述の通り同平園地の遊歩道は24時間立ち入ることができ、周囲に人工物がほぼ何もない環境であるがゆえ静かに星空観察を楽しむことができるスポットとしても注目を集めている。

2）ペンションにおける宿泊客誘致に向けたさまざまな取り組み状況

ここでは、①団体宿泊客の受け入れ、②食事へのこだわり、③浴室の高級化、④体験型の観光サービスの提供などに注目し、霧降高原のペンションにおける宿泊客誘致に向けた取り組みについて分析する。

(1) 団体宿泊客の受け入れ

収容2～5名程度の客室が計5～10室程度前後というペンションが多く（表3-5）、カップルや家族連れなど少人数での宿泊ニーズを満たしている。ペンションの最大収容人数は10～40名程度となっている。一方で、No.3は1日1組限定の完全貸切型のペンションとなっている。No.5はペット連れの宿泊客に対応しており、ペット連れ対応の客室とそれ以外の客室が分けられている。No.6では全部屋をツインに統一しており、2人組の宿泊客のみを受け入れている。

宿泊施設の収容規模は小さいが、11軒中7軒が大学のゼミやサークルの合宿、企業の研修合宿などの団体宿泊客の受け入れを行っている（表3-6）。No.1では、新型コロナウイルス蔓延以後に新たにワーケーション合宿を受け入れるようになった。また、ペンション村周辺に住宅が少なく静かな環境が確保できることから、音楽グループの演奏合宿として、プロの演奏家と音楽愛好家などがペンションに宿泊し、演奏のレクチャーを開催するという事例もみられた（No.2）。また、小中学校の修学旅行など大規模な団体の受け入れを行う場合、1軒のペンションでは対応しきれないため、近隣の数軒のペンションが共同で分宿して受け入れるケースもみられる（No.1・2・5・7・

表3-5　ペンション客室数と最大収容人数（2022年）

No.	部屋数（　）内：内訳	最大収容人数
1	6（ツイン2／トリプル2／4人用1／ロフト付5人用1）	19名
2	7（ツイン1／トリプル3／4人用3）	23名
3	4（ツイン2／トリプル2）※完全貸切型	10名
4	5（ダブル3／ツイン1／5人用和1）	13名
5	17（ダブル4／ツイン5／4人用和1／6人用洋1／ペット可：ツイン5／トリプル1）	41名
6	15（ツイン15）	30名
7	7（ツイン3／ダブル2／トリプル2）	16名
8	5（ツイン2／ダブル1／2〜3人用1／2〜4人用1）	13名
9	5（ツイン2／4人用ロフト付2／5人用1）	16名
10	10（ツイン2／4人用ロフト付6／5人用ロフト付1／5人用テラス付和洋1）	38名
11	9（ツイン6／トリプル2／5人用1）	19名

（アンケート調査により作成）

表3-6　団体宿泊客の受け入れ状況（2022年）

No.	大規模団体宿泊客受け入れ内訳
1	ワーケーション、IT企業研修合宿、ゼミ・サークル合宿、小中学校修学旅行分宿ほか
2	社会人音楽サークル、プロ演奏家ゼミ合宿、小中学校修学旅行分宿ほか
3	受け入れなし
4	受け入れなし
5	小中学校修学旅行、忘年会、慰安旅行、音楽合宿ほか
6	受け入れなし
7	ゼミ、サークル、小中学校修学旅行分宿ほか
8	受け入れなし
9	ゼミ・サークル合宿、研修旅行ほか
10	ゼミ・サークル合宿、元所属会社内研修ほか
11	アイスパックスサマースクール、外国人留学生グループ旅行、小中学校修学旅行分宿ほか

（アンケート調査により作成）

9・11など)。また、No.11では、H.C.日光アイスバックスのサマースクール参加者の受け入れや、外国人留学生グループの受け入れ実績もある。

(2) 食事へのこだわり

全体的に、経営者自身やその妻がペンション業を始めてから独学で料理を学んだという回答が多かった(表3-7)。No.1では多様なメニューを展開しており、中でも囲炉裏を囲んでの炭火焼き料理は宿泊客の約8割が選択して

表3-7 ペンションで提供する食事 (2022年)

No.	料理	経営者の料理習得方法
1	囲炉裏での炭火焼き、もち豚、足尾産ニジマス料理、農家直販米、各種酒類	独学
2	手作りコース 4パターンの離乳食(初期、中期、終期、完了期)	独学
3	夕食提供なし、朝食のみ提供	—
4	日替わりオリジナルフルコース	妻の手料理 独学
5	欧風家庭コース料理、小倉山釣り堀ニジマス料理、日光名水珈琲・紅茶、各種酒類	父親の草案、その後妹と家族で編み出した
6	黒毛和牛コース料理	妻の手料理 独学
7	市内農家直販食材使用コース料理	実家が料理店だった、調理師時代の経験
8	コース	独学
9	地元食材使用特製イタリアン、フリッタータ	前オーナーからの引き継ぎ、独学
10	フルコース料理	前店主担当者から引き継ぎ
11	フルコース料理、特注ケーキ	ケーキの勉強をした

(アンケート調査により作成)

写真3-5 ペンション(No.1)における囲炉裏付きテーブル(2022年)
(山本撮影)

いるほどの人気を誇っている。以前は客室として利用していた部屋に囲炉裏のついたテーブルを2台設けて提供している（写真3-5）。酒が好きな経営者が自ら厳選した酒を提供している。No.2はメインターゲットを家族連れにしているために、乳幼児向けの食事も徹底してつくっている。No.7やNo.9のように前経営者時代からのサービスをそのまま現経営者が継承している事例もみられる。No.7は調理師だった経営者による料理をペンションのセールスポイントの1つにしており、カップルや女性グループの人気を集めている。加えて、予約制のレストラン営業やテイクアウトも行っており、主に地元住民や別荘所有者が利用している。No.9でも自ら創案した自家製パスタのレシピをホームページ上で紹介するなど、料理に重点を置いている。No.11ではパティシエ出身の経営者による特製ケーキもこだわりの1つになっており、宿泊客や地元自治会で提供されている。以上のように、ペンション経営者は提供している料理で他の宿泊施設との差別化を図っている。

(3) 浴室の高級化

全てのペンションで貸切制による風呂の提供を行っており、その多くが露天風呂となっている（表3-8）。No.4とNo.6では客室内にも露天風呂設備を備えている。霧降高原内では温泉の湧出はほぼみられないため、これらペンションでは温泉の提供は行っていないものの、豊富に湧出する日光名水を使用している。ペンション周辺の静かな自然を満喫できることに加えて、貸切制にしていることからプライベート空間の確保が可能である。

表3-8 ペンションにおける浴室設備の特徴（2022年）

No.	浴室設備
1	貸切内風呂
2	貸切露天風呂、内風呂
3	貸切家族風呂2室
4	貸切内風呂・露天風呂各2室、客室内露天風呂
5	貸切露天風呂3室
6	客室内露天風呂、貸切露天風呂2室
7	貸切制内湯2室
8	貸切制ガーデン風呂、客室内ユニットバス
9	大浴場、露天風呂、貸切制家族風呂2室
10	貸切制露天風呂、貸切制内湯2室
11	貸切内湯2室、貸切制家族風呂

（アンケート調査により作成）

(4) 主な観光サービスの提供

ペンションが提供する主な観光サービスとして、冬期のスノーシューやク

表3-9 ペンションにおける主な観光サービスの提供内容（2022年）

No.	提供サービス・取り組み	取り組みの背景
1	・経営者によるスノーシューガイドを実施。コースは奥日光、丸山となっており、参加者に応じてコース難易度を変えている。宿泊客、日帰り客いずれも受け入れ実施（定員6名/日）。 ・日光市が実施しているワーケーション推進事業に先駆け実践しており、企業団体宿泊受け入れ時に提案している。 ・日光市が実施している在宅介護オアシス支援事業の対象施設のひとつに認定され、地域の高齢者のつどいの場として活動している。長女が事業所代表を務めている。	・自分の趣味の延長
2	・ネイチャーガイドの資格を保有する経営者のガイドによる奥日光でのクロスカントリー・クロカンハイクを実施している。参加者に応じてコースを変えている。クロカンハイクは小学校高学年以上の子供の参加も受け入れ可能。 ・音楽サークル等の受入れ時に音響設備の整った音楽ホールや練習室のスペース提供をしている。グランドピアノやスピネットを備える。 ・キッズルームを常時開放しており、絵本やおもちゃを提供している。	・自分の趣味の延長、小規模ゆえにニッチな需要に特化するべきだと考えたから。
3	・東武ワールドスクエアの割引クーポン券の提供を実施している。	・特になし
4	・チェックイン時に宿泊客の観光行動予定を聴きとり、チェックアウト時に来訪先に関する歴史などの詳細情報を伝えている。 ・自ペンションのHP上でこまめに観光情報を発信している。	・自分が旅行好きで、普段から旅先に関する情報を細かく調べているので、それと同じように地元の観光情報はきちんと伝えるべきだと意識しているから。
5	・HP上に日光の観光情報などを掲載している。 ・ペット連れ宿泊客に粘着シート、バケツの提供をしている。	・開業当時はペット対応の宿が日光にほぼなく、ニーズがあるのではと感じたから。
6	・該当なし	・該当なし
7	・該当なし	・該当なし
8	・該当なし	・該当なし
9	・該当なし	・該当なし
10	・学生生協での予約受付に対応している。卓球台、ビリヤード台、テニスコートの完備	・特になし、昔からのものをそのまま引き継いでいるだけ
11	・インバウンドを積極的に受け入れている。 ・YouTube等を活用して日光の観光情報の発信を行っている。 ・奥日光でスノーシューガイドを実施している。	・外国人旅行者は基本的に長期滞在になるので、毎日少しずつ客入れができると考えたから。 ・自分たちでやり方をアレンジして楽しみつつ、無理せず続けられると思ったから。

（アンケート調査により作成）

ロスカントリーなど雪上アクティビティーの提供と、日光の観光情報の提供の2点が挙げられ、どちらも3軒のペンションで実施している（表3-9）。

No.1・2・11の経営者はいずれもスノーシューやクロスカントリーを奥日光で行っている。No.1は霧降高原でも活動している。ペンション経営者は1人でガイドをするため、一度の参加人数は6〜7名程度に限定し、参加者の習熟度や年代、積雪状況などに応じて探索コースを毎回変更させている。ガイドに際して必要となる資格は存在しないため、資格を保有していると回答したのはNo.2の経営者のみだった。以前には霧降高原内の複数のペンション経営者が共同で湯元スキー場でのスキースクールに所属し、冬季期間中はスキーのコーチ業務にも従事していた。

観光情報の提供については、No.4・5・11の経営者が実施している。いずれもペンションのホームページの活用で、ここにはペンション周辺や奥日光の季節の植物や自然に関する投稿、交通渋滞に関する情報などが掲載されている。また、No.4の経営者は宿泊客のチェックイン時に来訪予定場所を聞き、領収書の裏面などに来訪先のスポットに関する歴史や見どころについてメモを書き入れてチェックアウト時に渡すという方法をとっている。No.11の経営者は動画投稿サイトのYouTubeで観光情報の紹介活動も行っており、季節の花や紅葉の最新状況を映像で伝える手法をとっている。

そのほか、特徴的な取り組みをみると、No.1は日光市が掲げるワーケーション推進事業に参加し、日光市内初のワーケーション受け入れ対応宿泊施設として推進に取り組んでいる。加えて、日光市が実施する在宅介護オアシス支援事業にも参加しており、ペンションを地域の高齢者の集いの場として提供している。定期的に近隣の高齢者が集まり、手芸や習字教室、お茶会などを実施しているという。オアシス事業の代表は経営者の長女が務めており、経営者自身は事業への直接的な関与はしていなかった。No.2では音楽ホールや練習室を完備しており（写真3-6）、音楽グループの演奏合宿等に活用されている。グランドピアノやスピネット（小型のチェンバロ）も貸し出している。また、キッズルームには経営者夫妻が集めた絵本などが備えられており、自由に閲覧可能となっている。No.5はペット連れの宿泊客に毛取

写真3-6　ペンション（No.2）における音楽ホールとグランドピアノ（2022年）
（山本撮影）

り用の粘着テープ、足拭き雑巾等用のバケツを貸し出している。No.10ではビリヤード台や卓球台などの遊戯設備を完備している。加えて、大学生協からの予約申し込みに対応しており、学生向けプランとして利用を図っている。No.11では外国人旅行者や留学生の受け入れを積極的に行っている。

　以上のようなペンションにおけるさまざまな取り組みの背景として、自分の趣味やこれまでの活動の延長によるものだという回答が最も多かった。経営者の趣味嗜好をペンションに活かせるというペンションならではの経営スタイルがみて取れる。あまり表立っては認識されにくいニーズに応え、ペンションの生き残りを図っているという意見も聞かれた。

4. 本章の結論

　最後に、本章では、これまでみてきたペンションの経営特性を踏まえて、霧降高原においてペンションが現在も存続している要因について考察をする。

　第1に、霧降高原が有する優れた立地条件が指摘できる。霧降高原は人口集積地域である首都圏の外縁部に位置しており、自動車や鉄道による東京方面からのアクセスに優れている。東京方面から自動車でのアクセスでは東北自動車道と日光宇都宮道路などの高速交通網が整備されている。霧降高原は森林で覆われた別荘地区内に新規に開発されたため、駐車場のスペースも十

分に確保できることから、マイカーやレンタカーによる来訪者の受け入れにも対応できた。一方、鉄道による来訪では東北新幹線もしくは東武特急で訪問することができる。これらを利用した場合、観光客は東京方面から2～3時間程度で霧降高原を訪問することが可能である。また、日光東照宮や日光二荒山神社、輪王寺などの世界遺産や霧降高原周辺の自然観光資源へのアクセスが優れていること、冷涼な気候であり避暑地として最適だったことも指摘できる。このように、霧降高原が持つ南関東からの近接性や著名な文化観光資源の存在、霧降高原の自然観光資源や冷涼な気候は、多くの観光客を惹き付け、安定した集客を見込めたこともペンションが存続した要因の1つとなっている。

　一方で、霧降高原は日光市街地に隣接しているため、ペンション経営者にとって生活利便性がよかったことも指摘できる。日光駅から5km圏内にほぼ全てのペンションが位置しており、日光市街地には車で5～10分ほどで移動することができる。その周辺部にはスーパーマーケットや飲食店などが複数立地しており、食材などの調達にも便利であった。こうした生活基盤が整っていることもペンション経営者が長く定住した要因といえるだろう。

　第2に、霧降高原のペンション経営者はスキー観光に依存しない独自の経営スタイルを導入させてきたことが挙げられる。一般的に、日本ではペンション集積地域がスキー観光やスキー場に依存している地域も多くみられているが、現在ではそのスキー観光が衰退したためにペンション業も共に衰退しつつあるケースもみられている。今回調査対象となったペンションの多く（No.1～7）は、1990年代半ば以降に開業したものであり（表3-1）、開業当時からスキー観光が下火になりつつあった。そのため、ペンション経営者はスキー観光に依存せず、自分の趣味や好みを生かして独自でサービス・取り組みを行い、リピーターの確保や新規顧客の獲得ができたこともペンションが存続できた要因の1つにもなったと考えられる。また、ファミリー層に特化したサービスの提供や詳細な観光情報の伝達などニッチな需要への対応に特化した経営方針をとるという小規模経営主体の強みを十分に活かしたことも重要であった。

第3に、団体宿泊客の受け入れを積極的に実施していたことが挙げられる。ペンションはホテルや旅館に比べ収容規模が小さいため、団体宿泊客の受け入れ対応が困難であるケースが多い。そうしたなかで、霧降高原は、複数のペンションで分宿をしながら学校の修学旅行や企業の研修旅行といった規模の大きな団体の受け入れ実績が存在する。学校の修学旅行先として、長年親しまれてきた日光の地域性を反映していると考えられる。修学旅行の場合、単一校のみの利用にとどまらず近隣区の複数校が同じ宿泊施設を利用するケースや、複数年にわたって同一の宿泊施設を利用するケースも多いため、安定的な収入源となっている。

　最後に、霧降高原のペンション経営における今後の課題として、いかにしてイベントなどの地域ぐるみの観光振興策を実施していくかが挙げられる。霧降高原道路の無料化（2006年）をきっかけとして霧降高原のペンションやキャンプ場、飲食店などの経営者が地域おこしグループである「霧降を元気にする会」を発足し、これまで高原内の植樹活動や高原道路沿線への「みち標」の設置（2008年完成）やイベントの実施などさまざまな地域おこし活動を行ってきた。今回調査したペンションでも約半数の経営者が携わっており、ペンション経営者同士や近隣の他業種の経営者などの間に連携がみられていた。しかしながら、近年ではペンションなどの経営者の高齢化（表3-1）などもあり、これらの活動が徐々に停滞しつつあるという。

　もともと霧降高原は、日光東照宮などの世界遺産に登録された社寺や中禅寺湖、華厳の滝、戦場ヶ原、奥日光、東武ワールドスクウェアなどさまざまな観光資源への近接性に優れている。そのため、霧降高原スキー場の閉鎖前から、ゴールデンウィークや夏休み、紅葉シーズンなどの集客が安定しており、大々的に地域ぐるみの観光振興に取り組む必要がなかったことが指摘できる。こうした傾向は、周辺部に有名な観光資源やレジャー施設が立地し、グリーンシーズンに多くの観光客が訪れる那須高原や伊豆高原などにも共通する現象であろう。

　とはいえ、地域ぐるみで集客イベントを実施することは、ペンション経営者やその家族との交流が生まれ、宿泊客に地域の魅力を伝える機会が増える

ことから、リピーターの獲得につながる可能性がある。ペンション経営者は本業である宿泊業を大事にしつつ、可能な範囲でこうした地域ぐるみの観光振興にも取り組んでいくことも重要であろう。

〔注〕
1) 1節2項では、手嶋（2006，2016）および霧降高原キスゲ平園地レストハウス内の「ニッコウキスゲと霧降高原の歴史」「霧降高原スキー場」の展示（2022年11月4日閲覧）をもとに執筆した。
2) 霧降高原に存在するペンション以外の宿泊施設はホテル5軒（うち1軒は会員制リゾートホテル）、キャンプ場1軒である（2022年11月現在）。ホテルはいずれも地元資本および大手リゾート企業による企業的な経営がなされている。キャンプ場は個人経営である。キャンプ場は冬季期間中（11月中旬～4月下旬）に休業となり、その時期には経営者家族が所有する山林での林業および霧降高原道路等の除雪作業などにより収入を得ている。
3) 霧降高原で1つの事業者が複数のペンション施設を経営するケースや、姉妹館として経営しているケースもみられるため、ペンションの事業者数は全21軒であった。
4) ライトアップ誘致実行委員会ホームページ「星降る夜の日光」（https://www.star-nikko.org/index.html，最終閲覧日2022年12月8日）による。

〔参考文献〕
池　俊介・木下裕江1989．山梨県清里高原における観光地域の形成．静岡大学教育学部研究報告人文・社会科学篇40：39-63．
市川貞夫1981．日本におけるペンション経営―菅平峰の原高原の例．新地理29（1）：1-17．
片平　樹2017．体験活動によるスキー観光地における観光の通年化―長野県飯山市斑尾高原・戸狩を事例に．地理学報告119：65-81．
岸野　稔2007．『日光地域の集落地理学的研究』随想舎．
呉羽正昭2017．『スキーリゾートの発展プロセス―日本とオーストリアの比較研

究』二宮書店.
佐々木　博1998．イメージが創った観光地清里高原．筑波大学人文地理学研究 22：27-57.
鈴木富之2020．首都圏外縁部における観光地域の形成．地域デザイン科学研究会編『地域デザイン思考―地域と向き合う82のテーマ』北樹出版128-129.
手嶋潤一2006．『日光の風景地計画とその変遷』随想舎.
手嶋潤一2016．『観光地日光その設備充実の歴史』随想舎.
花島裕樹・西田あゆみ・呉羽正昭2009．黒姫高原におけるスキーリゾートの変容．地域研究年報31：1-19.
山村順次1995『新観光地理学』大明堂.

4章 香取市佐原重要伝統的建造物群保存地区の形成と来訪者の観光行動
—歴史的町並み観光地域の形成—

鈴木富之

1. 本章の課題

　日本における歴史的町並み[1]のほとんどは消失したが、商業中心地としての機能喪失や、交通体系の変化によって残存されてきた地域も存在している（小堀1999）。城下町や宿場町などの歴史的な観光地は、1970年頃からさまざまなマス・メディアから注目を浴びるようになった。契機となったのは、国鉄の「ディスカバー・ジャパン」のキャンペーン（1970年）や女性向け雑誌の全国小京都案内記事による若年女性を中心にした旅行ブームであった。1975年の文化財保護法の改正によって、伝統的建造物群保存地区制度が創設されるなど町並み保全の法整備も進んだ。現在でも川越、佐原、栃木など「小江戸」と称される都市が雑誌で特集され、重要伝統的建造物群保存地区も観光地として注目されている。

　日本における町並み保全に関する研究は、歴史的町並みの形成に着目した研究、観光地化のプロセスに着目した研究、住民意識に着目した研究の3つに分類できる。

　まず、歴史的町並みの形成過程に着目した研究としては、小堀（1999）や大橋ほか（2003）などが挙げられる。小堀は町並み保存に際して商業活動の伝承性が重要であると指摘している。大橋ほかは、町並み保存地域周辺の土地利用といった地域の特性によって、保全運動の開始時期や保全の方法が大きく異なることを述べた。

　次に、町並み観光地における観光地化のプロセスについて論じたものは、以下が挙げられる。淡野・呉羽（2006）は歴史的町並みの観光地化は、行政

や民間団体の並列的な保全活動によって促進されたことを明らかにしている。また、溝尾・菅原（2000）によると、町並み保存事業が町並み維持への貢献や経済効果をもたらし、このことがさらなる景観の統一へとつながったとされている。また、福田（1996）は竹富島を事例として、町並み保存運動を通じて新たな伝統イメージを創り出されることを指摘した。しかしながら、歴史的町並みの観光地化は景観の俗化を助長し（大山2005）、交通渋滞や駐車場不足などの交通の面において観光公害がみられること（片柳2007）も指摘されている。

一方、町並み保全活動による住民意識に着目した研究は、以下が挙げられる。大島（2004、2005）は、町並み保全運動が伝統建造物の機能変化や新たな歴史的景観の創出を引き起こし、住民が町並みを地域アイデンティティとしてとらえていることを指摘した。また、地元住民に対して独自性の喪失や共同体意識の脆弱化といった危機感を抱かせるなどの負の影響も指摘されている（中尾2006）。さらに、町並み保全地域の住民よりもその周辺の新住民の方が町並み保全に関する意識が高いこと（伊藤1984）や、地元住民が町並み保全に関する制度に対して不満を持っているケースもみられた（小堀1998）。小堀はこのような町並み保全に関する問題点に対して、行政側の啓蒙活動と住民側の意見を理解・尊重することが重要であると指摘している。

以上のように、地理学における町並み保全に関する研究は、観光地側からの視点で歴史的町並みの形成過程、観光地化のプロセス、住民意識に着目した研究が多く蓄積されている。

ところが、実際に町並み観光地における来訪者の観光行動に着目した研究に関しては、複数の観光地域に来訪することを指摘した市川・白坂（1980）の研究がみられるだけである。しかしながら、来訪者の観光行動から町並み観光地をとらえることは、町並み観光地の持続的な発展にとってきわめて重要である。したがって、町並み観光地来訪者の観光行動に関する研究はさらなる蓄積が必要と思われる。

そこで、本章の目的は、東京大都市圏の外縁部に位置する千葉県香取市佐原重要伝統的建造物群保存地区（以下、佐原重伝建地区）の地域特性、集客圏、

観光イベントの有無、および来訪者の属性（交通手段や居住地）に着目して佐原重伝建地区来訪者の観光行動の特性を明らかにすることである。

　本稿における分析は、以下の通りである。2節では現地調査[2]に基づいた景観変化などにより、佐原重伝建地区における町並み形成や観光地化の特徴を明らかにする。3節では佐原重伝建地区の集客圏について、来訪者を対象としたアンケート調査、町並み観光中央案内所の観光客台帳のデータ、および複数の駐車場での駐車車両のナンバープレートをもとに来訪者の出発地を把握し、その空間的意味を明らかにする。来訪する観光客の行動の空間的特徴については、アンケート調査による立ち寄り地の把握に基づいて分析する（4節）。以上の分析から、佐原重伝建地区来訪者の観光行動の特徴を明らかにするとともに、地域的な視点から考察を加える（5節）。

　調査対象地域である千葉県香取市佐原は、1996年に関東地方で初めて重伝建地区に指定された（図4-1）。1992年以降の旧佐原市全体の年間入込み観光客数は推定350万人程度を推移している。2005年における旧佐原市の入込み観光客数はおよそ372万人であり、そのうち本研究で取り上げる「佐原の大祭」が約67万人、「小野川沿い」（町並み）が約27万人である[3]。なお、2006年3月27日に旧佐原市・旧小見川町・旧山田町・旧栗源町の1市3町が合併し、香取市となった。なお本稿では、旧佐原市を佐原と表記する。

　本研究で佐原重伝建地区を取り上げる理由は、以下の2点である。第1に、佐原重伝建地区は人口集積地域である東京大都市圏から比較的近く、多くの観光客を集めるポテンシャルが高いと考えられるためである。第2に、日本の地方都市が抱えている構造的問題を、香取市佐原も抱えていたからである。すなわち、モータリゼーションの進展やそれに伴うロードサイドショップの出現により、佐原では旧市街地の空洞化が起こった。しかし、佐原重伝建地区における観光客の増加に伴って中心部は活気を取り戻しつつあり、国土交通省の「美しいまちなみ優秀賞」に選ばれるなど関東地方における観光振興の成功事例としてとらえられている。なお、上述の小堀（1998、1999）のほかに、香取市佐原を扱った研究としては、岡崎ほか（2001）が挙げられるが、これは伝統的建造物群保存地区における町並み保全の住民意識を分析してお

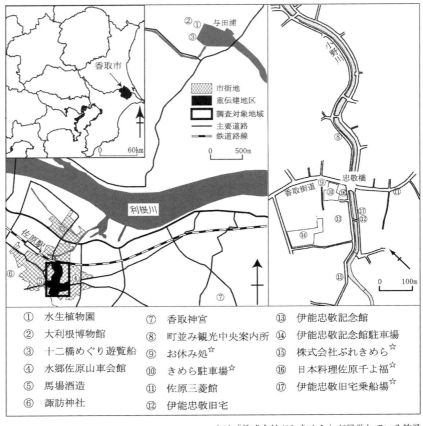

図4-1 調査対象地域

(筆者作成)

り、香取市佐原における観光行動を扱った研究はみられない。

2. 佐原重要伝統的建造物群保存地区の形成過程

1) 町並みの形成過程

徳川家康は1594年から伊奈忠次に命じて「利根川東遷事業」にとりかか

写真4-1　佐原河岸の船着場跡（だし）(2007年)
(筆者撮影)

り、1654年には銚子までの流路が完成した[4]。利根川東遷事業の目的として、舟運によって大消費地の江戸と米どころの東北地方を結び[5]、米や物資の輸送の確保・整備をすること、「暴れ川」とよばれる利根川の氾濫や水害から江戸を守ること、新田開発を実行することなどが挙げられる。河川の整備により銚子、佐原、関宿、流山などの利根川沿いに多くの河岸ができた（写真4-1）[6]。佐原河岸には大量の荷物が上げ下ろしされ、宿、倉庫、飲食業、船問屋、醸造業、海産物問屋、商家が立ち並ぶなど、佐原は利根川舟運の拠点や物資の集積地となり、これらの河岸のなかでも屈指の港湾商業都市になった。江戸時代の佐原における主な産業は、酒造・醤油・みりんなどの醸造業や米、漬物、呉服などの日用生活品の卸しや小売業であった。さらに、江戸まで物資が運ばれ、帰りの空船に江戸からの流行りもの（呉服や日常品など）が積み込まれ、佐原に持ち帰えられた。そのため、わざわざ江戸に行かなくても佐原で流行りものが手に入ることから、「お江戸みたけりゃ佐原へござれ、佐原本町江戸まさり」と謳われた。

　佐原は明治時代に入っても卸売業や小売業・醸造業で栄えた。とくに千葉県屈指の商業都市で、東金や銚子と並ぶ中心地であった。1898年に成田鉄道株式会社により成田〜佐原間に鉄道が開通し、佐原は終点駅になった。佐原駅と周辺部の農村は舟運で結ばれており、佐原は米の発送地や酒の集積地

写真4-2 佐原駅前の景観（2006年）
（筆者撮影）

として機能していた。佐原の中心市街地では小野川の舟運を利用した貨物の輸送が昭和初期まで重要な役割を果たした。

しかし、1933年に成田線が銚子方面まで延長され、また、1936年には水郷大橋が開通し、トラックによる流通形態が出現した。その後、徐々に鉄道やトラックによる陸上交通が一般化し、米穀、肥料、薪炭、木材、雑貨の輸送という舟運で栄えた小野川沿いの商店街は、寂れていった。一方、佐原における商業の中心地は、駅前に移行した。しかし、佐原駅前の商店街は1970年代までは活気があったが、1980年頃になるとモータリゼーションの進行によって衰退傾向にある（写真4-2）。

現在の佐原駅前では、他の地方中小都市と同様に空き店舗が目立つようになり、商店街は空洞化している（図4-2）。これはモータリゼーションのさらなる進展により、香取市内の幹線道路沿いのロードサイドショップが台頭したことや、近隣の成田市や鹿嶋市に大規模駐車場を完備する大型ショッピングセンターが立地したことによるものである。一方、小野川沿いは重伝建地区に指定され、観光業に基づいて再び商業の中心地としての賑わいを取り戻しつつある。

小野川沿いに古い町並みが残存した要因として次の2点が考えられる。第1に、舟運の衰退および陸上交通の台頭により、小野川沿いの旧市街地が商業の中心性を失ったことが挙げられる[7]。小野川沿いの旧市街地は衰退したが、古い建造物はパラペットを設けた看板建築に変化しつつもそのまま残ったのである。第2に、小野川沿いの旧市街地で大規模な開発が生じなかったことが挙げられる。狭い敷地が大規模工場の進出を抑制したこと、水郷観光

a) 1981年

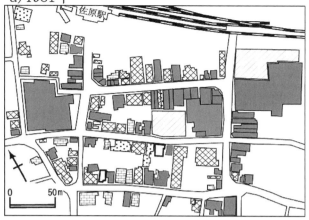

b) 2005年

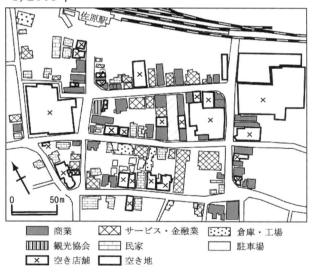

凡例: 商業 / サービス・金融業 / 倉庫・工場 / 観光協会 / 民家 / 駐車場 / 空き店舗 / 空き地

注) 現地調査は2005年11月7日に行った。

図4-2 佐原駅前における建物利用の変化（1981・2005年）
（新日本都市協会（1982）および現地調査により作成）

の玄関口とならなかったこと、さらには主要国道が小野川沿いの旧市街地を迂回するように通っていたことが挙げられる。

2) 建物利用の変容

まず、佐原の町並み保全について整理する。初期の試みとして、1974年に文化庁の事業により、1982年には観光資源財団により小野川沿いの町並み調査が行われた。本格的な調査は、1988年に行われた「ふるさと創生資金使い道募集」に始まる。調査が継続されるなかで、佐原市は佐原市歴史景観条例（1994年）を制定し、小野川沿いの町並みを「伝統的建造物群保存地区」に指定した。同年より佐原市は建造物の修理・修景を開始した[8]。1996年、小野川沿いの町並みは国の「重要伝統的建造物群保存地区」に指定された。また、伝統的建造物以外の施設に着目すると、1984～1987年にガードレールの擬木化などの景観整備事業、1995年に街路灯の整備、1996年にトイレの整備、1997年に護岸整備、2003年に小野川沿いの電線類の地中化が行われた。

次に、町並み保全以前と現在の建物利用の変化を分析し、佐原重伝建地区の特徴を明らかにする。町並み保全開始以前の1981年では、香取街道を中心に商業施設が集中しており（図4-3）、その多くは日用品の販売店であった。さらに、日常的なサービス業や飲食店も立地していた。例えば、県内資本の大型スーパーマーケットや第百生命の営業所、三菱銀行佐原支店などが挙げられる。一方、舟運を起源として成立した河岸集落である小野川沿い地区では、商業・サービス施設のみならず、古くから立地する宿泊施設や小規模工場、倉庫も混在していた。したがって、町並み保全開始以前（1981年）の佐原重伝建地区は、地元住民の生活・消費空間であったといえる。

2005年になると、忠敬橋を中心とした商業施設の集積は変わらずみられるものの、空き店舗や12軒の土産店、観光関連施設、飲食店が目立つようになった（図4-4）。伝統的建造物が多く、現在も商業・サービス業の施設が集積する忠敬橋周辺に対し（写真4-3・4-4）、香取街道の西部は空き店舗が多く見られる。これらはかつて商業施設だったところで、モルタル・コン

クリート建ての現代商業建築である。前述の第百生命営業所や三菱銀行佐原支店は撤退し、それぞれ老舗蕎麦屋の別館（2005年当時）あるいは観光対象施設に転換され、歴史的建造物が活用されている。三菱銀行佐原支店所有の建造物は、1989年に旧佐原市に寄贈され、その後は「佐原三菱館」と名前を変え、併設する佐原町並み交流館とともに「小野川と佐原の町並みを考える会」による観光ボランティアガイドの拠点となっている（写真4-5）。伊能忠敬旧宅内にあった伊能忠敬記念館は、1998年に小野川対岸の民家跡地に移転された（写真4-6・4-7）。同時に従前の月極駐車場は無料の伊能忠敬記念館駐車場（現在は有料の「町並み観光駐車場」に改称）へと転換された。また、前述の県内資本スーパーマーケットが立地していた敷地には、株式会社ぶれきめら（2002年4月設立）が、観光客用の有料駐車場「きめら駐車場」を開業した。敷地内では、同社が名物のしょうゆジェラートアイスを販売する「お休み処」と「日本料理佐原千よ福」も経営している。

　2002年には、中心市街地活性化法（1998年）に基づく『佐原市中心市街地活性化基本計画』が策定された。この計画の過程で佐原市は2001年に佐原戦略ビジネスプラン（TMO構想）を認定し、佐原商工会議所はTMO機関となった。株式会社ぶれきめらは、そのTMO構想の実践組織として「まちの活性化を図ること」を目的として誕生した[9]。株式会社ぶれきめらは、前述の駐車場と飲食店のほかにも、舟運事業を行っている。また同社事務所内に休憩所を設置し、観光客に提供している。これらの観光事業は株主から土地や施設を賃借して行っている。

　2005年の佐原重伝建地区内では、飲食行動[10]や土産品などの購買行動[11]を目的とした来訪者のほかに、歴史的建造物や伊能忠敬記念館などによる歴史学習[12]を目的とした来訪客が多くみられる[13]。それぞれの歴史的建造物には、「佐原の町並みを考える会」によって設置された案内板があり、建築様式・建築時期・屋号・用途・歴史・間取りなどが記されている。また、1760年創業の日用品店では、観光客に対して店舗の背後の中庭や蔵を無料で開放している。

図4-3 小野川および香取街道沿いの建物利用（1981年）
（新日本都市協会（1982）により作成）

図4-4　小野川沿いおよび香取街道沿いの建物利用（2005年）
（現地調査により作成）

注）現地調査は2005年11月7日に行った。

写真4-3　香取街道沿いの景観（2006年）
（筆者撮影）

写真4-4　小野川沿いの景観（2006年）
（筆者撮影）

写真4-5　佐原三菱館（2007年）
（筆者撮影）

写真4-6　伊能忠敬記念館（2006年）
（筆者撮影）

写真4-7　伊能忠敬像（2006年）
（筆者撮影）

3. 佐原重要伝統的建造物群保存地区の集客圏

　本節ではいくつかの資料に基づいて集客圏を明らかにする。図4-5は佐原重伝建地区における集客圏を示したものである[14]。関東地方からの来訪者がほとんどを占め、その割合は94％に達する。そのうち、千葉県内からの来訪が50％で最も多く、次いで東京都が17％、茨城県が12％、神奈川県が10％となっている。

　東京都区部や大都市圏東部の千葉市、流山市、鎌ヶ谷市、八千代市、市川市、船橋市、柏市、さらには横浜市、川崎市の住民が佐原市重伝建地区を来訪しているといえる。これは、東関東自動車道などの高速道路網の存在、首都圏の駅でのJR東日本の宣伝活動の影響も大きいと考えられる[15]。また、佐原近隣の市町村からも観光客が訪れている。これは、居住地からの近接性によるものであるといえる。一方、埼玉県（4％）、群馬県と栃木県（両県合計1％）から来訪する観光客はほとんどみられない。関東地方以外の出発地には、山口県宇部市や北海道千歳市、愛媛県松山市、愛知県名古屋市、静岡県浜松市、大阪府大阪市などがみられるにすぎない。

　次に、自家用車による集客圏について述べる[16]。図4-6は、重伝建地区内の「伊能忠敬記念館駐車場」「きめら駐車場」と、重伝建地区外の「佐原の大祭臨時駐車場」の計3ヶ所の観光客用駐車場で実施したナンバープレート調査の結果である。サンプル数は、「観光イベントの無い平日」が90台、「佐原大祭期間の平日」が149台、「佐原大祭期間の休日」が208台である。2024年現在、千葉運輸支局の管轄内には「千葉」ナンバーと「成田」ナンバーの2つがあるが、筆者がナンバープレート調査を実施した2005年時点ではこれら2つを総称して「千葉」ナンバーと表記されていた。以下では、2005年時点の範囲のものを「千葉」ナンバーと呼ぶことにする[17]。

　観光イベントのない平日では、80％が地元の「千葉」ナンバーの車両であり、残りは茨城県の車両が12％、「千葉」ナンバーを除く千葉県の車両が6％で、東京都、埼玉県、神奈川県の車両は2％にすぎない。そのため、観

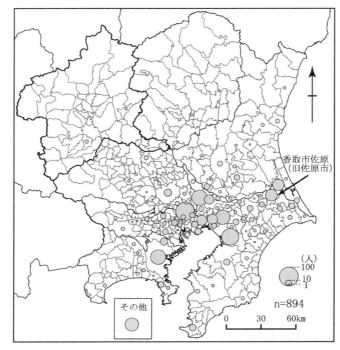

図4-5 佐原重伝建地区の集客圏（2005年）
（町並み観光中央案内所の観光客台帳およびアンケート調査により作成）

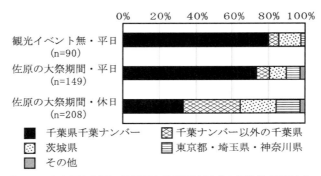

図4-6 自家用車利用の佐原重伝建地区来訪者の居住地（2005年）
（現地調査により作成）

光イベントが行なわれない平日での自家用車による観光客は、ほとんどが千葉県内や、香取市と隣接する茨城県から訪れるといえる。

　佐原の大祭期間中の平日でも73％が「千葉」ナンバーの多さは変わらないが、東京都、埼玉県、神奈川県の車両が7％を占める。一方、佐原の大祭期間中の休日では、「千葉」ナンバーの車両は33％にとどまり、「千葉」ナンバーを除く千葉県の車両が33％、茨城県の車両が20％、東京都、埼玉県、神奈川県の車両が13％であった。このように、イベントのある休日には集客圏は地域的に拡大する。

　以上のように、佐原重伝建地区の主な集客圏は、千葉県内や東京都区部、茨城県南部、神奈川県東部を中心とした首都圏の都市部であるといえる。しかし、首都圏東部の佐原重伝建地区は、埼玉県や群馬県、栃木県からの来訪者が少なく、その集客圏に偏りがみられる。また、自家用車利用者に限定すると、その主な集客圏は県内であり、休日になるとその範囲が東京都、埼玉県、神奈川県まで拡大する。

4. 佐原重要伝統的建造物群保存地区における来訪者の観光行動の空間的特徴

　本章では、筆者が2005年に佐原重伝建地区において実施したアンケート調査をもとに、観光イベントの有無や来訪者の属性、交通手段、来訪者の居住地からの距離に着目して、佐原重伝建地区来訪者の行動特性を明らかにする。観光客へのアンケート調査は、佐原重伝建地区の忠敬橋周辺において、①観光イベントのない平日の2日間（2005年8月31日と11月8日・回答数21組）、②佐原の大祭期間中で平日（2005年10月7日・回答数31組）、③佐原の大祭期間中で休日（2005年10月8日・回答数35組）の計4日間（合計回答数87組）に行なった[18]。可能な限り、忠敬橋周辺を往来するすべての観光客にアンケートを依頼した。

1）観光客の特徴

　佐原重伝建地区に訪れる観光客の客層は、「10代」が2％、「20代」が24％、「30代」が22％、「40代」が11％、「50代」が24％、「60代以上」が16％となっている。したがって、佐原重伝建地区は幅広い年齢層から支持を受けている観光地であるといえる。

　佐原重伝建地区を訪れる観光客の9割が宿泊を伴わない日帰り観光である。これは、集客圏が狭く、また佐原への近接性に優れていることによるものと考えられる。宿泊を伴う観光の場合、千葉県銚子市、千葉市、茨城県潮来市、大洗町などの香取市外の観光地に泊まる観光客が87人中4人みられた。香取市内に宿泊する観光客は87人中4人で、うち2人が「親戚訪問目的」であった。

　また、香取市佐原への来訪回数は次のようである。「初めて」の観光客は31％に達する。他方、「2回目」来訪の観光客が18％、「3回目」の観光客が10％、「4回目」の観光客が7％、「5～9回目」の来訪の観光客が10％であった。一方で、「10回目以上」の来訪の観光客は24％であり、リピーターの多さも目立った。

　来訪の目的としては、「景観の鑑賞」「教養」「祭り」や「写真コンテストへの参加」が挙げられている。

2）香取市内における観光行動の空間特性

　次に、佐原重伝建地区来訪者の香取市内での観光行動の空間特性について分析する。

　佐原重伝建地区来訪者の観光行動は、観光イベントの有無によって大きく異なる（図4-7）。観光イベントのない日での重伝建地区内来訪先の割合は、「小野川周辺の町並み」が最も多く、21人全員が滞在した。次いで、「伊能忠敬記念館」が33.3％（21人中7人）、「伊能忠敬旧宅」が28.6％で、重伝建地区外では「水郷佐原山車会館」が19.0％、「十二橋めぐり遊覧船」と「香取神宮」がそれぞれ9.5％であった。このように、観光イベントのない日で

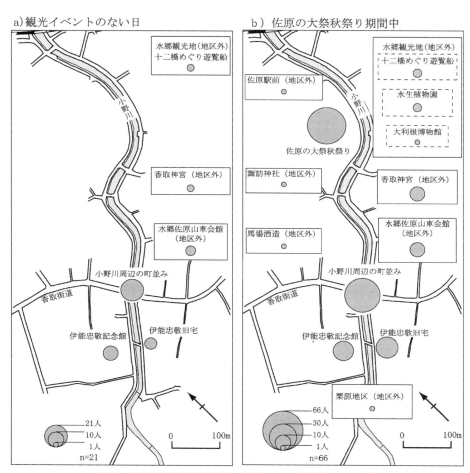

図4-7 佐原重伝建地区来訪者の香取市内の来訪先（2005年）
（アンケート調査により作成）

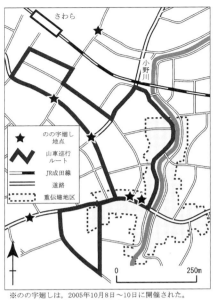

※のの字廻しは，2005年10月8日～10日に開催された。
※山車巡行は10月8日のみ行われた。
※このほか，各町ごとに山車乱曳き（10月8日・10日）・手踊り（10月8日～10日）・佐原囃子の演奏（10月9日・10日）などが行われた。

図4-8 佐原の大祭秋祭りの山車巡行ルートとのの字廻し地点（2005年）
（佐原の大祭実行本部のお祭りガイドマップにより作成）

写真4-8 佐原の大祭（2008年）
（筆者撮影）

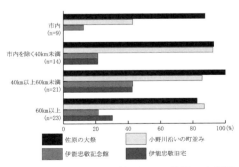

図4-9 居住地からの距離別にみた佐原の大祭開催期間中の佐原重伝建地区内の訪問先（2005年）
（アンケート調査により作成）

の来訪者の観光行動は、町並みをはじめとした重伝建地区内でほぼ完結している。

佐原の大祭期間中では、「佐原の大祭」が80.3％（66人中53人）、「小野川周辺の町並み」が75.8％（同50人）、「伊能忠敬旧宅」が28.8％（同19人）、「伊能忠敬記念館」が25.8％（同17人）であった。一方、重伝建地区外では「水郷佐原山車会館」と「香取神宮」がそれぞれ13.6％（同9人）、「水生植物園」と「十二橋めぐり遊覧船」ではそれぞれ4.5％にすぎない。このように、佐原の大祭期間では、佐原の大祭と小野川周辺の歴史的な町並みが主たる訪問先となり、山車によって市内での行動範囲も拡大する（図4-8、写真4-8）。

また、佐原の大祭期間における「小野川周辺の町並み」への来訪の割合は、観光イベントのない日に比べて小さくなる。これは、市内在住の来訪者による「佐原の大祭」見物のみを目的とした来訪が多いためである（図4-9）。香取市外在住の来訪者についてみると、「佐原の大祭」への来訪が全体の80％以上、「小野川周辺の町並み」が85％以上、「伊能忠敬記念館」が20％以上、「伊能忠敬旧宅」が20％以上である。一方、市内在住の来訪者では「佐原の大祭」への来訪は87.5％に達するものの、「小野川周辺の町並み」は42.9％、「伊能忠敬記念館」は12.5％、「伊能忠敬旧宅」は皆無であった。

なお、重伝建地区内での交通手段が全員「徒歩」であるため、佐原重伝建地区来訪者の市内の観光行動は居住地からの交通手段にあまり影響されなかった。

3) 広域的な観光行動の空間特性

(1) 広域的な観光行動の特性

図4-10は佐原重伝建地区来訪者による他市町村への来訪状況を観光イベントの有無別に示している。「佐原の大祭期間中平日」では、「香取市のみ」の来訪が90％、「香取市と他市町村」の来訪が10％である。「佐原の大祭期間中休日」では、「香取市のみ」の来訪が77％、「香取市と他市町村」の来訪が23％である。つまり、佐原の大祭期間中の来訪者の多くは、香取市内のみを来訪する場合が多い。これは、前述のように、佐原の大祭の存在によっ

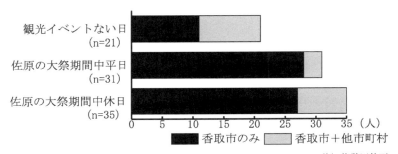

図4-10　観光イベントの有無別にみた他市町村への来訪状況（2005年）
（アンケート調査により作成）

て香取市内において観光行動が広域化し、時間的制約から他市町村への来訪が少なくなったといえる。

　一方、「観光イベントのない日」では、「香取市のみ」の来訪が52％、「香取市と他市町村」の来訪が48％であり、佐原重伝建地区来訪者の約半数は他市町村も訪れていることがわかる。これは、観光イベントのない日では来訪者の行動範囲が佐原重伝建地区に限定されるため、来訪者は別の観光資源を求めて他市町村へ行動範囲を拡大するためであると考えられる。

表4-1　居住地からの距離別にみた他市町村への来訪状況（2005年）

来訪者番号	居住地〜香取市間距離	居住地	来訪先		宿泊先
			香取市来訪前	香取市来訪後	
1	40km未満	香取市	銚子市	潮来市	×
2		潮来市	水戸市	鹿嶋市	×
3		石岡市	成田市	鹿嶋市	×
4	40km以上50km未満	千葉市	銚子市	×	×
5		千葉市	×	潮来市	×
6		守谷市	×	銚子市	×
7	50km以上60km未満	船橋市	潮来市	×	×
8		船橋市	成田市	×	×
9		松戸市	鹿嶋市	銚子市	×
10		市原市	×	成田市	×
11	60km以上	都内	松尾町	神栖市	×
12		都内	×	大洗町	大洗町
13		都内	潮来市	×	×
14		都内	潮来市	千葉市	×
15		都内	取手市	×	×
16		都内	成田市	銚子市	銚子市
17		川崎市	鹿嶋市	×	×
18		横浜市	×	潮来市	×
19		桐生市	鹿嶋市・潮来市	×	潮来市
20		大阪市	千葉市	銚子市	千葉市
21		千歳市	成田市	都内	香取市

注）松尾町は2006年3月に成東町、山武町、蓮沼村と合併し、山武市となっている。

（アンケート調査により作成）

次に、来訪者の居住地からの距離別に他市町村への来訪状況について述べる（表4-1）。居住地からの距離は、来訪者の居住地がある市区町村役場から香取市役所までの直線距離を用いた。香取市以外の2市町村への立ち寄りをみせた来訪者は、「40km未満」が3人中3人、「40km以上50km未満」が3人中0人、「50km以上60km未満」が4人中1人、「60km以上」が11人中6人であり、「40km未満」と「60km以上」が高い割合を示している。
　「40km未満」の場合では居住地からの香取市までの移動時間が短いため、「60km以上」場合では宿泊を伴うため、もしくは高速交通網を利用するため、広域的な観光が可能であると考えられる。

(2) 広域的な観光行動における来訪先の決定要因
　以上のような観光流動の特徴について説明する要因として、交通手段を考える。図4-11は佐原重伝建地区来訪者の他市町村への来訪先について交通手段別に示している。ここでは、サンプル数が多かった「自家用車」（13組・のべ19市町村）と「鉄道」（5組・のべ8市町村）による来訪者の他市町村への来訪先に着目する。「自家用車」利用の佐原重伝建地区来訪者は、潮来市、鹿嶋市（それぞれ13組中5組）、銚子市（同4組）、成田市（同2組）への来訪が多くみられる。
　潮来市の主な観光資源はアヤメ園やアヤメ祭りである。しかし、今回のアンケート調査日はアヤメのシーズンではないため、「道の駅いたこ」が実質的に最も入込みの多い観光施設といえる[19]。「道の駅いたこ」は東関東自動車道潮来インターチェンジから約1分の場所にあり、自家用車利用の観光客にとって近接性がよい。また、180台収容の駐車場も完備している。鹿島神宮（鹿嶋市）も潮来インターチェンジから10km以内に立地し、香取市から直接国道51号で結ばれている。同様に、銚子市は高速道路網がないものの、国道356号で香取市と直接結ばれている[20]。成田市の主な観光資源は、成田山新勝寺とその門前町である[21]。成田市は東関東自動車道成田インターチェンジや国道51号で香取市や東京・千葉市方面と直接結ばれている。
　このように、自家用車利用の佐原重伝建地区来訪者は、高速道路のインター

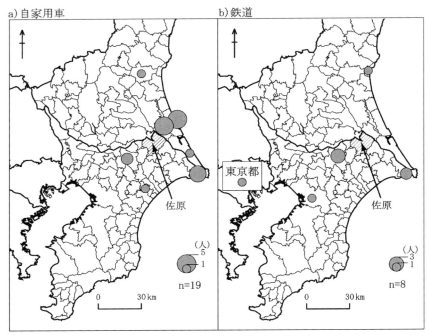

図4-11 交通手段別にみた他市町村への来訪先（2005年）
（アンケート調査により作成）

チェンジや佐原重伝建地区からの近接性のよい地域への来訪が多くみられる。このほかにも、自家用車利用者の立寄り先として、水戸市や山武市、神栖市（それぞれ13組中1組）がみられた。これらは、香取市から公共交通機関の近接性があまり優れていない地域である。

他方、「鉄道」による佐原重伝建地区来訪者は、成田市（5組中3組）、銚子市（同2組）に訪れている。成田駅は、都内方面の京成本線と佐原・銚子方面のJR成田線の乗換駅である。また、銚子駅（銚子市）は佐原方面と1つの路線で結ばれたJR成田線と東京駅方面と結ばれた総武本線の終点であるため、「鉄道」による佐原重伝建地区来訪者が来訪すると考えられる。また、「自家用車」利用の来訪者と異なり、「鉄道」利用の来訪者は潮来市や鹿嶋市への来訪がみられなかった。これは、上下線ともに1時間に1本程度であるJR成田線とJR鹿島線の乗換えが煩わしいためであると考えられる。

5. 本章の結論

　本稿は、東京大都市圏の外縁部に位置する千葉県香取市佐原重伝建地区の地域特性、集客圏、観光イベントの有無、および来訪者の属性（交通手段や居住地）に着目して佐原重伝建地区来訪者の観光行動の特性を明らかにしてきた。

　佐原の町並みは、江戸時代の利根川東遷事業により問屋などが立ち並ぶ河岸として栄えてきた。しかしながら、鉄道やトラック輸送などの陸上交通の発達によって、舟運は衰退した。その後、商業の中心地が小野川沿いから駅前へと移っていった。だが、このことが古くからの町並みを残存させてきた。

　町並み保全運動以前の佐原重伝建地区は日用品店が多く立地し、大型店や大手銀行もみられた。当時の小野川および香取街道沿いは、地元住民の生活空間であった。他方、町並み保全後の佐原重伝建地区は土産物を取り扱う商店もみられるようになり、観光客を対象とした商店街へと変化を遂げた。現在の佐原重伝建地区では、歴史学習のみならず、購買行動も来訪者の重要な観光行動の1つとなっている。一方で、佐原駅に近い佐原重伝建地区の西端では、空き店舗の増加が顕著になった。

　佐原重伝建地区来訪者の居住地は、県内や東京都、茨城県、神奈川県が多く、その集客圏は大きく偏りをみせる。自家用車による来訪者の居住地はほとんどが千葉県であるが、休日になるとその範囲は拡大する。佐原重伝建地区来訪者はおよそ9割が日帰り観光客であり、リピーターも多い。その来訪目的も多岐にわたる。

　観光イベントのない日では、ほとんどの来訪者が重伝建地区内のみを訪れる。一方、観光イベントのある日では、地区外を来訪する観光客が多い。また、市内在住の来訪者は観光イベントへの参加を目的としており、町並みや観光対象施設への来訪は少ない。

　他地域との観光流動に注目すると、観光イベントのない日では、佐原重伝建地区来訪者のおよそ半数が他市町村への来訪を行っている。佐原重伝建

区の範囲は小野川沿い700ｍ、香取街道1000ｍ程度であり、来訪者の滞在時間も短いことが指摘できる。そのため、佐原重伝建地区来訪者は別の観光資源を求めて、他市町村へと足を運んでいると考えられる。

　自家用車による来訪者は、潮来市や鹿嶋市といった香取市から近距離で、主要道路で結ばれている観光地へと足を運ぶ傾向がみられた。他方、鉄道利用の来訪者の場合、成田線沿線や乗換駅で立ち寄る傾向がみられた。

　このように、本稿では大都市外縁部に位置する町並み観光地では、観光イベントの有無によって来訪者の観光行動が異なることや、他市町村に立ち寄る観光客がその来訪先を交通手段によって決定していることが明らかになった。

　今後は、町並み観光地において観光イベントの充実や空き店舗を減らすことによって、町並み来訪者の滞在時間や域内での行動範囲の拡大を図っていく必要がある。しかしながら、市町村の枠を超えた来訪者の広域的な観光行動を無視することはできない。他市町村との連携を強化し、広域的な観光を促進することによって、来訪者は多様な観光行動が可能となり、さらなるリピーター獲得へとつながるだろう。

〔注〕
1) 古い町並みについて、「伝統的町並み」「保存修景集落」、もしくは「街並み」、「まちなみ」という表記もみられるが、本稿では地理学の中で先駆的に町並み保存を取り上げた浅香・山村（1974）や山村（2001）による「歴史的町並み」もしくは「町並み」として表記する。
2) 聞き取り調査は小野川と佐原の町並みを考える会（2005年8月31日）、佐原市役所（2005年6月23日、11月8日）、鹿嶋市役所・潮来市役所（2006年5月19日）、成田市役所（2006年7月21日）、株式会社ぶれきめら（2006年12月5日）で行なったものである。
3) 『平成17年観光入込調査概要』（千葉県商工労働部観光課）による。
4) 2節では、主に以下の文献を参考にした。
　　①青野・尾留川（1967）、②浅香ほか（1997）、③学習研究社編（2005）、④菊

地（1968）、⑤佐原市（2005）、⑥佐原市・佐原市教育委員会（2004）、⑦佐原市・千葉県（2005）、⑧佐原市編（1966）、⑨千葉県佐原市（1994）。
　また、香取市建設経済部商工観光課および小野川と佐原の町並みを考える会、株式会社ぶれきめらからの聞き取り調査も参考にした。

5）　当時の東北地方―江戸の航路は、房総沖（野崎沖の難所）の天候や潮の影響を受けやすく、新たな航路を確保する必要があった。なお、利根川・江戸川を利用した銚子から江戸までの新しいルートは「内川回り」と呼ばれている（浅香ほか1997：菊地1968）。

6）　NPO法人小野川と佐原の町並みを考える会からの聞き取り及び学習研究社編（2005）によると、現在でも河岸の施設の名残である「だし」が小野川沿いに残されている。

7）　小堀（1999）では、市役所を中心とする公共諸施設が駅北に相次いで建設されたことを指摘しており、小野川沿い地区の行政機能も弱まったといえる。

8）　佐原市重伝建地区では、建造物の修理・修景が行われた。修理・修景などの工事の内容が町並み保存の基準に適合する場合には、経費の一部に対して補助金を受けることができる。修理・修景が行われた建造物は、1994年から2004年までの11年間で伝統的建造物61棟、非伝統的建造物18棟である。また、重伝建地区を取り囲む景観保存地区においても11年間で計26件の事業実績がある。

9）　株式会社ぶれきめらは、佐原市、商工会議所、一般住民からの出資から成り、開業時の出資金はそれぞれ300万円、200万円、5000万円である。2006年12月5日現在、合計の出資金は1億9800万円へと増加し、総株主数は50人である。なお、株式会社ぶれきめらの従業員は33名であり、市内の50代・60代の主婦が多い（『佐原中心市街地活性化基本計画（平成17年6月変更）』（佐原市都市建設部都市計画課）および、株式会社ぶれきめらでの聞き取り調査による）。

10）　12軒の土産店以外にも、歴史的な建造物を利用したフランス料理のレストランがみられるようになった。

11）　2005年9月1日～11月27日に佐原戦略ビジネス事業推進協議会・佐原おかみさん会が実施した『まちぐるみ博物館来訪者の意向把握調査結果』によると、観光客の佐原での消費額は飲食が平均2,209円、土産が平均3,267円であった。

12) 筆者が行なったアンケート回答者のなかには、大学のゼミ旅行や学習を目的とした観光客がみられ、「学校の先生から佐原を勧められた」と回答する小学生もいた。50代男性は「佐原、鹿沼、川越、岩槻、入間などの祭りを比較し、関東の祭りを巡っている」と回答していた。

13) 佐原重伝建地区の観光は、小野川沿いと香取街道沿いで徒歩でなされることが多い。その要因としては、①モータリゼーションの進展以前に町並みが成立したために小野川沿いの道路が狭く、徒歩による観光が適していることと、②小野川沿いと香取街道沿い以外の場所は住宅地であるため、観光に適していないことが挙げられる。

14) 図4-5の佐原重伝建地区の集客圏は、以下のような手順で算出した。① 2005年7月1日～8月30日の計61日間の町並み観光中央案内所の観光客台帳により、(記入者の居住地)×(旅行者人数)で算出した（n = 557）。② 筆者のアンケート調査（2005年）をもとに、(回答者の居住地)×(旅行者人数)で算出した（n = 337）。③ ①＋②により、佐原重伝建地区の集客圏を算出した（n = 894）。なお、①と②において出発地の区市町村名を記入していないサンプルは、対象外とした。

15) 佐原市・千葉県（2005）及び、香取市建設経済部商工観光課への聞き取り調査によると、少なくとも2000年以降、旧佐原市とJR東日本の提携がみられる。JR東日本は臨時特急便の運行や首都圏の主要な駅においてチラシの配布、ポスターの掲示などにより、香取市佐原の宣伝活動を行なっている。JR東日本が行なった主なキャンペーンとしては、2005年11月の「駅からハイキング」が挙げられる。なお、2007年2月現在、JR東日本は「千葉デスティネーションキャンペーン」を行なっている。

16) 自動車ナンバープレート調査の日程は次の通りである。①「観光イベントのない平日」は2005年8月31日と11月8日、「佐原の大祭期間中の平日」は2005年10月7日、③佐原の大祭期間中の休日（2005年10月8日）である。自動車ナンバープレート調査はすべて正午前後に行った。なお、各駐車場の管理者（株式会社ぶれきめら、香取市役所建設経済部商工観光課）から掲載の承諾を得た。

17) 2006年時点の「千葉」ナンバーに該当する市町村は、以下の通りである。

千葉市、四街道市、佐倉市、八街市、東金市、富里市、山武市、成田市、匝瑳市、香取市、旭市、銚子市、大網白里町、九十九里町、芝山町、横芝光町、多古町、神崎町、東庄町、酒々井町。

18)　佐原の大祭は、①毎年7月の中旬（金・土・日曜日）の3日間で行なわれる八坂神社祇園祭と、②毎年10月の3日間（第2土曜日を中日とする金・土・日曜日）に行なわれる諏訪神社秋祭りの総称であり、2004年に国から重要無形民俗文化財の指定を受けた。

19)　『道の駅旅案内全国地図（平成19年度版）』（道路整備促進期成同盟会全国協議会）において、道の駅いたこは「読者が選んだ道の駅50選」に選ばれており、地元住民のみならず観光客からも注目を浴びている。道の駅いたこには、新鮮野菜などの物産直売所やゴルフ場、ハーブアンドフラワー楽市・足湯などの施設がある。

20)　銚子市には、犬吠埼灯台や犬吠埼マリンパーク、銚子ポートタワー、醤油工場見学など多種多様な観光資源や、ウォッセ21に代表される水産物の販売施設や外食産業が多く立地している。

21)　東京周辺からの近接性向上により、門前町の旅館が衰退し、残存する数軒の旅館でも収入減を補うために1階部分では飲食店や土産店が経営されている。また、新勝寺周辺には3ヶ所の公営駐車場が整備されており、自家用車利用の来訪者は安価で駐車をすることができる（成田市経済部商工観光課からの聞き取り調査による）。

〔参考文献〕

青野壽郎・尾留川正平1967.『日本地誌第8巻千葉県・神奈川県』二宮書店.

浅香勝輔・足利健亮・桑原公徳・西田彦一・山崎敏郎1997.『歴史がつくった景観』古今書院.

浅香幸雄・山村順次1974.『観光地理学』大明堂.

市川健夫・白坂　蕃1980. 木曽谷における保存修景集落の観光形態. 東京学芸大学紀要第3部門社会科学31：77-91.

伊藤達雄1984. 三重県関町における街並み保存と住民対応. 三重大学環境科学研

究紀要9：1-8.
大島規江2004．伝統的建造物群保存地区における歴史的景観の変容―長野県楢川村奈良井を事例として．日本建築学会計画系論文集581：61-66.
大島規江2005．伝統的建造物群保存地区における町並み保存に対する住民意識―長野県楢川村奈良井を事例として．日本建築学会計画系論文集590：81-85.
大橋智美・和泉貴士・小田宏信・斎藤　功2003．製糸都市須坂における歴史的景観の保全．地域調査報告25：47-70.
大山琢央2005．歴史的町並みの観光地形成―倉敷美観地区を事例に．総合観光研究4：87-94.
岡崎篤行・井澤壽美子・高見澤邦郎・渡邊恵子2001．佐原における歴史的町並み保全のプロセスと住民意識．日本建築学会技術報告集14：315-318.
学習研究社編2005．『週刊日本の町並み第29配本』学習研究社.
片柳　勉2007．イギリス、ストラトフォード・アポン・エイヴァンにおけるヘリテージ・ツーリズム―観光資源としてのシェークスピアの遺産と歴史的町並み―．地域研究47（3）：1-16.
菊地利夫1968．『房総半島の地域診断』大明堂．
小堀貴亮1998．歴史的町並みの保全と再生に関する一考察―川越市と佐原市を事例として．歴史地理学40（4）：48-49.
小堀貴亮1999．佐原における歴史的町並みの形成と保存の現状．歴史地理学41（4）：21-34.
佐原市2005．『佐原市中心市街地活性化基本計画』佐原市.
佐原市・佐原市教育委員会2004．『水郷の商都佐原の町並み』佐原市・佐原市教育委員会.
佐原市・千葉県2005．『端役から脇役の観光地へ、そしていま、主役を目指して…―まちづくり型観光地・スロータウン佐原の挑戦の記録―』佐原市・千葉県.
佐原市編1966．『佐原市史』佐原市役所.
新日本都市協会1982．『千葉県佐原市動態図鑑』新日本都市協会.
淡野寧彦・呉羽正昭2006．茨城県桜川市真壁町における町並み保全活動と地域活性化．茨城地理7：21-36.

千葉県佐原市1994.『佐原市観光振興ビジョン調査報告書』千葉県佐原市.

中尾千明2006. 歴史的町並み保存地区における住民意識―福島県下郷町大内宿を事例に. 歴史地理学48（1）：18-34.

福田珠己1996. 赤瓦は何を語るか―沖縄県八重山諸島竹富島における町並み保存運動. 地理学評論69：727-743.

溝尾良隆・菅原由美子2000. 川越市一番街商店街地域における商業振興と町並み保全. 人文地理52：300-315.

山村順次2001.『新観光地理学（3刷）』大明堂.

5章　東京山谷地域における宿泊機能の変容
―都市における新たな宿泊拠点の形成（1）―

鈴木富之

1. 本章の課題

1）研究の背景と目的

　大都市には、政治・行政機能や業務機能などの都市機能が集積しているため、多くのビジネス客が大都市を訪問する（ロー1997）。近年、日本では外国人旅行者の増加がみられ、その訪問先は東京や大阪といった大都市圏に集中している（淡野2004；金2009）。とくに、大都市ではこうしたビジネス客や外国人旅行者に対応すべく、多種多様な宿泊施設がみられるようになった。たとえば、東京都区部では1990年代にはスポーツ・エステティック施設およびビジネスセンターを備えたホテルが増加し、2000年代には欧米資本による高級シティホテルの参入が相次ぐ一方、付帯施設を設けていない安価な宿泊特化型ホテルの増加も1990年以降に顕著にみられるようになった（佐藤2009）。ところが、高地価である大都市では、外国人の個人旅行者やビジネス客が長期間利用できる安価な宿泊施設は、ほとんどみられなかった。東京都区部の低廉宿泊施設を分析した松崎ほか（2005）は、東京都区部が外国人旅行者の重要な来訪地であるのにもかかわらず、その受け入れ態勢を整えた施設が少ないことを指摘した[1]。このような状況下、山谷（東京）、釜ヶ崎（大阪）といった大都市の「寄せ場」では、低廉な宿泊料金で長期滞在の外国人の個人旅行者やビジネス客を受け入れている簡易宿泊所[2]がメディアから注目を集めている。

　山本（2008）によると、寄せ場は「日雇い労働者の自由労働市場、青空市

場（屋外での職業斡旋を行う空間）を指す語であるが、同時に、簡易宿泊所（ドヤ）が密集し、多くの日雇い労働者が生活する地区」と定義されている（本稿では、後者を「寄せ場」とする）。高度経済成長期以降、大都市では建設雑役、港湾荷役、陸上運輸などの都市型産業に付随する末端的、臨時的労働力への需要が高まり、産業構造の近代化に伴って農村部や地方から大量の流動的失業者（農業従事者や炭鉱労働者など）が寄せ場に流入した（大薮1980）。これに伴い、寄せ場では日雇い労働者の収容を見込んで、多数の簡易宿泊所が立ち並ぶようになった。このように、寄せ場は都市社会に必要不可欠な基礎労働力の補給基地であるとともに、景気変動による労働力の需給を調整する安全弁としての機能を果たしてきた（佐野1979）。しかしながら、バブル崩壊以降、寄せ場における日雇い労働市場の縮小が顕著になった。この背景として、バブル崩壊後の経済不況に伴う建設労働需要の減少、寄せ場以外で若年労働者を調達する別ルートの開拓（島2001）、建設業界における技術革新や合理化の進展（大倉2005）などがあげられる。このような状況下、寄せ場で生活する高齢の日雇い労働者が慢性的な失業状態に陥り、野宿化が進展した。そのため、日雇い労働者の居住空間であった簡易宿泊所では空室が顕著になった。近年、寄せ場では簡易宿泊所の有効活用が模索されており（高橋ほか2001）、既存の簡易宿泊所を高齢労働者の福祉住宅や外国人旅行者の宿泊施設に転換することにより、地域再生を図ることが議論されている（岩田2008）。

　地理学で寄せ場を対象とした研究は多い。まず、大都市内部における寄せ場の位置づけや、木賃宿街の形成に焦点をあてたものとして、佐野（1979、1988）や加藤（2001）があげられる。佐野は、寄せ場を大都市内部の漸移地帯に包括される「ブライト地域（Blighted Area）」や「都市の解体地域」としてとらえた。また、加藤は、明治期の木賃宿街「釜ヶ崎」が制度的基盤（「宿屋営業取締規則」）をもとに成立したことを示した。つぎに、寄せ場における日雇い労働者の野宿化や彼らに対する差別について論じた研究として、丹羽（1992）や水内（2001）、原口（2003）があげられる。丹羽は、釜ヶ崎周辺における野宿の状況を、寄せ場がもつ構造的側面や地域住民、日雇い労

働者、野宿者といった主体との関係から論じた。また、水内は、メディアと地図の分析を通じて釜ヶ崎差別の展開を示した。さらに、原口は、場所の構築と制度的実践の過程から寄せ場労働力の有用性と差別助長を指摘した。これらの研究では、主として寄せ場における社会問題に視点があてられてきた。

　近年では、寄せ場における簡易宿泊所の変容を取り上げた研究も蓄積されている。これらの研究は、福祉マンションへの転換を報告した研究（水内ほか2002；水内2007；岡崎ほか2008）や、外国人向けの低廉宿泊施設への転換を報告した研究（松村2007、2009；松村・濱中2008；有村ほか2009）がある。本稿でおもに取り扱う後者の研究に着目すると、まず、松村（2007、2009）は、釜ヶ崎において、リーダー的役割を果たした簡易宿泊所経営者が、多言語ホームページを設置し、外国人旅行者の誘致に乗り出し、2005年には大阪国際ゲストハウス地域創出委員会（OIG）が結成され、宣伝活動をはじめとするソフト面の整備が行われていると報告した。つぎに、釜ヶ崎の簡易宿泊所を利用する外国人の実態について報告した松村・濱中（2008）と有村ほか（2009）によると、外国人の多くは個人旅行者で、釜ヶ崎の簡易宿泊所に長期間宿泊し、日帰りで周辺の主要都市を訪問するという。さらに、前者では、このような低予算志向の外国人旅行者の誘致は訪日観光者市場を拡大させるため、安価な簡易宿泊所が集積する釜ヶ崎は外国人の宿泊拠点として重要であることが指摘されている。これらの研究では、経営者組織の取り組みからみた簡易宿泊所における外国人宿泊客の受け入れの実態や、簡易宿泊所を利用する外国人宿泊客の特徴が明らかにされてきた。しかしながら、いつ、いかなるプロセスを経て、個々の簡易宿泊所が外国人旅行客やビジネス客を受け入れてきたのかについての分析が行われていない。

　日雇い労働者の生活空間であった寄せ場における簡易宿泊所の動向は、景気動向による日雇い労働市場の盛衰や日雇い労働者の増減といった寄せ場自体の変化と関係していると考えられる。そのため、寄せ場における宿泊施設の変容のメカニズムを明らかにするためには、個々の簡易宿泊所における外国人旅行客およびビジネス客の受け入れのプロセスを、寄せ場の動向と関連づけて分析する必要がある。

以上を踏まえて、本研究では、日本有数の簡易宿泊所密集地である東京都山谷地域における宿泊施設の変容に関する諸特徴について明らかにし、その要因について考察を加える。
　まず、山谷地域における簡易宿泊所の分布を明らかにする。つぎに、簡易宿泊所経営者や山谷地域の関連機関への聞き取り調査や文献、資料をもとに[3]、山谷地域における簡易宿泊所街の形成過程や日雇い労働市場の現状について記述する（2節）。3節では、宿泊施設経営者からのアンケート調査や聞き取り調査をもとに、宿泊客の特徴から外国人旅行客およびビジネス客向け低廉宿泊施設の類型化を行い、日雇い労働市場の動向、簡易宿泊所における客室の変化等と関連づけてそれぞれの展開過程を分析する。本稿では、山谷地域に立地する日雇い労働者や生活保護受給者といった居住者のみを受け入れる従来の簡易宿泊所を「居住者専用宿泊施設」、自社ホームページを用いて外国人旅行客と日本人ビジネス客・旅行客を積極的に受け入れている宿泊施設を「外国人旅行客およびビジネス客向け低廉宿泊施設」と呼ぶことにする。4節では、山谷地域における外国人旅行客およびビジネス客向け低廉宿泊施設の経営特性を把握するために、類型ごとに設備、従業員構成、料金体系および宣伝媒体の特徴を分析する。以上の分析をもとに、山谷地域の宿泊施設の変容を促した要因を明らかにする（5節）。
　なお、アンケート調査は、山谷地域の外国人旅行客およびビジネス客向け低廉宿泊施設（19軒）を対象として、2007年5～12月および2009年1月に対面式および配布式で行った[4]。

2）調査対象地域の概要

　調査対象地域である山谷地域は、台東区清川1・2丁目、日本堤1・2丁目、東浅草2丁目、橋場2丁目および荒川区南千住1・2・3・5・7丁目からなる[5]（図5-1）。交通関係ではJR常磐線とつくばエクスプレスの南千住駅、日比谷線の三ノ輪駅、都営バスの停留所[6]があり、東京都心部とのアクセスがよい。
　山谷地域は釜ヶ崎、寿町（横浜）とともに日本の三大寄せ場と称されてお

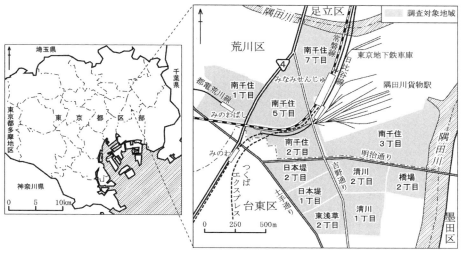

図5-1 調査対象地域

(筆者作成)

写真5-1 簡易宿泊所街(左)と城北労働福祉センター(右)(2009年)
(筆者撮影)

写真5-2 城北労働福祉センターの相談窓口(2007年)
(筆者撮影)

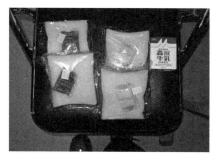

写真5-3 城北労働福祉センターにおける野宿者等などへの給食援護(2007年)
(筆者撮影)

写真5-4 城北労働福祉センターにおける野宿者などへの衣料品の提供(2007年)
(筆者撮影)

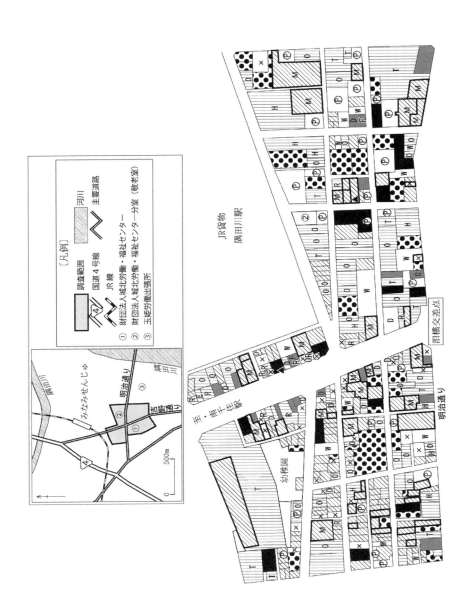

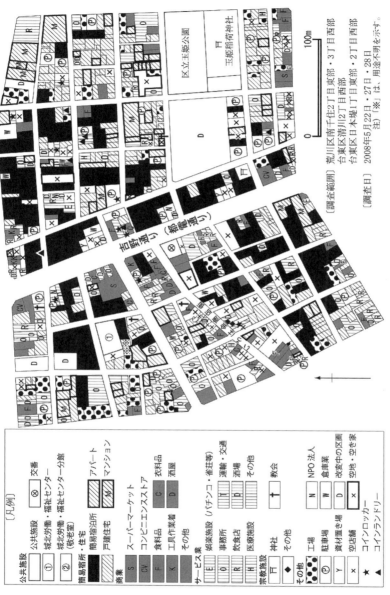

図 5-2 山谷地域（泪橋交差点付近）における土地利用図（2008年）

り、高度経済成長期には約15,000人が山谷地域の簡易宿泊所で生活していたが、2006年では4,851人に減少している（城北労働福祉センター2007）。山谷地域には、城北労働福祉センター[7]（写真5-1）や玉姫労働出張所といった日雇いの仕事を斡旋する機関が立地しており、とくに前者では生活総合相談[8]（写真5-2）や応急援護相談[9]（写真5-3・5-4）、レクリエーション機会の提供[10]も行っている。

また、山谷地域は日雇い労働者の居住空間である簡易宿泊所をはじめ、木造の簡易アパート、低層住宅、履物製造などの中小零細工場、倉庫などが混在する地域である（図5-2）。さらに、安価な食堂や酒場・酒屋、工具・作業着屋、衣料品店、食料品店といった日雇い労働者向けの商業・サービス業が簡易宿泊所の密集部に近い明治通り沿いや吉野通り沿い、いろは会商店街周辺に立地している。加えて、山谷地域には月極利用が可能なコインロッカーや、コインランドリーが存在する。とくに、前者は長期間仕事で山谷地域を離れる際の荷物の保管や、防寒着や寝具などの盗難予防という点において重要な役割を果たしている。このように、山谷地域は日雇い労働者の衣食住や娯楽、職の斡旋を地域的に補完している。

2. 山谷地域における簡易宿泊所街の特徴

1）山谷地域における簡易宿泊所の分布

旅館業法において簡易宿所として登録された宿泊施設は、台東区と荒川区にまたがる山谷地域に集中している[11]（図5-3）。簡易宿泊所街では、土木・港湾関係をはじめとする日雇いの仕事が斡旋され[12]、それに従事する労働者が長期にわたって常住してきた。

安宿情報誌『全国安い宿情報（08～09年版）』（株式会社林檎プロモーション）をもとに、宿泊料金が1泊4,000円以下である宿泊施設の分布特性を示したものが図5-4である。これをみると、階層式ベッドを有する低廉宿泊施設は、上野、秋葉原、赤羽、浅草といった鉄道交通の副次的な結節点に立地してい

図5-3 東京都区部における簡易宿所の分布（2007年）
（各保健所の提供資料により作成）

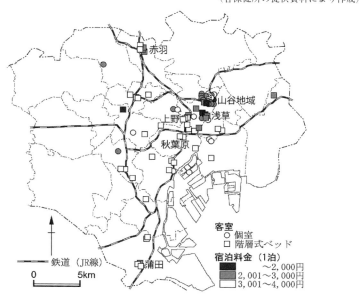

図5-4 東京都区部における低廉宿泊施設の分布（2009年）
（株式会社林檎プロモーション『全国安い宿情報（08〜09年版）』により作成）

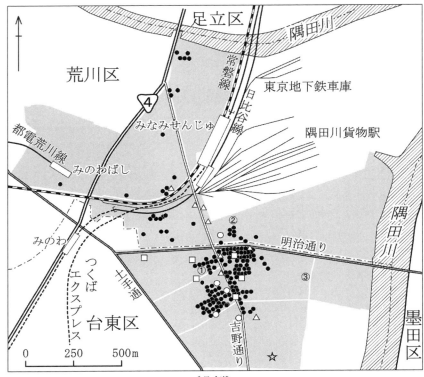

[凡例]

伝統的簡易宿泊所
● 居住者専用宿泊施設

一般向け宿泊施設
○ 居住者重視型宿泊施設
△ ビジネス客特化型宿泊施設
□ 外国人特化型宿泊施設
☆ 女性観光客専用宿泊施設

主要関連施設
① 財団法人城北労働福祉センター
② 財団法人城北労働福祉センター分室（敬老室）
③ 玉姫労働出張所

図5-5　山谷地域における宿泊施設の分布（2007年）
（各保健所の提供資料により作成）

る。また、東京国際空港に近接する蒲田駅周辺にもみられた。これらのほとんどはカプセルホテルであり、ビジネス客の集客を見込んで開業したものと考えられる。これらの宿泊料金をみると、「3,001～4,000円」が53軒中38軒を占める。一方、東京都区部では個室の低廉宿泊施設はほとんどみら

れないにもかかわらず、山谷地域では集積がみられる。山谷地域における宿泊施設の宿泊料金をみると、「3,000円以下」が22軒中15軒を占める。

　山谷地域における宿泊施設の分布は図5-5に示されている。これによると、同地域には、橋場2丁目を除くすべての地域に簡易宿泊所が立地している。居住者専用宿泊施設の密集部は明治通り以南の吉野通り沿いであるが、これは、後述するように戦前までに木賃宿が集積していたことや、城北労働福祉センターなどの日雇いの仕事を斡旋する機関および青空労働市場に近接すること、1971年まで吉野通り沿いに都電千住線の泪橋停留所と山谷町停留所があったこと（東京都台東区立教育研究所1964；浅香ほか1965）によるものと考えられる。なお、一般的に居住者専用宿泊施設の宿泊料金は、1,000円台から2,200円前後に設定されている。

2）山谷地域における簡易宿泊所街の形成

　ここでは、山谷地域における簡易宿泊所の変遷について述べる。

　山谷地域は日光街道の道筋にあったため、江戸時代に木賃宿が集中していた（豊田1994）[13]。明治時代になると、『宿屋営業取締規則』（1887年）によって、山谷地域は木賃宿営業許可地域に指定され、多くの生活困窮者が居住するようになった。関東大震災（1923年）で木賃宿が焼失したが、すぐに木賃宿街として復興し、多くの労働者が生活していた。しかしながら、1945年3月10日の東京大空襲により東京の下町が焼け野原になり、GHQ当局は東京都に被災者援護を要請した。これを受けて、東京都は上野周辺の被災者を収容するために、旧軍隊のテントやベッドを戦前の木賃宿経営者に無償で提供した。この結果、数多くのテントやバラックからなるテント村が山谷地域に建てられた。

　1950年代前半になると、テント式の宿泊施設は、大量の日雇い労働者を収容するために、階層式ベッド（写真5-5）の木造建築物に建て替えられた。これは、上野公共職業安定所労働課玉姫分室が設置されたこと（1948年）や、地元住民からの苦情によって青空労働市場が現在の三ノ輪駅周辺（図5-1）から吉野通りへ移動したことによる。

写真5-5　階層式ベッド（2007年）
（筆者撮影）

　高度経済成長期には、土木・建設作業や港湾荷役作業における労働需要が高まり、山谷地域は日本有数の寄せ場に成長した。1965年11月に開設した「東京都城北福祉センター」（現在の財団法人城北労働福祉センター）の1階には、「財団法人山谷労働センター」が併設され、山谷地域の寄せ場としての機能が強化された。1960年代までは家族で簡易宿泊所に居住するものが多かったが、1970年代には児童や女性はほとんどみられなくなった。このように、高度経済成長期以降、寄せ場の簡易宿泊所では日雇い労働者をはじめとする単身男性の居住空間としての機能が強化された（丹羽2002）。

　1980年代半ばから1990年代前半にかけてのバブル期には、首都圏では土地取引やビル建設が活発化し、土木・建設作業における労働需要が急増した。この時期には、労働賃金の向上に伴って個室を望む日雇い労働者が増えたこと（豊田1994）、簡易宿泊所が老朽化したことにより、個室を有する鉄筋コンクリート造の施設が急増した（高橋ほか2001）。

3）山谷地域の日雇い労働市場の衰退

　城北労働福祉センターにおける求人は1969年にピークを迎えたが、オイルショックなどにより大きく減少した（図5-6）。その後、バブル期には、再び大幅に増加した。しかしながら、バブル崩壊以降、城北労働福祉センターでの求人は減少を続けている。同様に、城北労働福祉センターへの聞き取り調査によると、近年では仕事を斡旋する手配師も減少したという。

　求人の減少にともない、山谷地域の簡易宿泊所での宿泊者数の減少も顕著になった。台東区内の簡易宿泊所における定員稼働率は、バブル期では

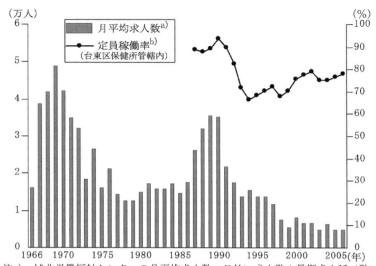

図5-6　城北労働福祉センターにおける月平均求人数と簡易宿泊所の定員稼働率の推移（1966-2006年）
（城北労働福祉センター（2007）および台東区保健所『平成18年山谷地区・簡易宿所一斉検査・調査結果の講評』により作成）

90％程度であったが、バブル崩壊後は75％前後で推移している（図5-6）。こうした稼働率の低下は、前述のような求人の減少および日雇い労働者の高齢化による簡易宿泊所居住者の減少によると考えられる。また、バブル期に簡易宿泊所が鉄筋高層建築へと建て替えられたことによって宿泊料金が高騰し、日雇い労働者のなかには簡易宿泊所を利用できなくなるものが多く出現したことも関連している。このような状況下、野宿生活者の増加もみられるようになった（大倉2005）。さらに、携帯電話の普及による寄せ場を介さない就労経路の確立（中山・海老2007）や、建設業界における正規雇用の拡大（島2001）、近年のネットカフェ、マンガ喫茶、個室ビデオ店、24時間営業のファミリーレストランなどの出現（岩田2008；島2009；原口2009）により、若年層労働者の寄せ場への流入が大幅に減少した。

3. 外国人旅行客およびビジネス客向け低廉宿泊施設の展開過程

ここでは、図5-7および表5-1を用いて、外国人旅行客およびビジネス客向け低廉宿泊施設の展開過程について明らかにする。

外国人旅行客およびビジネス客向け低廉宿泊施設は、その客層に注目すると、「居住者重視型宿泊施設」「ビジネス客特化型宿泊施設」「外国人特化型宿泊施設」に分類できる[14]。「居住者重視型宿泊施設」は、居住者の利用が半数以上であるものの、自社ホームページを開設して空室に外国人宿泊客や、居住者以外の日本人宿泊客を受け入れている宿泊施設である。「ビジネス客特化型宿泊施設」は、居住者を除く日本人宿泊客の利用が75％以上を占める宿泊施設である。「外国人特化型宿泊施設」は、外国人の割合が50％以上を占める宿泊施設である。

山谷地域には、居住者重視型宿泊施設が5軒、ビジネス客特化型宿泊施設が8軒、外国人特化型宿泊施設が6軒立地している（2007年）。各類型の分布をみると（図5-5）、居住者重視型宿泊施設と外国人特化型宿泊施設の多くは、居住者専用宿泊施設から転換されたため、それらの密集部に分布している。他方、ビジネス客特化型宿泊施設は、明治通りや吉野通りといった大通り沿いおよび南千住駅周辺に分布している。ビジネス客特化型宿泊施設の多くは、地域外から新規参入したビジネスホテルであり（表5-1）、南千住駅に近く、居住者専用宿泊施設の密集部から離れた立地を選定したことに起因する。

1) 居住者重視型宿泊施設の展開過程

山谷地域の外国人旅行客およびビジネス客向け低廉宿泊施設でのビジネス客の受け入れは、1967年に開始された（施設1）。この施設は簡易宿泊所密集部から離れた東浅草2丁目に唯一立地している簡易宿泊所であり、隣接する繁華街である浅草や吉原を訪れるビジネス客を受け入れていた。加えて、施設1は開業当初から個室を備えた簡易宿泊所であったため、日雇い労働者

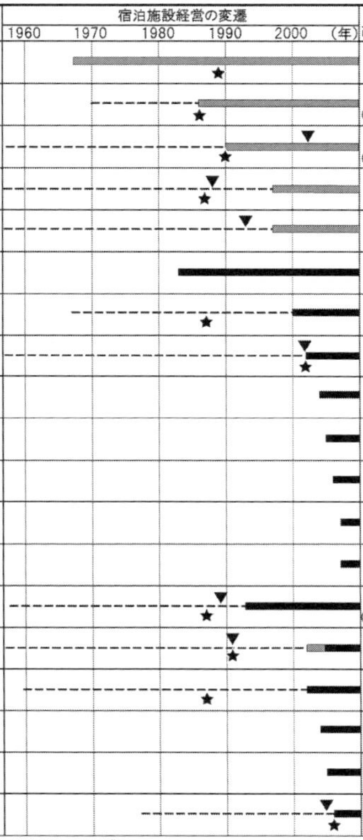

類型	施設	宿泊施設経営の変遷 1960 1970 1980 1990 2000 (年)	客室 改築前	現在	付随的施設	転換理由	転換後の主な施設の改造
居住者重視型宿泊施設	1		個	個55 (55名)	W L	×	なし
	2	★	階 (80名)	個40 (40名)	× ×	r	なし
	3	▼★	階 (56名)	個35 (35名)	W L	d	和式トイレ→洋式トイレ
	4	★	階	個74 (74名)	S,E,K,W L	b,d	客室→女性用シャワー
	5		×	階10+団1 (80名)	K,W ×	b,d	なし
ビジネス客特化型宿泊施設	6		×	個40 (43名)	S,W P+L	×	なし
	7	★	個	個42 (42名)	S,W L	d	部屋の改装、女性用シャワーの設置
	8	▼	階	個32 (32名)	S,W P+L	r	なし
	9		×	個104 (125名)	S,W P+L	×	なし
	10			×	個126 (128名)	S P	×	なし
	11		×	個65 (83名)	S,W ×	×	なし
	12		×	個117 (180名)	S,W P+L	×	なし
	13		×	個125 (133名)	S,W P+L	×	なし
外国人特化型宿泊施設	14	▼★	階 (200名)	個76 (87名)	S,E,K,W P	d	客室→シャワー室(2室)
	15	★	個80	個76 (80名)	S,E,W P+L	w	シャワー室(3室)増設
	16		個40	個38 (38名)	S,E,K,W P+L	w	客室→交流スペース、トイレ→シャワー室
	17		×	個24 (48名)	× ×	×	なし
	18		×	階6 (40名)	S,E,W P	×	なし
	19	▼	個34	個19 (29名)	S,E,K,W P+L	r	なし

[凡例]【宿泊施設経営の変遷】
 (客層) ---- 居住者 ▬▬ 居住者+外国人旅行客もしくは日本人ビジネス客 ▬▬ 外国人旅行客もしくは日本人ビジネス客
 (世代交代および改築・全面改築) ▼世代交代 ★改築・全面改築
【客室】(上段) 階:階層式ベッド・ドミトリー(大人数部屋) 個:個室 団:団体部屋(家族部屋) ×:改築・改装なし
       ※数字は部屋数を示している。
      (下段) 収容人数
【付随的施設】(上段) S:シャワー室 E:交流スペース K:調理室 W:コインランドリー
       (下段) P:パソコン設置 L:無線LAN・有線LAN ×:インターネット接続不可
【転換理由】w:2002年の日韓共催ワールドカップ開催による外国人宿泊客の急増 d:居住者(日雇い労働者等)の減少
     b:『全国安い宿情報』(林檎プロモーション)による観光客の増加 r:改築・全面改築に伴う客層の変化 ×:転換なし
注) 施設2の開業年次は不明であるが、改築前の聞取りから1970年前後と判断できたため、本稿では便宜的に1970年とした。

図5-7 山谷地域の外国人旅行客およびビジネス客向け低廉宿泊施設における経営の変遷と設備(2009年)

(宿泊施設へのアンケート調査および台東区保健所の提供資料により作成)

5章 東京山谷地域における宿泊機能の変容

表5-1　山谷地域の外国人旅行客およびビジネス客向け低廉宿泊施設の開発資本と労働力の特徴（2009年）

類型	施設	許可	開発資本	料金（円）	従業員数（正社員数）	外国語スタッフ	対応言語	経営者の前職(注)
居住者重視型宿泊施設	1	簡宿	地元資本	2,500	6 (2)	0	×	簡易宿泊所勤務
	2	簡宿	地元資本	2,200	2 (1)	0	×	（施設1の経営者と同じ）
	3	簡宿	地元資本	2,600	4 (3)	0	×	事務職
	4	簡宿	地元資本	2,600〜2,800	10 (6)	3	英	簡易宿泊所勤務
	5	簡宿	地元資本	1,500	3 (2)	0	×	（施設4の経営者と同じ）
ビジネス客特化型宿泊施設	6	簡宿	不動産業（墨田区）	5,250	8 (3)	1	中韓	（施設1の経営者と同じ）
	7	簡宿	地元資本	3,150	6 (4)	–	–	主婦
	8	簡宿	地元資本	2,850〜3,500	5 (4)	1	英	ガソリンスタンド勤務
	9	簡宿	不動産業（横浜市）	3,500	8 (1)	1	英	学生
	10	簡宿	不動産業（横浜市）	3,360	6 (3)	1	英	簡易宿泊所勤務（施設9）
	11	簡宿	多角経営企業（横浜市）	3,500	6 (3)	0	×	学生
	12	簡宿	不動産業（横浜市）	3,150	9 (2)	2	英	旅行会社
	13	簡宿	不動産業（横浜市）	3,500	6 (2)	2	英	簡易宿泊所勤務
外国人特化型宿泊施設	14	簡宿	地元資本	2,700	9 (6)	9	英仏中	簡易宿泊所勤務
	15	簡宿	地元資本	3,200	10 (1)	–	英中韓	書店勤務
	16	簡宿	地元資本	2,900	10 (2)	10	英	学生
	17	旅館	地元資本	8,190	6 (1)	6	英	簡易宿泊所勤務（施設14）
	18	簡宿	不動産業（新宿区）	2,100	2 (1)	2	英	–
	19	簡宿	地元資本	3,000	7 (2)	4	英仏	会社員

〔凡例〕
簡宿：簡易宿泊所登録　旅館：旅館登録
英：英語　仏：フランス語　中：中国語　韓：韓国語
×：外国語対応不可　–：不明
注）外部資本によって開発された施設9〜13については、支配人の前職を示した。

（宿泊施設へのアンケート調査および各保健所の提供資料により作成）

をはじめとした居住者とビジネス客は相部屋になることがなく、双方を受け入れることができた。しかしながら、施設1は例外的な事例であり、その後20年間、ビジネス客の受け入れに積極的な簡易宿泊所は出現しなかった。

　バブル期になると、山谷地域の簡易宿泊所（施設2・3）でビジネス客の受け入れが本格的に開始された。その理由として、山谷地域の簡易宿泊所の多くがバブル期に1室に6〜8人程度を受け入れる大部屋の施設から個室を備える施設に建て替えられたことがあげられる。これにより、新しい簡易宿泊所では施設内に居住者とビジネス客の双方を受け入れることが可能になったといえる。

　バブル崩壊後の1990年代後半には、日雇い労働者の減少に伴って簡易宿泊所居住者が減少したことにより、空室にビジネス客を受け入れる簡易宿泊所（施設4・5）が出現した。施設4と5は姉妹店であり、雑誌『全国安い宿情報』（株式会社林檎プロモーション発行）に掲載されたことによって、安定した集客が見込めるようになった。

2) ビジネス客特化型宿泊施設の展開過程

1983年、山谷地域にはじめての本格的なビジネスホテル（施設6）が登場した。山谷地域に出現したビジネスホテルは、従来の簡易宿泊所と異なり、外部資本によって大規模に開発された。しかしながら、この施設は墨田区の不動産会社を親会社としており、南千住駅前に位置する自社所有地の活用を目的として例外的にビジネスホテルとして開業した。

2000年以降、簡易宿泊所のなかには居住者の受け入れを中止し、ビジネス客特化型宿泊施設に転向する施設（施設7・8）も出現した。これらの施設は、居住者重視型宿泊施設と同様に、『全国安い宿情報』に掲載されたことを契機としてビジネス客の受け入れを開始した。

2004年以降になると、横浜市を本拠地とする不動産会社によって、ビジネスホテル（施設9～13）の開発が行われた[15]（写真5-6）。後述するように、2002年の「2002 FIFAワールドカップ（以下、WC）」の開催時期に、山谷地域の簡易宿泊所では外国人旅行者の受け入れが開始され、これらの施設がメディアで好意的に報道された。これにより、山谷地域は外国人旅行客およびビジネス客向け低廉宿泊施設の集積地域として認識されるようになった。そのため、横浜の不動産会社は抵抗なく山谷地域にビジネスホテルを出店することができた[16]。加えて、バブル崩壊以降、山谷地域では日雇い労働市場の衰退に伴い、さまざまな商業施設やサービス業施設が廃業した。そこで、横浜の不動産会社はこうした大規模な廃業施設の跡地にビジネスホテルを建設した。これらは、パチンコ店と映画館から

写真5-6　新たに開発されたビジネスホテル（2007年）
（筆者撮影）

なる複合的娯楽施設（施設9）、パチンコ店（施設10）、ガソリンスタンド（施設11）、倉庫（施設12）の跡地に立地している。また、施設13は民家の跡地に建てられた。ビジネスホテルはいずれも明治通りや吉野通りといった大通り沿いに立地しており、治安の面からそれまで困難であると考えられていた日本人のビジネス客や旅行客の誘致に成功したのである。

　横浜の不動産会社が開業したビジネスホテルは、開業するにあたって旅館業法上の簡易宿所としての登録を申請し、認可されている（表5-1）。その理由として、第1にビジネス客の誘致に失敗したとしても、宿泊料金を下げて日雇い労働者や生活保護受給者などを受け入れる居住者専用宿泊施設に転換可能であったことがあげられる。たとえば、最も早く開業した施設9は、建設当初は日雇い労働者をターゲットとした居住者専用宿泊施設として開業する意向であった。しかしながら、建設の途中でビジネスホテルへと方針を変え、宿泊料金も3,000円台とした。開業当初は、日雇い労働者や生活保護受給者も受け入れたが、現在では日本人ビジネス客を主として受け入れている。第2に、旅館業法における簡易宿所営業の条件として、1客室の床面積が最低$3m^2$と定められており、ホテルとして登録された宿泊施設よりも多くの宿泊客を受け入れることが可能であったことがあげられる。加えて、簡易宿所としての登録を許可されたビジネスホテルは、客室に風呂・トイレ・洗面所を設けなくてもよいため、上下水道の工事費や維持管理費を安く済ませることができた。

3）外国人特化型宿泊施設の展開過程

　1991年、山谷地域の簡易宿泊所（施設14）において外国人旅行者の受け入れが開始された。当時の山谷地域は、「日雇い労働者の街」や「寄せ場」としての地域イメージが強く、国内のビジネス客や旅行客の宿泊は期待できなかった。そこで、この施設では、特定の地域イメージをもたない外国人旅行者の受け入れを開始した。なお、この施設はインターネット普及以前の1990年代前半には成田空港のツーリストインフォメーションセンターで、1990年代後半以降にはE-mailを利用して集客を行った。

2002年には、日韓共催のWCの開催時期に、多くの外国人サポーターが山谷地域の宿泊施設（施設14～16）を利用した。それに伴って、口コミやインターネットを通じて徐々に新規の外国人宿泊客が多くなり、現在では宿泊客の大半が外国人となっている。2004年以降になると、これらの施設で外国人の受け入れが成功したことにより、新たに開業した外国人特化型宿泊施設（施設17・18）や、世代交代と施設改築を契機として外国人旅行者の受け入れを開始した簡易宿泊所（施設19）が出現した。

4. 外国人旅行客およびビジネス客向け低廉宿泊施設の経営特性

　本節では、設備、従業員構成、料金体系および宣伝媒体に着目して、外国人旅行客およびビジネス客向け低廉宿泊施設の経営特性について検討する。

1）居住者重視型宿泊施設の経営特性

　居住者重視型宿泊施設の設備をみると（図5-7）、コインランドリーや男性専用の大浴場といった居住者にとって不可欠な設備は、おおむね整備されている。しかしながら、外国人旅行客やビジネス客の誘致に欠かせない備え付けパソコンやシャワールームは、ほとんど設置されていない。加えて、女性客が利用できる大浴場やシャワールームが未整備であるため、本類型（施設4を除く）は男性専用の宿泊施設である。また、本類型（施設5を除く）は、もともと単身の日雇い労働者の受け入れを目的とした宿泊施設であったため、客室はすべて1人部屋である（写真5-7）。

　本類型では、居住者が24時間在室するケースもあるため、住み込みによる家族経

写真5-7　居住者重視型宿泊施設の客室（2007年）
（筆者撮影）

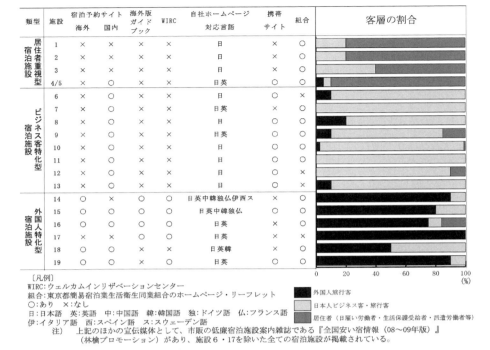

図5-8　山谷地域の外国人旅行客およびビジネス客向け低廉宿泊施設における客層と宣伝媒体（2009年）

(宿泊施設へのアンケート調査および各宿泊施設ホームページにより作成)

営が一般的であり、パート・アルバイトの従業員は人手を必要とする清掃業務を担当する傾向にある。外国人宿泊客はほとんどみられないため、外国語スタッフはおおむね雇われていない（表5-1）。

1泊当たりの最低料金は、すべて3,000円未満である（表5-1）。これは、生活保護を受給する居住者が利用者の主体となっているためである。この類型は、自社ホームページの開設や東京都簡易宿泊業生活衛生同業組合による宣伝（組合ホームページ）を行っているものの、インターネット上の宿泊予約サイトや携帯サイトへの登録を行っているところは少ない（図5-8）。そのため、予約なしに訪れる宿泊客も多い。

以上のように、本類型では、おもな客層が毎月安定した収入が得られる生

活保護受給者や、日雇い労働者、契約・派遣社員であるため、彼らの日常生活にとって必要最低限の経営内容にとどまっている。

2) ビジネス客特化型宿泊施設の経営特性

まず、図5-7をもとに、ビジネス客特化型宿泊施設の設備を分析する。客室にユニットバスが備え付けられている施設6以外では、シャワールームが完備されている。そのため、本類型では、女性客も受け入れている。加えて、この類型では、パソコンを持参するビジネス客に対応するために、無線・有線LANによるインターネット設備が整備されている。なお、2004年以降に開発されたビジネスホテルは、いずれも収容人数80名以上の大規模な施設であり、ツインルームが存在する。

経営者の前職をみると、学生が2人、主婦、ガソリンスタンド勤務、旅行会社勤務がそれぞれ1人であり、7人中5人が簡易宿泊所での勤務経験がない（表5-1）。つまり、この類型の宿泊施設（施設6を除く）は、一般的な都市型ホテルとは異なり、飲食施設などの付帯施設を有しておらず、専門的な技能や知識を必要としなかったため、外部からの参入が容易であった。また、1施設あたり1〜2名程度の英語が話せる外国語スタッフが常勤している。

1泊あたりの最低料金は、2,500円以上3,000円未満が1軒、3,000円台が6軒、5,000円台が1軒である（表5-1）。さらに、本類型では、長期滞在のビジネス客に対応した料金プランが設定されており、短期賃貸マンションのような形態でも利用されている[17]。たとえば、本類型では、ウィークリー料金が用意されており、6泊で18,900〜19,200円で利用されている（施設9・10・13）。同様に、マンスリー料金もあり、月87,900〜93,000円である（施設9〜13）。本類型の宿泊施設は、手数料や保証金、清掃費といった諸経費を必要としないため、短期賃貸マンションよりも安価な料金で利用することができる。

本類型のすべての施設は、インターネット上の宿泊予約サイトや自社ホームページの開設、携帯サイトを用いた宣伝を行っている（図5-8）。とくに、携帯サイトの開設は、日本人ビジネス客の誘致において有効である。また、

日本人学生[18]にとって、口コミや安宿に関する掲示板サイトも重要な宣伝媒体である。

以上のように、本類型では、ビジネス客をはじめとする多様な客層に対応するために、さまざまな設備や料金体系、宣伝媒体がみられる。

3）外国人特化型宿泊施設の経営特性

外国人特化型宿泊施設には、おおむね交流スペース（写真5-8・5-9）やインターネット設備、シャワールーム（写真5-10）、コインランドリーがある（図5-7）。交流スペースは、外国人宿泊客にとって情報収集の場として機能している。そこには、京都などの他地域の宿泊施設の広告やガイドブック、観光パンフレット、イベント情報が書かれたホワイトボードなどが設置されている。加えて、交流スペースにはコンピュータが設置されており、観光資源の検索や、E-mailで自国の知人と情報のやりとりが可能である。さらに、交流スペースは、宿泊客同士および従業員との交流の場としても機能しており、外国人宿泊客や宿泊施設の従業員が集まり、カードゲーム、ビデオゲーム、楽器の演奏、観光地に関する情報交換などが行われる。このほか、イベントなどの独自のサービスを提供している施設もある[19]。なお、宿泊施設の従業員と親しくなった外国人宿泊客はリピーターになり、口コミによって新規の宿泊客をもたらすという。

本類型の施設の経営者は、留学経

写真5-8　外国人特化型宿泊施設の交流スペース（2007年）
（筆者撮影）

写真5-9　外国人特化型宿泊施設の交流スペースにある観光情報の掲示板（2007年）
（筆者撮影）

験者や長期にわたる海外旅行経験者、語学が得意な者を、外国語が話せるスタッフとして採用している（表5-1）。アルバイト募集の際には、採用条件として語学力やホームページ作成の能力を必須としている。施設16によると、アルバイトの従業員は英語力の向上を目的として従事しているため、長期にわたる海外旅行経験者が多い傾向がある。

本類型における1泊あたりの最低料金をみると、2,500円未満が1軒、2,500円以上3,000円未満が2軒、3,000円台が2軒、8,000円以上が1軒である（表5-1）。前述のように、この類型の施設の多くは、居住者専用宿泊施設から転換されたものであるため、現在でも3,000円未満で利用できる施設が残存していると考えられる。

写真5-10　外国人特化型宿泊施設のコインシャワー（2007年）
（筆者撮影）

本類型では、英語をはじめとする多言語表記の自社ホームページの開設を利用した積極的な宣伝活動が行われている（図5-8）。なかには、財団法人国際観光サービスセンターのウェルカム・イン予約センター（成田空港など）や、HOSTELWORLD.com[20]などのインターネット上の宿泊予約サイト、『LonelyPlanet』などの海外版ガイドブックに掲載されているものもある。

最後に、施設14の宿泊台帳[21]をもとに、本類型の宿泊施設を利用する外国人宿泊客の特徴を把握する。外国人宿泊客の国籍をみると、多い順に韓国（14％）、フランス（11％）、アメリカ（9％）、イギリス（8％）、ドイツ（7％）、タイ、オーストラリア（それぞれ6％）である（図5-9）。地域別にみると、ヨーロッパ（36％）、東アジア（19％）、北アメリカ（12％）、東南アジア（11％）に集中している。また、外国人宿泊客は、若年層が多く、「25〜29歳」が30％、「20〜24歳」が27％を占める（図5-10）。次いで、「30〜34歳」が

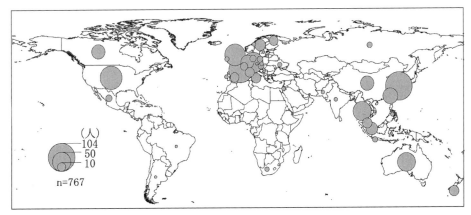

注a) 中国国籍は、いずれも香港在住者である。
注b) 767名の宿泊台帳のうち、「不明・未記入」の1名を除いた766名分のデータを分析した。
図5-9 山谷地域の外国人特化型宿泊施設における外国人宿泊客の国籍（2007年）
（施設14の宿泊台帳（2007年2月1日～4月16日）により作成）

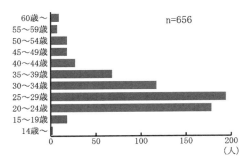

注)767名の宿泊台帳のうち、「不明・未記入」の111名を除いた656名分のデータを分析した。
図5-10 山谷地域の外国人特化型宿泊施設における外国人宿泊客の年齢構成（2007年）
（施設14の宿泊台帳（2007年2月1日～4月16日）により作成）

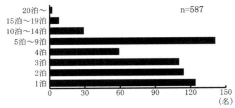

注)767名の宿泊台帳のうち、「不明・未記入」の180名を除いた587名分のデータを分析した。
図5-11 山谷地域の外国人特化型宿泊施設における外国人宿泊客の利用日数（2007年）
（施設14の宿泊台帳（2007年2月1日～4月16日）により作成）

表5-2 山谷地域の外国人特化型宿泊施設における外国人宿泊客の職業（2007年）

職業	人数（人）	割合（%）
学生	235	39.7
会社員	43	7.3
教員	37	6.3
エンジニア	27	4.6
自営業・経営者	26	4.4
医療関係	18	3.0
IT関連	17	2.9
教授・研究者	15	2.5
その他の職業	160	27.0
無職	14	2.4
合計	578	

注）767名の宿泊台帳のうち、「不明・未記入」の189名を除いた578名分のデータを分析した。
（施設14の宿泊台帳（2007年2月1日～4月16日）により作成）

18%、「35～39歳」が10%である。職業別では学生が40%を占め、会社員、教員、エンジニア、自営業・経営者と続く（表5-2）。「1泊」の外国人宿泊客が21%、「2泊」が19.4%、「3泊」が18.7%であるものの、「4泊以上」の外国人宿泊客も全体の4割以上を占めている（図5-11）。外国人宿泊客は、学生をはじめとした個人自由旅行者が中心であり、その多くは連泊する傾向がある。

以上のように、本類型では、外国人スタッフの導入や多言語による宣伝活動、多様な設備の整備等により、おもに長期間滞在する外国人旅行者の受け入れが積極的になされている。

このように、山谷地域の外国人旅行客およびビジネス客向け低廉宿泊施設では、その発展過程や主要な客層に応じて、経営内容に細分化がみられるようになった。また、山谷地域の外国人旅行客およびビジネス客向け低廉宿泊施設は、低廉な宿泊料金によって都心部のホテルとの差別化を図ることができた。

5. 本章の結論

これまでみてきたように、山谷地域の宿泊施設は、バブル崩壊以降に大きく変化を遂げてきた。すなわち、山谷地域の簡易宿泊所は、戦後から現在まで日雇い労働者や生活保護受給者といった居住者の住居としての機能を有してきたが、バブル崩壊以降には簡易宿泊所の一部で外国人旅行客やビジネス客といった居住者以外の受け入れもみられるようになった。さらに、彼らの集客を見込んで新たに開業する宿泊施設も出現するようになった。これまで

の分析の結果、山谷地域の宿泊施設がこうした変容を遂げた要因として、以下の3点を指摘することができる。

　第1に、山谷地域が大都市に内在する簡易宿泊所街として発展したことや、バブル期に簡易宿泊所の性格が変化したことがあげられる。山谷地域の簡易宿泊所街は、戦前の木賃宿街や戦災直後のテント村をもとに形成された。また、木造の簡易宿泊所がバブル期に個室を有する鉄筋コンクリート造へと建て替えられたことにより（図5-7）、従来困難であった居住者とビジネス客の両者の受け入れが可能になった[22]。高地価地域である東京では、外国人旅行客やビジネス客が利用できる低廉宿泊施設の集積がほとんどみられなかったため（図5-4）、山谷地域の簡易宿泊所経営者は低廉な宿泊料金によって東京都心部のホテルと差別化を図ることが可能であった。

　また、一般的に木賃宿街を受け継ぐ簡易宿泊所街は、都心部に近接する地区に形成されてきた（水内2004；水内ほか2008）。そのため、山谷地域は外国人旅行者にとって重要な訪問地である東京都心部やその周辺への利便性が高い[23]。同様に、一般的にビジネス客は、各自の任務を迅速かつ効率的に遂行できる拠点として、都心部に近い宿泊施設を高く評価する傾向がある（ピアス2001）。そのため、東京都心部の業務地区への近接性に優れている山谷地域はビジネス客の誘致に適していた。

　第2に、バブル崩壊以降、山谷地域の寄せ場機能が弱体化したことや、山谷地域のイメージが変化したことがあげられる。まず、バブル崩壊以降の経済不況に伴う建設労働需要の減少や、日雇い労働者の高齢化によって、日雇い労働市場の衰退がみられるようになった。加えて、バブル期における簡易宿泊所の建て替えに伴う宿泊料金の高騰により、慢性的な失業状態に陥っていた高齢の日雇い労働者が野宿者になるケースも増えた。さらに、寄せ場以外で若年労働者を調達する別ルートの開拓、建設業界における技術革新や合理化の進展、建設業界における正規雇用の拡大、近年のネットカフェなどの24時間営業施設の出現などに伴い、若年層の日雇い労働者の流入機会が減少している。以上のような寄せ場の弱体化に伴って、山谷地域の簡易宿泊所では稼働率の低下が顕著になり、山谷地域における簡易宿泊所の経営者は外

国人旅行客やビジネス客といった新たな客層に注目して経営の転換を迫られた。また、山谷地域における寄せ場機能の衰退や日雇い労働者の減少に伴い、映画館やパチンコ店をはじめとした商業・サービス業が廃業し、空き地や空き店舗が明治通りや吉野通りに出現した。そこでビジネスホテルの進出や高層マンションの建設（図5-2）が行われるようになった。

加えて、既存の居住者専用宿泊施設が外国人旅行客の誘致に成功したことで、WC前後の2002～2003年の2年間に山谷地域の簡易宿泊所が外国人サポーターや観光客とともにメディアに好意的に報道され[24]、地域外の不動産会社によるビジネスホテルの新規参入がしやすくなった。それまでの山谷地域は、都市社会において「負の意味を付与された空間」であったため（西澤1990）、そこに立地する簡易宿泊所ではビジネス客の集客が困難であった。このように、山谷地域に対するイメージの変化もビジネスホテルの新規参入と関係しているといえる。

第3に、近年、山谷地域や日本を訪問する外国人旅行客が急増したことがあげられる。2002年のWC開催時に多くの外国人サポーターや旅行者が山谷地域の簡易宿泊所に宿泊した。外国人旅行客は山谷地域に対してネガティブな印象を有していなかった。加えて、近年、ヨーロッパや東アジア、北アメリカ、東南アジア、オーストラリアからの訪日外国人旅行客数が増加し続けており[25]、こうした地域から来訪する外国人の個人自由旅行者が宿泊費を節約するために山谷地域の簡易宿泊所を利用するようになった。

本稿では、山谷地域における簡易宿泊所の質的変化は、日雇い労働者の生活空間の縮小や、近年における訪日外国人旅行者の増加と密接に関係していることが明らかになった。

〔注〕
1) 松崎ほか（2005）の分析では、低廉宿泊施設を1泊8,000円以下のものと定義しているが、「低予算志向の旅行者の感覚からすれば、設定上限が高すぎる感が否めない」（松村・濱中2008）との指摘もある。
2) 一般的に旅館業法において簡易宿所として登録された宿泊施設として、おも

に日雇い労働者が生活する簡易宿泊所（ドヤ）、カプセルホテル、寮、ラブホテルなどがあげられる。そのため、本稿ではこれらを包括する旅行業法上の登録施設を「簡易宿所」、個室もしくは階層式ベッドの客室を備えた寄せ場の簡易宿所を「簡易宿泊所」とした。

3)　山谷地域や簡易宿泊所の関連機関における聞き取り調査は、東京都福祉局生活福祉部保護課（2007年7月31日）、城北労働福祉センター（2007年12月25日）、台東区保健所（2007年7月4日、2009年1月27日）、城北旅館組合（2007年8月7日）で行ったものである。また、城北労働福祉センターの職員（2007年12月25日）や日雇い労働者（2007年5月14日）に同行し、彼らの解説を聞きながら山谷地域の景観観察を行った。さらに、2007年7月に東京23区の全保健所に情報公開の申請や閲覧を行い、東京都区部に立地する宿泊施設の施設名、住所、種別などが掲載された一覧表を収集した。

4)　宿泊施設へのアンケートのおもな項目は、以下の通りである。

　　「開業年次」「客室数と定員」「1泊1人あたりの宿泊料金」「親会社の所在地と業務内容」「開業理由」「増改築の実施年次と内容」「主たる宣伝媒体」「おもな付帯施設」「繁忙期とその理由」「外国人旅行客・ビジネス客の受け入れを開始した時期および理由」「外国人宿泊客がみられるようになった時期」「外国人宿泊客が増加した理由」「正社員数、アルバイト数、家族従業員数」「外国語を話せるスタッフの人数と話せる言語」「従業員の募集方法」「全宿泊客に占める外国人宿泊客、居住者以外の日本人客、居住者の割合」「外国人宿泊客のおもな旅行先」「外国人宿泊客向け参加型イベントの実施状況」。

　　なお、経営者の意向でアンケート調査に協力を得られなかった施設7に関しては、同施設の帳場係と姉妹店である施設1・2に回答を依頼した。

5)　本稿における山谷地域の定義は、東京都福祉局の出版物による。

6)　山谷地域には、都営バスの南千住車庫前停留所、泪橋停留所、清川停留所、橋場二丁目停留所、橋場二丁目アパート前停留所があり、東京駅や秋葉原駅、浅草などへのアクセスがよい。

7)　城北労働福祉センターは、午前6時半から民間企業の日雇い業務と高齢者特別就労（公園・霊園・道路の清掃等）を、午前8時から民間企業の長期日雇い業務

を、午後3時から翌日の日雇い業務を紹介している。このほか、フォークリフトや高所作業車、ガス溶接、パソコン、ホームヘルパー、ビル清掃などの技能講習も行っている。

8) 「生活総合相談」として、医療相談（内科・外科・精神科の無料応急）、生活保護の相談、住宅に関する相談、住民登録および戸籍に関する相談がある。

9) 「応急援護相談」とは、宿泊援護、給食援護、物品援護（衣類などの提供）および交通費相談の総称である。

10) 「レクリエーション機会の提供」として、娯楽室の開放や文芸誌『なかま』の発行、イベント（演芸会や記念品の配布、映画鑑賞、将棋・囲碁大会など）の開催などがあげられる。

11) 各保健所資料によると、旅館業法においてホテルとして登録された宿泊施設は、港区、中央区、千代田区のいわゆる「都心3区」への集中が著しい。また、新宿、渋谷、上野のホテルはターミナル立地で、駅に近接して集中しているといえる。旅館は、「都心3区」の外縁部に広く分布している。なお、地方中心都市では、一般的にホテルが鉄道駅に近接する都心部に、旅館が伝統的な旧市街地に立地する傾向がある（石澤・小林1991：松村1991、1993、1996）。

12) 例えば、山谷地域周辺では、城北労働福祉センターや玉姫労働出張所のほか、ハローワーク河原町労働出張所（足立区）が日雇いの仕事を紹介している。同様に、江東区森下周辺ではハローワーク深川労働出張所が立地していたが、2009年3月31日に廃止された。また、簡易宿泊所街では、「手配師」と呼ばれ、手数料を受け取って日雇い労働者に仕事を紹介する非公式な人材斡旋業も出現した（大崎ほか2002）。

13) 2節2）項では、東京都台東区立教育研究所（1964）、浅香ほか（1965）、豊田（1994）、髙橋ほか（2001）、城北労働福祉センター（2003、2007）を参考にした。このほか、城北労働福祉センターおよび簡易宿泊所経営者への聞き取り調査も参考にした。

14) このほか、予約があったときのみ臨時的に営業する「女性観光客専用宿泊施設」(図5-5)があるが、本稿では分析の対象外とした。

15) 施設11の親会社の経営顧問は、もともと知り合いであった施設9・10・12の

親会社（3社）の経営者を勧誘したことにより、2004年から2007年にかけてビジネスホテル（施設9～12）が開業した。さらに、施設9の親会社は2007年に2号店である施設13の営業を開始した。

16） 施設11への聞き取り調査によると、ビジネスホテル（施設9～13）の親会社である横浜の不動産会社は、日雇い労働市場が衰退した地元の寄せ場である寿町の現状について熟知していたため、山谷地域へのビジネスホテルの出店に対して抵抗を感じていなかった。

17） 長期滞在のビジネス客は、首都圏の企業や工事現場への出張員、なかでもシステムエンジニアやプログラマーといったIT関連企業勤務者が中心である。地方から上京してくることや、技術を要する業務に携わっていることから、連続して2～3カ月滞在する出張員もいる。また、毎週2～5泊滞在する出張員もみられ、平日に首都圏に勤務し、休日に地方の自宅に戻る。たとえば、施設12では、宿泊客の半数が出張員によるこのような長期滞在である。

18） 日本人の学生は、主として首都圏での就職活動、夏休みの旅行、コミックマーケットやコンサートなどのイベント参加、通信教育のスクーリング、サークル活動の際に利用する傾向がある。

19） たとえば、夏季のビールパーティや冬季の鍋パーティ、ミニコンサート（施設16）、バーベキューパーティ（施設14・16）、貸し自転車（施設14）、茶道教室（施設17）などがあげられる。

20） http://www.hostelworld.com/（最終閲覧日2009年10月29日）。

21） 本稿では、宿泊台帳に記載された計767人分のデータをもとに外国人宿泊客の国籍、年齢、職業および宿泊日数を分析した。その際、各項目において「不明・未記入」のサンプルは対象外とし、正確に記入がなされているサンプルのみの集計を行った。そのため、図5-9～5-11および表5-2のサンプル数がそれぞれ異なることを留意する必要がある。

22） 施設10によると、隣接する階層式ベッドの大人数部屋を有する居住者専用宿泊施設に宿泊した青年が、入浴中に財布や衣類を盗まれ、全裸で施設10に逃げ込む事件があった。この事例でもわかるように、居住者専用宿泊施設では、従来居住者とのトラブル防止のため、居住者以外の受け入れに積極的ではなかっ

た。2007年現在でも「宿泊客以外立入禁止」と掲げている居住者専用宿泊施設も少なくない。しかしながら、階層式ベッドを有する施設5は、居住者用の大部屋と、外国人旅行客や日本人ビジネス客・旅行客用の大部屋に分けることにより、例外的に外国人旅行客や、日本人ビジネス客および旅行客を受け入れることができた。また、施設5は姉妹店の施設4（個室）に受付を設置しており、階層式ベッドを好まない宿泊客を施設4に案内している。

23）　宿泊施設へのアンケート調査のなかで外国人宿泊客のおもな旅行先について尋ねている。その結果、東京都区部におけるおもな訪問先として、秋葉原、渋谷、原宿、お台場、六本木、上野、谷中、日暮里、両国があげられた。外国人宿泊客のなかには、毎年8月と12月に東京ビッグサイトで開催されるコミックマーケットや、毎年秋に幕張メッセで開催される東京ゲームショウなどのイベントに参加するものもいる。なお、台湾、香港、シンガポールから訪問した外国人宿泊客のなかには、商用目的の旅行者も存在しており、その訪問先は秋葉原電気街、かっぱ橋、アメヤ横丁などである。都内を除いた首都圏の観光地では、日光、富士山、鎌倉、東京ディズニーリゾートといった回答がみられた。そのほか、京都や大阪、高山、九州といった地域もあげられていた。

24）　2002〜2003年の2年間で山谷地域の簡易宿泊所を好意的にとりあげたおもな新聞記事の見出しとしては、以下のものがあげられる。①『歓迎外国人ご一行様』（2002年4月18日、産経新聞）。②『簡宿ホクホク需要これが外国人サポーターのマル得パックだ』（2002年5月26日、サンケイスポーツ）。③『イメージ一新、外国人サポーターに好評』（2002年5月28日、東京新聞）。④『山谷、「出張族のお宿」に』（2002年5月28日、朝日新聞夕刊）。⑤『W杯サポーターと山谷』（2002年6月17日、東京新聞）。⑥『食はコンビニ列車泊で節約』（2002年6月29日、東京新聞）。⑦『団体客受け入れへ簡易宿所連携』（2003年5月20日、読売新聞）。⑧『世界のSANYA外国人に人気定着』（2003年7月8日、産経新聞）。⑨『山谷の「簡宿」"外需" じわじわ』（2003年7月8日、産経新聞）。⑩『簡易旅館国際色豊か』（2003年12月5日、日本経済新聞）。

25）　施設14における外国人宿泊客の国籍の上位7ヶ国に注目して、年間訪日外国人旅行客数の推移をみると、韓国からの訪日外国人旅行客数は、1998年から

2008年までの10年間で約72万人から約238万人に,フランスが約7万人から約15万人に,アメリカが約67万人から約77万人に,イギリスが約18万人から約21万人に,ドイツが約9万人から約13万人に,タイが約4万人から約19万人に,オーストラリアが約12万人から約24万人に増加している(日本政府観光局JNTOのデータによる)。

〔参考文献〕

浅香幸雄・班目文雄・川合元彦1965.日本地誌集成第5巻東京都の地誌.光文館.

有村遊馬・松村嘉久・佐藤 有2009.アンケート調査からみた新今宮界隈の外国人個人旅行者の実態報告―国際ゲストハウス地域の創出に向けた活動報告その3.日本観光研究学会全国大会論文集24:341-344.

石澤 孝・小林 博1991.都市における宿泊施設の立地と推移―長野市を例として.東北地理43:30-40.

岩田正美2008.『社会的排除―参加の欠如・不確かな帰属』有斐閣.

大倉祐二2005.「非正規」型の雇用と「ホームレス」.都市文化研究6:18-32.

大崎 元・中島朋子・阪東美智子・義平真心2002.寄せ場型地域における地域再生とホームレスの人々への居住支援の可能性―その2 山谷・釜ヶ崎の地域比較.日本建築学会大会学術講演梗概集2002(F-1):1137-1138.

大薮寿一1980.あいりん地区の現状と問題点.人文研究(大阪市立大学)32:25-61.

岡崎まり・布野修司・山根 周2008.大阪市西成区あいりん地域(釜ヶ崎)における簡易宿泊所の変容に関する考察.日本建築学会大会学術講演梗概集2008(E-2):135-136.

加藤政洋2001.木賃宿街「釜ヶ崎」の成立とその背景.空間・社会・地理思想6:51-58.

金 玉実2009.日本における中国人旅行者行動の空間的特徴.地理学評論82:332-345.

佐藤大祐2009.観光.菅野峰明・佐野 充・谷内 達編『日本地誌5 首都圏1』143-149.朝倉書店.

佐野　充1979.漸移地帯の構成要素としてのブライト地域.青木栄一・白坂蕃・永野征男・福原正弘編『現代日本の都市化』55-70.古今書院.

佐野　充1988.都市地理学における解体地域の位置づけ.地理誌叢30（1）：18-24.

島　和博2001.労働市場としての釜ヶ崎の現状とその「変容」.人文研究（大阪市立大学）53（3）：23-49.

島　和博2009.ホームレス「問題」の過去と現在―「包摂―排除」論をこえて.森田洋司監修，森田洋司・矢島正見・進藤雄三・神原文子編『新たなる排除にどう立ち向かうか―ソーシャル・インクルージョンの可能性と課題』103-122.学文社.

城北労働福祉センター2003.『事業概要（平成15年度版）』城北労働福祉センター.

城北労働福祉センター2007.『財団法人城北労働・福祉センター事業案内（平成19年度版）』城北労働福祉センター.

高橋康浩・大月敏雄・安武敦子2001.山谷地域における簡易宿泊所の現状に関する基礎的研究.日本建築学会関東支部研究報告集（Ⅱ）72：1-4.

淡野明彦2004.『アーバンツーリズム―都市観光論』古今書院.

東京都台東区立教育研究所1964.『台東区地誌の研究』東京都台東区立教育研究所.

豊田　薫1994.『東京の地理再発見―誰が街を造ったか（下）』地歴社.

中山　徹・海老一郎2007.日雇労働市場の縮小過程と野宿生活者問題.高田敏・桑原洋子・逢坂隆子編『ホームレス研究―釜ヶ崎からの発信』34-67.信山社.

西澤晃彦1990.寄せ場労働者の社会関係とアイデンティティ―東京・山谷地域を事例として.社会学評論41：248-260.

丹羽弘一1992.「寄せ場」釜ヶ崎と「野宿者」.人文地理44：545-564.

丹羽弘一2002.寄せ場におけるジェンダー.地理47（2）：28-34.

原口　剛2003.「寄せ場」の生産過程における場所の構築と制度的実践―大阪・「釜ヶ崎」を事例として.人文地理55：121-143.

原口　剛2009.都市社会の分断を読み解く.竹中克行・大城直樹・梶田真・山村亜希編『人文地理学』47-64.ミネルヴァ書房.

ピアス，D.著，内藤嘉昭訳2001.『現代観光地理学』明石書店.

松崎裕介・十代田朗・津々見崇2005．外客誘致からみた東京の低廉宿泊施設に関する研究．観光研究16（2）：1-8．

松村公明1991．盛岡市中心市街地における宿泊施設の分布パターン．地域調査報告13：175-189．

松村公明1993．新潟市における宿泊産業の立地展開．地域調査報告15：57-66．

松村公明1996．仙台市における宿泊機能の立地特性．地学雑誌105：613-628．

松村嘉久2007．日雇と野宿のまち・釜ヶ崎を国際観光で再生する．地域開発515：30-36．

松村嘉久2009．大阪国際ゲストハウス地域を創出する試み．神田孝治編『観光の空間―視点とアプローチ』264-274．ナカニシヤ出版．

松村嘉久・濱中勝司2008．外国人個人自由旅行者の実態調査―釜ヶ崎の簡易宿所でのアンケートと聞き取り調査から．日本観光研究学会全国大会論文集23：117-120．

水内俊雄2001．地図・メディアに描かれた釜ヶ崎―大阪市西成区釜ヶ崎の批判的歴史地誌．人文研究（大阪市立大学）53（3）：151-186．

水内俊雄2004．都市のインナーリングをめぐる社会地理．水内俊雄編『シリーズ人文地理学5 空間の社会地理』23-58．朝倉書店．

水内俊雄2007．生活保護受給の激増と脱野宿生活者の地域居住の現状―釜ヶ崎から西成区全域をめぐって．高田敏・桑原洋子・逢坂隆子編『ホームレス研究―釜ヶ崎からの発信』68-88．信山社．

水内俊雄・加藤政洋・大城直樹2008．『モダン都市の系譜―地図から読み解く社会と空間』ナカニシヤ出版．

水内俊雄・福原宏幸・花野孝史・若松　司・原口　剛2002．西成差別の実態とインナーシティにおけるまちづくり―大阪市西成区を事例として．空間・社会・地理思想7：17-37．

山本薫子2008．『横浜・寿町と外国人―グローバル化する大都市インナーシティエリア』福村出版．

ロー，C. M. 著，内藤嘉昭訳1997．『アーバン・ツーリズム』近代文芸社．

6章 那覇市における宿泊施設型ゲストハウスの成立要因
―都市における新たな宿泊拠点の形成（2）―

鈴木富之

1. 本章の課題

　バブル経済崩壊後の1990年代半ば以降、日本における観光形態に変化が生じている。すなわち、①名所見物型から参加体験型・自己実現型に、②団体旅行から個人・夫婦・家族・小グループの旅行に、③周遊型観光から滞在型観光に、④他律的観光から自律型観光へと変化しつつある（米浪2008）。こうした状況下、小規模零細経営の宿泊施設では経営内容に変化が生じている。例えば、内川（2003）は、長野県飯山市の農家民宿において自然体験や農業体験が導入されたことを指摘している。一方で、2000年代以降には、訪日外国人旅行者が増加したことや日本において低廉な宿泊施設が少なくなったことなどを背景として「宿泊施設型ゲストハウス[1]」と呼ばれる低廉宿泊施設が出現するようになった（石川2014）。その魅力として、低廉な宿泊料金に加え、スタッフや他の宿泊客との交流があげられ（石川・山村2014）、豊富な観光資源を有する沖縄県、北海道、京都府などに宿泊施設型ゲストハウスが多数立地している[2]。

　日本における宿泊施設型ゲストハウスを地域的スケールで分析した研究は、①大都市内部に包括される日雇い労働者の生活空間「寄せ場」を対象とした研究と、②観光地域や国際空港周辺を対象とした研究に大別できる。

　①寄せ場の宿泊施設型ゲストハウスを対象とした研究として、松村（2007, 2009）や鈴木（2011）などがあげられる。松村（2007, 2009）は、大阪釜ヶ崎を事例として日雇い労働者向けの簡易宿泊所街（ドヤ街）から外国人旅行者向けの「国際ゲストハウス地域」への変容について論じた。同様の視点か

ら、鈴木（2011）は、東京山谷地域の簡易宿泊所街が外国人旅行者やビジネス旅行者向け低廉宿泊施設の集積地域に変貌しつつあることを指摘した。これらの研究では、バブル崩壊以降の寄せ場における日雇い労働者の生活空間の縮小と簡易宿泊所利用者の多様化が密接に関係することが明らかにされてきた。

一方、②観光地域や国際空港周辺地域の宿泊施設型ゲストハウスを対象とした研究として、助重（2010）や鈴木ほか（2010）などがある。宮古島を取り上げた助重（2010）は、2000年代以降に宿泊施設型ゲストハウスが急増したことを指摘し、その要因としてレンタカーの普及や宮古空港の新ターミナルの開設に伴う交通アクセスが改善されたことなどを挙げた。また、成田空港周辺地域における宿泊施設の多様化を論じた鈴木ほか（2010）は、外国人旅行者の受け入れに特化した宿泊施設型ゲストハウスの進出がみられていることを指摘している。これらの研究では、主に宿泊施設型ゲストハウスと交通アクセスの関連性について明らかにきた。

しかしながら、これらの研究は、離島の観光地域や国際空港周辺地域を対象としており、都市観光地域における宿泊施設型ゲストハウスの成立については明らかにされていない。都市観光地域は、多種類の都市機能や多様な交通網の結節点としての機能を有しており、これらが宿泊施設型ゲストハウスの成立と密接に関係すると考えられる。加えて、宿泊施設型ゲストハウスは、空き家や空きビルに新たに出店するケースが多く（石川・山村2014）、その経営者は地域外からの移住者や地元出身の帰郷者が多いと考えられる。そのため、ゲストハウスの成立要因を明らかにするためには、経営者のライフパスについても分析する必要がある。

本章では、沖縄県那覇市における宿泊施設型ゲストハウスの分布と経営的特徴を分析し、その成立要因について明らかにする。

本章における分析は、以下の通りである。2節では宿泊施設型ゲストハウスの案内書および沖縄県観光商工部提供資料をもとに、沖縄本島および那覇市における宿泊施設型ゲストハウスの分布パターンについて明らかにする。3節では、経営者を対象とした聞き取り調査をもとに、那覇市における宿泊

施設型ゲストハウス経営の特徴について分析する。ポーター（2005）は、企業の基本的戦略として、低コストを志向する「コスト・リーダーシップ戦略」、自社の製品およびサービスの差別化を図る「差別化戦略」、これらの戦略を踏まえて特定の顧客にターゲットを絞る「集中戦略」の3つを挙げている。宿泊業の場合、付帯施設や宣伝媒体を充実もしくは削減させたり、料金体系を高価もしくは安価に設定したりすることにより、特定の顧客にターゲットを絞るケースがみられている。本章では那覇市の宿泊施設型ゲストハウス経営の特徴を、①付帯設備、②宣伝媒体、③料金体系の3点から明らかにする。

次に、4節では、那覇市において宿泊施設型ゲストハウスが成立した要因について分析する。その際、第1に同市が持つ中心性や交通の結節点としての機能に注目する。東北地方における宿泊施設の分布パターンを論じた松村（1994）は、ホテルが地方中心都市に集積した要因として、その都市が持つ都市機能の中心性や、新幹線の開業に伴う交通の結節点としての役割の強化を挙げている。本章においても、宿泊施設型ゲストハウスの集積と、那覇市が有するさまざまな都市機能や島内外への交通アクセスとの関連性について論じることとする。第2に、経営者のライフパスに着目する。優れた自然環境を有する沖縄県では、県外出身の移住者が宿泊施設やダイビングショップなどの小規模な観光業者を開業するケースがみられている（宮内1998a；助重2010）。同様に、島外就職を経験した後に帰郷し、島内で新たに観光業を経営する者も出現している（宮内1998b）。

これらを踏まえて、本章では、主に県外出身経営者の移住や県内出身経営者の帰郷のプロセスに注目し、聞き取り調査をもとに彼らが宿泊施設型ゲストハウスを開業した要因について明らかにする。

聞き取り調査については、宿泊施設型ゲストハウスをランダムに抽出し、そのうち調査協力を得られた9軒を対象として行った。那覇市には、43軒の宿泊施設型ゲストハウスが立地しているが（次節参照）、調査対象施設は全体の21％に留まっている。そのため、定量分析の視点からみると、調査結果は限定的であると考えられる。しかしながら、本章では、宿泊施設型ゲストハウス経営の特徴や、県外出身経営者および県内出身経営者のライフパ

スなど、定性的なデータの取得に重点を置いている。こうしたデータを取得するためには、事例施設を抽出し、聞き取り調査を詳細に行うことが有効であると考えられる。聞き取り調査は2009年6月の1週間に行い、主な調査項目は経営に関する内容（開業年次、料金体系、設備、客層など）と経営者に関する内容（経営者のライフパス、開業理由、出店場所の選定理由など）である。

　調査対象地域である沖縄県那覇市には、行政機能や業務機能、商業機能などのさまざまな都市機能が集積しており、同市は地方中核都市として位置づけられる。人口は約31万人であり、同市は県内屈指の人口集積地域を形成している。また、那覇空港、泊ふ頭旅客ターミナルビル（とまりん）、那覇バスターミナル、ゆいレール（沖縄都市モノレール線）などの公共交通機関が立地しており、沖縄本島各地や離島への玄関口として機能している。一方で、首里城や識名園などの世界文化遺産や、国際通りや牧志公設市場などの商業集積地域があり、毎年多くの観光客が那覇市を訪れる。2000年代以降、数多くの宿泊施設型ゲストハウスが進出しており、観光客およびビジネス客の新たな宿泊拠点として機能している。

2. 那覇市における宿泊施設型ゲストハウスの分布

1）宿泊施設型ゲストハウスに関する資料の選定

　ここでは、沖縄本島および那覇市における宿泊施設型ゲストハウスの分布パターンを把握するための資料について検討する。第1に、宿泊施設型ゲストハウスの紹介記事やその一覧表を掲載した低廉宿泊施設の案内書を3冊用いる（林檎プロモーション2008；安宿沖縄編集部2009：LOFT BOOKS 2009）。まず、沖縄本島や離島の情報を網羅した林檎プロモーション（2008）は、「特選！　沖縄ゲストハウス」と題した特集記事を組んでおり、巻末にはゲストハウスを含めた宿泊施設一覧も掲載している。次に、安宿沖縄編集部（2009）は、沖縄県内の低廉宿泊施設を特集した案内書であり、これらをホテル、旅館、民宿、ペンション、ゲストハウス、ホステルなどに分けて紹介している。

さらに、LOFT BOOKS（2009）は、日本の低廉宿泊施設を民宿、ペンション、ゲストハウスなどに分けて紹介している。本章では、これら3冊の低廉宿泊施設案内書においてゲストハウスとホステルとして掲載されている宿泊施設を「宿泊施設型ゲストハウス」とした。

第2に、2009年に沖縄県観光商工部から入手した宿泊施設の一覧表提供資料を用いることとする。この資料は、沖縄県の宿泊施設をホテル・旅館、ペンション・貸別荘、民宿、ドミトリー・ゲストハウスなどに分類し、市町村ごとに掲載している。本章では、この資料に掲載されているドミトリー・ゲストハウスも前出の「宿泊施設型ゲストハウス」に含めた。

2）宿泊施設型ゲストハウスの分布

上記4つの資料をもとに、沖縄本島の宿泊施設型ゲストハウスの分布特性

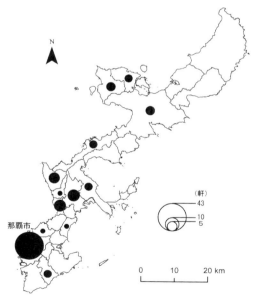

図6-1　沖縄本島における宿泊施設型ゲストハウスの分布（2009年）
（林檎プロモーション（2008）、安宿沖縄編集部（2009）、LOFT BOOKS（2009）、沖縄県提供資料により作成）

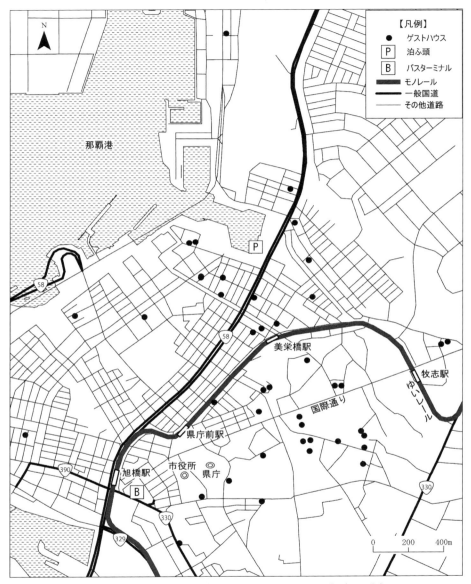

図6-2　那覇市における宿泊施設型ゲストハウスの分布（2009年）
（林檎プロモーション（2008）、安宿沖縄編集部（2009）、LOFT BOOKS（2009）、沖縄県提供資料により作成）

を示したものが図6-1である。これによると、宿泊施設型ゲストハウスは沖縄本島の中心都市である那覇市（43軒）に局地的に集積していることがわかる。次いで、本島中部に位置する沖縄市、北谷町（各7軒）、読谷村（6軒）、北部に位置する名護市、本部町（各4軒）に分布している。

また、図6-2は那覇市における宿泊施設型ゲストハウスの分布を示したものである。これによると、那覇市内の宿泊施設型ゲストハウスは、概ね国際通りから2km以内に立地している（写真6-1）。とくに、国際通り以南の地域、県庁や市役所の周辺地域、ゆいレール

写真6-1　国際通りの周辺部に設置された宿泊施設型ゲストハウスの看板（2009年）
（鈴木撮影）

美栄橋駅から泊ふ頭にかけての地域に集中している。

3. 那覇市における宿泊施設型ゲストハウス経営の特徴

本章では、経営者を対象とした聞き取り調査をもとに、那覇市における簡易宿泊所型ゲストハウスの特徴を、付帯設備、宣伝媒体、料金体系の3点から述べる（表6-1）。

まず、宿泊施設型ゲストハウスにおける設備の特徴についてみると、空き店舗や事務所、空き家、倉庫として利用されていた建物を改修・改築して開業するケースがみられる（写真6-2）。これらの経営者の多くは、県外からの移住者や県内出身の帰郷者であるため、建物の一部が彼らの住居としての役割を果たしている例もみられる。客室の種類として、主に相部屋の階層式ベッドに宿泊するドミトリー（写真6-3）とプライバシーが確保された個室などがある。

表6-1 那覇市における宿泊施設型ゲストハウスの諸特徴（2009年）

施設番号	開業年次（年）	ドミトリー宿泊料金（円）	個室宿泊料金（円）	従前の建物利用	経営者の居住空間	主な付帯設備	主なサービス	観光客とビジネス客の比率	日本人客と外国人客の比率
1	1998	1,500	3,000	家具店	○	Ki, PC, LA	Ba, Bf	100 : 0	70 : 30
2	1999	1,000	3,000	ラブホテル	○	Ki, PC, LA	RC, Ev, MA	100 : 0	70 : 30
3	2001	1,500	2,500	事務所	○	ki, PC, LA	RC, Ev	100 : 0	95 : 5
4	2004	1,500	2,500	銀行	×	LA	RC, Ev	100 : 0	95 : 5
5	2006	1,500	2,000	事務所，スナック	×	PC, LA	なし	65 : 35	95 : 5
6	2006	1,500	2,500	書店	×	PC, LA	RC, Ev	100 : 0	95 : 5
7	2006	2,200	3,500	民宿，倉庫	×	PC, LA	RC, Bf	70 : 30	70 : 30
8	2007	1,500	2,000	学習塾	○	Ki, PC	RC, Ba	100 : 0	80 : 20
9	2007	1,500	2,500	一軒家	○	PC, LA	なし	75 : 25	100 : 0

［凡例］（主な付帯設備）　Ki：炊事場　PC：インターネット用パソコン　LA：無線LAN
（主なサービス）　RC：自転車の貸出　Ba：酒場　Ev：イベントの開催　Bf：朝食の提供
MA：シュノーケル、パラソル、釣り道具などの貸出

（聞き取り調査により作成）

写真6-2　配膳用エレベーターを再利用したトイレ（2009年）
（鈴木撮影）

写真6-3　ドミトリー（2009年）
（鈴木撮影）

写真6-4　ゆんたくスペース（2009年）
（鈴木撮影）

また、宿泊施設型ゲストハウスには、スタッフや他の宿泊客との対話の場となる交流スペース（ゆんたくスペース[3]、写真6-4）やロビーが併設されている。例えば、観光客がほとんどを占める施設1・2・8では、スタッフや他の宿泊客との交流が盛んであり、ギターや漫画（施設2）、ダーツ（施設8）などが置かれていたり、一緒に食事をとったりするケースもみられる。施設1～3・8には、宿泊客が利用できる炊事場があり、ここでスタッフや他の宿泊客と食事をつくることもある。また、施設2～4・6はバーベキューパーティなどのイベントを行うこともある。施設1・8では、酒場（バー）が併設されており、ここもスタッフや他の宿泊客との交流の場となっている。このほか、波の上ビーチに近接する施設2では、シュノーケル、パラソル、釣り道具などの貸出が行われている。さらに、県内の観光地に関するパンフレットや他地域のゲストハウスに関するチラシなどが交流スペースやロビーに置かれたり、備え付けのパソコンや無線LANといったインターネット環境も概ね整備されたりするなど、宿泊施設型ゲストハウスは情報交換の場として機能している。

　次に、日本人客が大半を占める宿泊施設型ゲストハウスでは、主な宣伝予約媒体として、公式ホームページ、「楽天トラベル」や「じゃらんnet」などの宿泊予約Webサイト、林檎プロモーション（2008）や安宿沖縄編集部（2009）、LOFT BOOK（2009）などのガイドブックがある。一方で、施設1・2・7では、公式ホームページが英語で併記されていたり、「Hostelworld.com」などの海外の宿泊予約Webサイトや『Lonely Planet』などの海外のガイドブックへの掲載がなされたりしているため、外国人客が全体の3割程度を占めている。とくに、施設2のホームページでは、中国語や韓国語による標記がなされており、多様な国籍の外国人客が訪れている。

　最後に、宿泊施設型ゲストハウスの料金体系についてみると、ドミトリーの1泊素泊まりの宿泊料金は1,000～2,200円、個室の料金は2,000～3,500円であり、那覇市内に立地するホテルよりも安価で利用することができる。さらに、宿泊施設型ゲストハウスには、長期滞在者を対象とした料金プランが設定されており、短期賃貸マンションのような形態でも利用され

る。例えば、通常1泊1,000円である施設2のドミトリーでは、ウィークリー料金は6,500円、マンスリー料金は25,000円である。

　このように、宿泊施設型ゲストハウスは、予約・宣伝媒体としてのホームページや宿泊料金の低廉化により、長期滞在者をはじめとする低予算志向の個人自由旅行者をターゲットとしている。また、交流スペースを設置することにより、スタッフや他の宿泊客との交流を求める旅行者の受け入れにも積極的である。

4. 那覇市における宿泊施設型ゲストハウスの成立要因

　本節では、那覇市において宿泊施設型ゲストハウスが成立した要因について、①那覇市が持つ中心性と交通の結節点としての機能、②県外出身者の移住と県内出身者の帰郷の2点に注目して明らかにする。

1）中心地と交通の結節点としての那覇市

　那覇市は前述のように、沖縄県の中心都市としての機能を有しており、なかでも国際通りに隣接する地域にさまざまな都市機能が集積している。まず、国際通りの西部には、沖縄県庁や那覇市役所、官公庁などの行政機能が立地している（図6-2）。また、那覇市都心部を横断する国道58号線沿いには、1950年代半ばから1970年代前半までの戦災復興土地区画整理事業や1972年の沖縄本土復帰を契機として、県外資本企業の営業所をはじめさまざまなオフィスビルが集積し、業務地域が形成されている（野木1997）。こうした状況下、これらの地域に出張するビジネス客の宿泊需要が見込めたため、宿泊施設型ゲストハウス（ビジネス客が多い施設5・7・9）が国際通りの周辺地域に集積したと考えられる。一方で、国際通りや隣接する牧志公設市場には、土産店や観光客向けの飲食店などからなる商業集積地域が形成されている。これらの地域は、沖縄本島を訪れる観光客にとって重要な訪問地となっている。そのため、宿泊施設型ゲストハウスの経営者は、こうした観光客の宿泊需要を見込んで、国際通りに近接する地域に出店したと考えられる。

また、那覇市には那覇空港が立地しており、沖縄本島への玄関口として機能している。とくに人口集積地域を有する関東地方や近畿地方、中部地方との結びつきが強く、これらの地域から多くの観光客が訪れている。加えて、同市は県内の離島への玄関口としての機能も有している。那覇空港には石垣島、宮古島、久米島、北大東島、南大東島、与那国島行きの航空機が、泊ふ頭ターミナルビルには渡嘉敷島、座間味島、阿嘉島、粟国島、久米島、渡名喜島、北大東島、東大東島行きの船舶が往来している。これらを利用する渡航者の前後泊需要を見込めたことも、宿泊施設型ゲストハウスが急増した要因の1つと推測される。

　さらに、那覇市では、2003年のゆいレールの開業に伴い、その沿線にレンタカー業者が複数立地したり、レンタカーの台数を増加したりするようになり[4]、沖縄本島を巡る観光客によるレンタカーの利用が増加したことが指摘できる。那覇市外への鉄道交通網を持たない沖縄本島では、個人自由旅行者の移動手段はレンタカーに依存しており[5]、その営業所が多数立地する那覇市の拠点性がさらに高まったといえる。これにより、ゆいレール沿線において宿泊需要が高まり、この時期に那覇市内で宿泊施設型ゲストハウスの集中がみられるようになったと考えられる。

2）県外出身経営者の移住と県内出身経営者の帰郷

(1) 県外出身経営者の移住

　次に、県外出身の移住者の存在が挙げられる。県外出身の経営者は7人中5人を占めており、その出身地をみると東京県、神奈川県、埼玉県、大阪府など大都市圏が多い（表6-2）。こうした経営者の特徴として、開業以前に沖縄本島への訪問歴があり、同地域への憧れや愛着を持っていることが指摘できる。

　施設1の経営者（30代）は、自衛隊への入隊や家業の手伝いを経て、沖縄に移住した。沖縄の生活に魅力を感じたため、半年後に那覇市内でバーを開業した。その後、1998年に波の上ビーチに近接する借家で宿泊施設型ゲストハウス（個室2室とドミトリー1室）とバーを開業した。当時、那覇市内に

表6-2 宿泊施設型ゲストハウス経営者の開業理由および出店場所の選定（2009年）

施設番号	出身地	最終学歴卒業	前住地	ゲストハウス開業の理由	出店場所の選定
1	東京都	東京都	東京都	沖縄に安い宿が少なかった。	那覇に安宿が少なかった。
2	大阪府	大阪府	大阪府	建物の所有者にゲストハウス経営を進められた。	波の上ビーチに近い。賃料が安い。
3・4・6	福岡県	福岡県	福岡県	沖縄を旅行した際に、ゲストハウス経営に関心を持った。	泊航客ターミナルビルに近い。賃料が安い。
5	沖縄県	東京都	東京都	自社ビルの有効活用。	自社ビルの有効活用。
7	神奈川県	神奈川県	東京都	他のゲストハウスで住み込みで働いたことがあった。	沖縄への憧れ。那覇に宿泊する観光客が多い。
8	沖縄県	沖縄県	大阪府	帰郷した際に、仕事がなかった。手っ取り早く開業することができる。	国際通りに近い。那覇に宿泊する観光客が多い。たまたまいい物件があった。
9	埼玉県	埼玉県	埼玉県	移住した際に、仕事がなかった。ダイビングショップや飲食店を開業しようとしたが、免許が必要だったため、ゲストハウスの経営を選択した。	観光で沖縄に来て、魅力を感じたため。

注）施設3の経営者は、施設4・6も経営している。

（聞き取り調査により作成）

は安宿がほとんど立地していなかったため、宿泊施設型ゲストハウスの開業を選択した。2001年になると、これらの店舗を国際通りの周辺部に移転した。

　また、施設3・4・6の経営者（40代）は、5年間地元福岡の不動産会社に勤務した後に、退職し、民宿やアパートを拠点として1年間沖縄を放浪した。その後、福岡に戻り、さまざまな職業を経験した。ゲストハウスの開業前には、再び1年間沖縄を放浪した。その際に、この経営者は宿泊施設型ゲストハウスに宿泊し、その経営に関心を持ったため、施設3・4・6を開業した。同様に、施設7の経営者（30代）は、東京の旅行会社と自動車メーカーを経て、沖縄で宿泊施設型ゲストハウスのアルバイトを経験した。この経営者は沖縄への憧れを持っていたため、施設7を開業した。一方、施設2の経営者（20代）は、勤めていた洋服店を退職した後に、沖縄県を旅行し、施設7に滞在した。その際、施設7の所有者と親しくなり、その経営を任されるようになった。

　施設9の経営者（30代）は、埼玉県で自動車販売業や自動車整備工場に従事していた。当時、スキューバダイビングを目的として頻繁に沖縄を訪れており、これを通じて現地に友人ができるようになった。こうした友人の存在と沖縄の魅力により、この経営者は那覇市への移住を決断した。しかしながら、仕事がみつからなかったため、施設9を開業した。当初、ダイビングショップや飲食店の開業を検討したが、これらは免許やスキルを必要とするため、宿泊施設型ゲストハウスの開業に方針転換をした。

　このように、県外出身経営者は、沖縄における長期滞在経験やアルバイト

経験、共通の趣味を持つ友人の存在などにより、沖縄への憧れや愛着を強く抱くようになり、那覇市で宿泊施設型ゲストハウスの開業を選択したと考えられる。

(2) 県内出身者の帰郷

最後に、県外就労を経験した沖縄県への帰郷者の存在が指摘できる。県内出身の宿泊施設型ゲストハウス経営者は7人中2人である。まず、施設5の経営者（40代）は県内の高校を卒業し、東京の大学に進学した。その後、都内のインテリア会社に就職したが、父親が経営する不動産会社を継ぐことになった。その際、2006年に自社ビルの有効活用を目的として施設5を開業した。一方、施設8の経営者（40代）は県内の中学を卒業した後に、大阪府の建設会社に就職した。その後、2006年に両親の加齢と故郷への愛着を理由として地元の沖縄市に帰郷し、翌年に施設8を開業した。宿泊施設型ゲストハウスを開業した理由として、帰郷した際に仕事がなかったことや素早く開業できたことを挙げている。

5. 本章の結論

本章では、那覇市における宿泊施設型ゲストハウスの立地と特徴、その成立要因について明らかにしてきた。その結果は、以下のようにまとめることができる。

①宿泊施設型ゲストハウスは、沖縄本島の中心都市である那覇市に集中している。その分布をみると、国際通りからおよそ2km圏内に集積しており、国際通り以南の地域、県庁や市役所の周辺地域、ゆいレールの美栄橋駅や泊ふ頭の周辺地域で多くみられることがわかった。

②宿泊施設型ゲストハウスには、予約・宣伝媒体としてのホームページの活用や宿泊料金の低廉化により、低予算志向の個人自由旅行者をターゲットとしている。また、交流スペースやロビーには、観光に関するパンフレットやチラシなどが置かれたり、備え付けのパソコンや無線LANといったイン

ターネット環境が整備されたりするなど、宿泊施設型ゲストハウスは情報交換の場として機能している。なかにはスタッフや他の宿泊客との交流の場となっているものもある。

③那覇市において宿泊施設型ゲストハウスが発展した要因として、第1に那覇市が有するさまざまな都市機能と交通の結節点としての機能が指摘できる。第2に、県外出身の移住者の存在と県内出身の帰郷者の存在が指摘できる。まず、県外出身経営者は、沖縄での長期滞在経験やアルバイト経験、共通の趣味を持つ友人の存在などにより、沖縄への憧れや愛着を強く抱くようになり、那覇市で宿泊施設型ゲストハウスの開業を選択したと考えられる。一方、県内出身の経営者は、家業の継承や両親の加齢、故郷への愛着などを理由として、沖縄県に帰郷し、宿泊施設型ゲストハウスを開業したと推測される。

〔注〕
1) 日本のゲストハウスは、宿泊機能を備えた「宿泊施設型ゲストハウス」(石川・山村2014)と居住機能を備えた「居住型ゲストハウス」(石川・山村2010)に分類できる。本章では、「旅館業法に基づいた簡易宿所営業許可を受け、ドミトリーと個室を主体とする客室を有し、交流スペースやシャワールーム、トイレなどの共用設備を備えた1泊3,000円台以下の観光客向け低廉宿泊施設」を「宿泊施設型ゲストハウス」とする。
2) 全国の特徴的な低廉宿泊施設の案内書であるLOFT BOOKS (2009) において、「ゲストハウス」と「ドミトリー」として掲載されている宿泊施設は大都市からの遠隔地に立地し、数多くの観光資源を有する沖縄県や北海道に集積している。次いで、京都府に多く立地しており、同地域では町家を活用した施設がみられる。
3) 「ゆんたく」とは、沖縄の方言で「おしゃべり」のことである。
4) 2000年代以降における沖縄県内におけるレンタカー台数の増加に関する記事として、以下が挙げられる。①『レンタカー過去最多』(2001年8月17日、沖縄タイムス)、②『観光好調でレンタカー1万1000台突破』(2004年1月14日、沖縄タイムス)。

5) 沖縄本島観光におけるレンタカーへの依存を指摘した新聞記事として、以下がある。①『沖縄の観光③ 移動手段 レンタカーが圧倒的』(2000年5月19日、沖縄タイムス)、②『県の航空乗客アンケート 観光客6割リピーター 進む個人旅行化』(2004年6月19日、沖縄タイムス)、③『03年度県リゾート局調べ 観光客の半数はレンタカー利用』(2004年6月26日、沖縄タイムス)。

〔参考文献〕
石川美澄2014．国内におけるゲストハウス台頭の社会背景に関する考察—質問紙調査を基に．日本国際観光学会論文集．21：99-104．
石川美澄・山村高淑2010．「居住型ゲストハウス」居住者の住まい方に対する意識と休日の過ごし方—居住者間交流を視点とした考察．生活學論叢16：27-38．
石川美澄・山村高淑2014．宿泊施設型ゲストハウスの経営実態と特徴に関する一考察．開発こうほう607：30-34．
内川 啓2003．長野県飯山市太田地区における民宿地域の変容．総合観光研究2：19-30．
米浪信男2008．『現代観光のダイナミズム』同文舘．
助重雄久2010．宮古島における小規模宿泊施設の急増と多様化．平岡昭利編『離島研究Ⅳ』125-140．海青社．
鈴木富之2011．東京山谷地域における宿泊施設の変容—外国人旅行客およびビジネス客向け低廉宿泊施設を対象に—．地学雑誌120：466-485．
鈴木富之・中村文宣・池田真利子・福田 綾・長坂幸俊・山下清海2010．成田空港周辺におけるインバウンド観光の地域特性—宿泊施設の経営と外国人旅行者行動の分析を通じて—．地域研究年報32：135-165．
野木大典1997．那覇市都心部における業務地域の形成過程．人文地理49：276-288．
ポーター，M. E. 著，土岐 坤・中辻萬治・服部照夫訳2005．『新訂 競争の戦略』ダイヤモンド社．
松村公明1994．東北地方における宿泊機能の地域的特性．人文地理学研究18：19-36．

松村嘉久2007．日雇と野宿のまち・釜ヶ崎を国際観光で再生する．地域開発515：30-36．

松村嘉久2009．大阪国際ゲストハウス地域を創出する試み．神田孝治編『観光の空間―視点とアプローチ』264-274 ナカニシヤ出版．

宮内久光1998a．人口増加島嶼地域・沖縄県座間味村における県外出身者の存在形態．地理科学53：283-296．

宮内久光1998b．島嶼地域におけるダイビング観光地の形成と人口現象―沖縄県座間味村を事例として．琉球大学法文学部人間科学科紀要1：299-335．

安宿沖縄編集部2009．『安宿沖縄（09～10年版）』芸文社．

林檎プロモーション2008．『沖縄・離島情報平成20年夏秋号』林檎プロモーション．

LOFT BOOK 2009．『新・ニッポン放浪宿ガイド250』イースト・プレス．

第 II 部
旅行者の趣味嗜好に寄り添ったオルタナティブ・ツーリズム（ニューツーリズム）の展開

震災遺構「奇跡の一本松」（岩手県陸前高田市，2024年）
（鈴木富之撮影）

7章　沖縄本島北部および伊江島における受け入れ組織からみた民泊体験事業の成立要因
―「文化観光」としての民泊体験事業―

鈴木富之・柳　銀珠

1. 本章の課題

1）研究の背景と目的

　バブル経済が崩壊した1990年代以降、日本では観光振興のあり方が、それまでの大量輸送と画一的な観光開発を主体とした「マス・ツーリズム Mass Tourism」から、観光旅行者の趣味・嗜好に特化しテーマ性の高い「オルタナティブ・ツーリズム Alternative Tourism」へと徐々に移り変わっている（呉羽2011）。この観光形態は、観光庁が推奨する「ニューツーリズム」とも呼ばれている。これらに包括される観光形態は、文化観光（文化資源の観覧やその体験など）やグリーンツーリズム（農林漁業体験）、産業観光（産業遺産や工場見学など）、スポーツツーリズム（スポーツ合宿やスポーツイベントの誘致）、エコツーリズム（自然環境の保全を考慮に入れた観光）、ヘルスツーリズム（健康増進を目的とした観光や医療観光）、フードツーリズム（食や食文化を楽しむ観光）など多岐にわたっており、それらの重要なキーワードは「参加・体験」「交流」「学習」などである（鈴木2020）。本稿で取り上げる沖縄県の民泊体験事業も、修学旅行生などが受け入れ民家で宿泊体験による交流をしながら、琉球・沖縄文化の学習・体験や農業体験を行うことができる観光形態として注目を集めている。

　本稿で取り上げる沖縄本島北部および伊江島の民泊体験事業に関する研究として、受け入れ組織の1つである伊江島観光協会を対象として同事業の効果と組織運営を網羅的に分析した加藤ほか（2015）、東村・大宜味村・国頭

村の受け入れ民家へのアンケート調査を通じて同事業の課題を整理した中村ほか（2016）がある。加藤ほか（2015）は、民泊体験事業の経済的な効果として雇用機会が少ない島内における収入源や伊江島観光協会の雇用の増加、食事の準備や送迎などによる食料品やガソリンなどの消費の増加、村営フェリー利用者の確保などを指摘している。加えて、社会的な効果として、受け入れ民家にとって修学旅行生との交流が生き甲斐となっていること、住民同士のコミュニケーションが活性化されていることなどが挙げられた。一方、伊江島観光協会による民泊体験事業の運営は「伊江島方式」と呼ばれており、その特徴として①受け入れ民家が修学旅行生を家族として接すること、②民泊体験事業は受け入れ民家の副業にとどめておくこと、③民泊体験事業を利用する学校団体からの体験料の支払いを前払いで行うことなどが指摘されている。一方、中村ほか（2016）は、受け入れ民家における民泊体験事業の課題として、①学校側の要望がわかりづらい、準備に負担を感じる、修学旅行生への教え方が難しいなど受け入れ民家による体験プログラムの実施方法や、団体生活になじめない修学旅行生のメンタル的な対処方法に関する悩みがあること、②生死に関わるようなアレルギーを持つ修学旅行生の情報が学校や旅行代理店、受け入れ組織などで共有されていない事例があったこと、③前年度の引率者から新しい引率者に交代してしまい、引き継ぎが十分に行われていない事例があったことなどが挙げられている。

　加藤ほか（2015）は地域内における受け入れ組織の取り組みを、中村ほか（2016）は複数の受け入れ組織の民泊体験事業における修学旅行生の受け入れ時および民泊体験事業の制度的・体制的な課題を詳細に分析しているが、修学旅行生の訪問地や他の受け入れ組織との関係は明らかにされていない。

　大量の生徒が広範囲に移動する修学旅行などの学校団体の教育旅行を分析する場合、これらの団体が民泊に宿泊しながらどこを訪問するのか、またいかにして受け入れ組織が他地域との連携を図りながら民泊体験を維持しているかを広域的なスケールで分析する必要がある。

　そこで、本稿の目的は、沖縄本島北部および伊江島を対象として、受け入れ組織からみた民泊体験事業の受け入れ態勢を明らかにし、広域的なスケー

ルで民泊体験事業が成立した要因を考察することである。

　本稿で沖縄本島北部および伊江島の受け入れ組織を研究対象とする理由として、第1に、伊江島や東村などが先駆的に民泊体験事業に取り組んだ地域の1つであり、かつ民泊体験事業と競合関係にあるリゾートホテル集積地の恩納村を除き、沖縄本島北部と伊江島の全市町村に民泊体験事業の受け入れ組織が存在していることが挙げられる。第2に、沖縄本島の南部や中部では、業務機能や商業機能が卓越する那覇市や米軍基地が立地する沖縄市など市街地が連続的に拡大する「沖縄コナベーション」(堂前1997)が形成されているのに対し、沖縄本島北部や伊江島には優れた自然環境が残存していることが指摘できる。これらの地域には水質が良い海水浴場が点在している。沖縄本島の北部には「やんばるの森」と呼ばれる森林などが立地し、ヤンバルクイナやノグチゲラなどの貴重な動植物も生息している。加えて、サトウキビやパイナップルをはじめ、亜熱帯海洋性気候を活かした農業も行われている。民泊体験事業の受け入れ組織や受け入れ民家は、これらの自然環境や農業を活かした多種多様な体験プログラムの開発を行っている。

　なお、2020年の新型コロナウイルスCOVID-19の流行に伴い、沖縄本島北部および伊江島の民泊体験事業は一時的に大きな打撃を受けたが、本調査は2019年以前に行われたため、本稿ではその影響を受ける以前の動向を分析する。

2）データ

　沖縄本島北部には民泊体験事業に関する受け入れ組織が10団体、伊江島には受け入れ組織が2団体存在していることが確認できた（後掲の図7-3参照）。本研究では、これら12団体を対象として対面で聞き取り調査を実施した。NPO法人おおぎみまるごとツーリズム協会（大宜味村）の調査日は2017年2月10日、伊江島観光協会（伊江村）が同年2月12日、国頭村観光協会（国頭村）が2019年3月13日、有限会社タマレンタ企画（2019年に有限会社T M.Planningに改称、伊江村）が同年3月17日、羽地民泊推進協議会（名護市）とNPO法人東村観光推進協議会（東村）が同年3月18日、今帰仁村

観光協会（今帰仁村）が同年3月19日、久志地域交流推進協議会（名護市）とネイチャーみらい館（金武町）が同年3月20日、宜野座村観光協会（宜野座村）が同年7月9日である。沖縄本島北部および伊江島に限定すると、有限会社タマレンタ企画は古宇利島や屋我地島などに展開する受け入れ組織「北半島地区民家体験泊」（今帰仁村・名護市）を運営し、株式会社こころと合同会社健堅にそれぞれ「伊江島民家体験泊」（伊江村）と「本部民家体験泊」（本部町）を委託している。これら3団体の予約センターとしての機能を持っていることから、有限会社タマレンタ企画ではこれらの3つの受け入れ組織に関する聞き取り調査を行った。

主な調査内容は、修学旅行生など学校団体の受け入れ態勢に関する項目（受け入れ民家の軒数、修学旅行生が多い時期、入村式や離村式などの実施場所、受け入れ民家などが提供している体験プログラム、修学旅行生向けマニュアルの有無など）、民泊の前後における学校団体の主要な訪問地、他地域の受け入れ組織との連携の状況などである。

2. 沖縄本島北部および伊江島における修学旅行生を対象とした民泊体験事業の受け入れ態勢

本章では、沖縄本島北部および伊江島を対象として、主たる客層である修学旅行生を対象とした民泊体験事業の受け入れ態勢について分析する。

受け入れ組織では、宿泊客のほとんどが中高生の修学旅行を中心とした学校団体である[1]（写真7-1）。修学旅行は特定の時期に集中する傾向にある。例えば、2016年度の伊江島観光協会の民泊体験事業における修学旅行生などの月別受け入れ校数をみると、中学生は4〜6月に、高校生は10〜12月に集中している（図7-1）。この時期に集中する理由として、航空運賃が高騰する繁忙期の7〜8月を避けていることや、中学生は3年次に修学旅行を行うことが多いことから高校受験のシーズンを避けていることなどが考えられる。受け入れ組織や受け入れ民家は主にこれらの時期を中心に宿泊客への対応を行っている。

写真7-1　伊江島で民泊を行った修学旅行生（2019年）
（鈴木撮影）

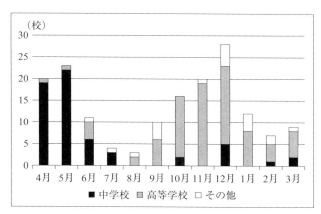

図7-1　伊江島観光協会の民泊体験事業における月別受け入れ校数
（2016年度）
（伊江島観光協会の提供資料により作成）

1）入村式と離村式の実施

　民泊体験の初日には、受け入れ組織の担当者や受け入れ民家の住民、修学旅行生が集合し、入村式が行われる。ここで、受け入れ側や学校側からの挨拶などが行われたあと、修学旅行生は自らが宿泊する受け入れ民家の住民の前に整列し、お互いの自己紹介を行う。一方、最終日の離村式では受け入れ

写真7-2 伊江島におけるフェリーの見送り（2017年）
（鈴木撮影）

写真7-3 修学旅行生の寄せ書きの色紙や手紙（2017年）
（鈴木撮影）

側や学校側からの挨拶が終わったあと、修学旅行生が受け入れ民家と別れの挨拶をする。修学旅行生と受け入れ民家の住民が涙を流すこともある。伊江島では、伊江島観光協会の職員や地元住民らがフェリーで帰路に就く修学旅行生に手を振り、見送る様子もみられる（写真7-2）。また、修学旅行生は帰宅後に受け入れ民家に寄せ書きの色紙や手紙、ビデオレターが収録されたDVDなどを送ることもある（写真7-3）。

　入村式や離村式は公共施設で行われる。国頭村観光協会では国頭村総合体育館、くにがみ室内運動場、国頭陸上競技場が、NPO法人おおぎみまるごとツーリズム協会では大保ダム資料館（ぶながや館）や村内の小中学校が、NPO法人東村観光推進協議会と久志地域交流推進協議会では東村営体育館

が利用される。後述するように、これらの4団体は分宿体制を確立しており、予約時に窓口になった町村の会場を提供することになっている。分宿体制が確立しているネイチャーみらい館と宜野座村観光協会は、前者のピロティなどで実施している。同じく分宿を行っている有限会社タマレンタ企画「北半島地区民家体験泊」と羽地民泊推進協議会はほとんどが古宇利公民館で行われているが（8割程度）、屋我地公民館や名護市役所羽地支所でも実施される。伊江島観光協会と株式会社こころの「伊江島民家体験泊」は、フェリーで入島後にそのまま伊江港で実施している。今帰仁村観光協会の入村式や離村式は今帰仁村中央公民館や今帰仁村総合運動公園村民体育館、今帰仁村コミュニティセンター、リゾートホテルベルパライソビーチ、今帰仁城跡などさまざまな場所で行われる。合同会社健堅の「本部民家体験泊」は、同社の拠点である旧本部小学校健堅分校の体育館などで実施されている。

2）受け入れ民家による体験プログラムの実施

　入村式終了後、修学旅行生は受け入れ民家の住民の自家用車で、各家庭に向かい、ここで宿泊体験をする。受け入れ民家は1軒あたり3〜6名程度の生徒を受け入れている。このような少人数の生徒を受け入れる理由として、①受け入れ民家の住民が生徒に観光案内や入村式後と離村式前の送迎などをする際に自家用車を使用するため、その定員以内にしなければならないことや、②生活指導の観点から受け入れ民家の住民による生徒への目が届くようにすることなどが挙げられる。また、教員は各受け入れ民家にいる生徒たちの様子をみるため、夜間に受け入れ組織が所有する自動車もしくはレンタカーなどで巡回することも多い。

　民泊の実施期間中、修学旅行生は受け入れ民家の住民が考えたさまざま体験プログラムを実行する。一般的には、島野菜の植え付けや畑づくり、草刈り、サトウキビやシークヮーサーの収穫体験などの農業体験や、三線（さんしん）や舞踊体験、サーターアンダギーや伊江島の特産品である紅芋ぷるぷる（紅芋などを乾燥させたものであり、油で揚げてチップスにし砂糖もしくは塩で味付ける）などの菓子づくり体験（写真7-4・7-5）といった沖縄生活体験、地域内の散

写真7-4　紅芋ぷるぷるの素（2017年）
（鈴木撮影）

写真7-5　サーターアンダギーと紅芋ぷるぷる（2017年）
（鈴木撮影）

写真7-6　ポーク玉子（2017年）
（鈴木撮影）

写真7-7　ゆし豆腐（2015年）
（鈴木撮影）

策・観光、貝殻フォトフレームづくりなどを体験する[2]。また、食事では毎回必ず沖縄料理を入れるという決まりがある受け入れ組織も多く、ゴーヤチャンプルーやソーキそば、タコライス、ポーク玉子（缶詰のポークランチョンミートを焼き、卵焼きを添えたもの、写真7-6）、ゆし豆腐（島豆腐になる前に生成されるおぼろ状の豆腐、写真7-7）などが提供される。

3）修学旅行生の受け入れに向けたマニュアルの作成

沖縄本島北部および伊江島では、民泊体験事業の受け入れ組織が受け入れ民家に対し修学旅行生の受け入れに向けたマニュアルの作成・配布を行っている。これにより、受け入れ組織は修学旅行生の安全性を確保しつつ、受け入れ民家ごとで修学旅行生へのサービスに差が出ないよう注意を払っている。

以下では、NPO法人東村観光推進協議会のマニュアルについて紹介する。同協議会のマニュアルには、①送迎時、②体験時、③宿泊時、④その他の4場面に分けた内容が記載されている。

①送迎時の注意点として、入離村式の遅刻が厳禁であることや移動時にトラックの荷台に修学旅行生などを乗せないこと、車両は同協議会に登録しているもの

を使うこと、入離村式の服装は清潔感があるものにすること、食べ物をお土産に持たせないことなどが挙げられている。

②体験時には、少なくとも2〜3時間程度農業体験を実施することや、雨天時など屋外で農作業できない場合には室内もしくはハウス内で農作業を行うこと、熱中症予防を徹底すること、三線、方言、沖縄料理を教えるあるいは沖縄の歴史や文化を教えること、村内の観光スポットめぐりや自然の中での体験（星空観察やホタル観賞など）など"東村ならでは"の体験をさせること、料理は必ず生徒と一緒につくること、沖縄料理を基本とすること、村外（後述するヤンバクの場合、東村・大宜味村・国頭村のやんばる3村の外側）へ出ないことなどが記載されている。

③宿泊時の注意点は、寝室は整理整頓の行き届いた清潔な部屋を確保することや宿泊時には生徒のみにしないことなどであった。

④その他として、生徒たちだけでの行動や外出をさせないことや貴重品の扱いをしっかりと行うこと、受け入れ民家の住民やそこを訪問する親戚・友人は修学旅行生の受け入れ期間中に飲酒をしないことなどが挙げられた。

3. 沖縄本島北部および伊江島における受け入れ組織からみた民泊体験事業の成立要因

1) 沖縄本島南部および中部における平和学習の拠点となる戦跡地や米軍基地の存在

沖縄本島北部および伊江島で民泊体験事業が成立した要因として、第1に沖縄本島には沖縄戦の戦跡地や米軍基地が数多く立地しており、平和学習を目的としてこれらの場所を訪問する中学生や高校生などの修学旅行生がもともと多かったことが指摘できる。

沖縄県文化観光スポーツ部観光政策課の「2019年度修学旅行入込状況調査」によると、修学旅行で沖縄県を訪問した学校数は2004年に2,000校を突破し、2005年に受け入れ人数も40万人以上を記録している（沖縄県公式

ホームページ．https://www.pref.okinawa.jp/shigoto/kankotokusan/1011671/1011816/1003410/1023779.html，最終閲覧日2024年6月18日）。こうした傾向はCOVID-19が流行する前年にあたる2019年まで続いた。沖縄県が中高生の修学旅行先として選ばれる主な要因の1つとして、戦跡地や米軍基地が眺望できる展望台など平和学習拠点の存在などが指摘されている（藤原2013）。

図7-2は沖縄本島北部および伊江島の受け入れ組織への聞き取り調査をもとに、民泊体験を行う修学旅行生の主要な訪問地を示したものである。修学旅行の学校団体は2泊3日もしくは3泊4日の行程で沖縄県内を周遊し、宿泊先として沖縄本島北部や伊江島の民泊を利用する。民泊の利用日数は2泊3日が多い。なかには、行程の一部で恩納村などのリゾートホテルを併用する学校団体もある。修学旅行の学校団体は琉球文化の学習を目的とした首里城や今帰仁城、買い物スポットである国際通り、美ら海水族館などに立ち寄る傾向にある。

また、学校団体は平和学習を修学旅行の最も重要な目的として位置付けており、ほぼすべての修学旅行生が沖縄本島の南部や中部にある戦跡地や米軍基地が眺望できる展望台などを訪問する。具体的には、平和祈念公園やひめゆりの塔（いずれも糸満市）、対馬丸記念館、（那覇市）、嘉数高台公園（宜野湾市）、道の駅かでな（嘉手納町）、チビチリガマ（読谷村）などが挙げられた。平和祈念公園では、沖縄戦の写真や遺品などを展示された沖縄県平和祈念資料館や、戦没者の氏名が刻まれた平和の礎、国立沖縄戦没者墓苑や各府県の慰霊塔などがある摩文仁の丘などが見学できる（写真7-8）。ひめゆりの塔は伊原第三外科壕の上に建てられたひめゆり学徒隊の慰霊碑であり（写真7-9）、その遺品や写真、生存者の証言映像などを展示したひめゆり平和祈念資料館も併接している。対馬丸記念館では、米軍の魚雷攻撃を受けて沈没した学童疎開船「対馬丸」の展示を見学・学習することができる。嘉数高台公園は沖縄戦の激戦地の1つであり、日本軍が使用したトーチカ（コンクリート製の防御陣地）や弾痕跡などが残存している（写真7-10・7-11・7-12）。同時に同公園の展望台から普天間基地を一望できるため、修学旅行生にとっ

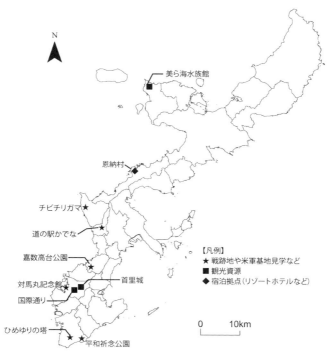

図7-2 沖縄本島北部および伊江島で民泊体験を行う修学旅行生の主な訪問地（2017・2019年）
（各受け入れ組織への聞き取り調査による）

写真7-8 沖縄県営平和祈念公園（2013年）
（鈴木撮影）

写真7-9 ひめゆりの塔（2014年）
（鈴木撮影）

写真7-10　嘉数高台公園からみえる普天間基地（2019年）
（鈴木撮影）

写真7-11　嘉数高台公園の陣地壕（2019年）
（鈴木撮影）

写真7-12　嘉数高台公園の「弾痕の塀」（2019年）
（鈴木撮影）

写真7-13　道の駅かでなの展望台（2015年）
（鈴木撮影）

て沖縄の基地問題を考える場にもなっている。同様に、道の駅かでなの展望所では嘉手納基地を一望することができ（写真7-13）、3階の学習展示室では米軍基地を抱える嘉手納町の歴史や現状を学ぶ機会になっている。チビチリガマは沖縄戦下で住民による集団自決（強制集団死）が行われた自然壕であり、修学旅行生は現地のガイドから講話を聴くことができる。

　以上のように沖縄本島北部および伊江島の民泊体験を行う学校団体は、修学旅行の訪問先としてこれらの平和学習拠点に重点を置きつつ、その前後の宿泊先として民泊を選択している。いいかえると、民泊体験事業の受け入れ組織は平和学習を目的とした修学旅行生に着目し、そこに民泊体験や文化体験、農業体験など沖縄らしい新たな魅力を追加した宿泊拠点を形成したとい

える。

2）受け入れ組織間における広域的な分宿体制の確立

　沖縄本島北部および伊江島で民泊体験事業が成立した2つ目の要因として、受け入れ組織間で広域的な分宿体制が確立されていることが指摘できる。

　民泊体験事業で大規模な学校団体を受け入れるための条件として、受け入れ組織が修学旅行生の受け皿となる民家を数多く準備できることが挙げられる。たとえば、200名の修学旅行生を受け入れる場合、受け入れ民家1軒あたり4名の生徒を宿泊させると仮定すると、50軒の受け入れ民家が必要となる。加えて、高齢化による体力低下や体調不良、介護、出産、子育てなどを理由として修学旅行生の受け入れを中止している民家も存在しており、現状では常時修学旅行生を受け入れている民家は、登録上の受け入れ民家の軒数より少ないケースが多い。そのため、受け入れ組織はこうした事態を想定し、できる限り多くの受け入れ民家を確保する必要がある。沖縄本島北部の受け入れ組織のなかには、他の受け入れ組織と連携し、広域的な分宿体制を確立することにより大規模な学校団体を受け入れている例も存在する（図7-3）。

（1）ヤンバク事務局（NPO法人東村観光推進協議会、NPO法人おおぎみまるごとツーリズム協会、国頭村観光協会）の連携による分宿体制

　東村、大宜味村、国頭村からなる「やんばる3村」では、NPO法人東村観光推進協議会、NPO法人おおぎみまるごとツーリズム協会、国頭村観光協会の受け入れ組織3団体が連携し、民泊体験事業の分宿体制が確立されている。

　やんばる3村は、2008年から子ども農山漁村交流プロジェクトに取り組み、やんばる交流推進連絡協議会を設立した。そのなかで、2005年に設立した東村観光推進協議会（2010年NPO法人化）が、大宜味村と国頭村の参加者に民泊事業の導入を勧めた。その理由として、当時、東村観光推進協議会はすでに民泊体験事業を開始していたが、受け入れ民家が少なかったた

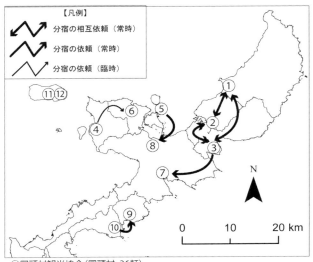

① 国頭村観光協会（国頭村、36軒）
② NPO法人おおぎみまるごとツーリズム協会（大宜味村、42軒）
③ NPO法人東村観光推進協議会（東村、49軒）
④ 合同会社健堅「本部民家体験泊」（本部町、約120軒）
⑤ 有限会社タマレンタ企画「北半島地区民家体験泊」（今帰仁村・名護市、約76軒）
⑥ 今帰仁村観光協会（今帰仁村、67軒）
⑦ 久志地域交流推進協議会（名護市、17軒）
⑧ 羽地民泊推進協議会（名護市、24軒）
⑨ 宜野座村観光協会（宜野座村、約30軒）
⑩ ネイチャーみらい館（金武町、約90軒）
⑪ 伊江島観光協会（伊江村、約120軒）
⑫ 株式会社こころ「伊江島民家体験泊」（伊江村、約140軒）

注）括弧内の軒数は受け入れ民家数を示している。④・⑤・⑫の軒数は有限会社タマレンタ企画の提供資料による。⑤の軒数には⑧の軒数も含まれていたため、これを除いた軒数を示した。

図7-3 沖縄本島北部と伊江島における受け入れ組織の分宿体制
（2017・2019年）

（各受け入れ組織への聞き取り調査による）

め、大規模な団体からの申し込みを断らざるを得ない状況にあったことが挙げられる。こうした状況を防ぐため、大宜味村と国頭村では、民泊体験事業に着手するための準備が進んだ。大宜味村では、2010年4月におおぎみまるごとツーリズム地域協議会が設立され、観光客の受け入れ窓口や体験プログラムの企画などを行い、2012年7月にはNPO法人おおぎみまるごとツーリズム協会に改称し、民泊体験事業の導入が行われた。一方、国頭村では、2012年に合同会社結くにがみが発足し、農家民泊の受け入れが行われた。

その後、2018年に合同会社結くにがみが国頭村観光協会に吸収・譲渡され、同観光協会が国頭村における民泊体験事業の窓口となった。

また、沖縄県農林水産部村づくり計画課は、グリーンツーリズムを利用する修学旅行生などの受け入れに向けたモデル構築を目指しており、2012年度からその広域交流拠点体制モデルとしてやんばる3村が設定された[3]。これにより、NPO法人東村観光推進協議会、NPO法人おおぎみまるごとツーリズム協会、合同会社結くにがみによる分宿体制が確立された。この分宿体制は"やんばるで民泊"の略称から「ヤンパク」と名付けられ、ブランド化が図られている。ヤンパク事務局はNPO法人東村観光推進協議会に置かれており、分宿時の窓口業務に加え、自然体験（カヌー体験、シュノーケリング体験、森林散策）、環境保存活動（グリーンベルト植栽体験、ビーチクリーン体験）、伝統文化体験（エイサー体験、琉舞・琉装体験）などの3村共通の体験プログラムの開発、パンフレットの作成、修学旅行生などの受け入れに関する情報共有などが行われている。また、一般的に民泊体験事業で修学旅行生を受け入れる際、受け入れ民家による観光案内の範囲は受け入れ組織が所在する市町村内に限定されることが多いが、ヤンパクの場合ではやんばる3村全域の観光案内も許可されている。加えて、ヤンパクでは、受け入れ民家が体験プログラムを提供する際、必ず修学旅行生に家庭菜園を含めた農業体験を実施する取り決めがなされている。以上のように、ヤンパクはやんばる3村を中心とした分宿体制と独自のルールなどにより、民泊体験事業の質を一定に保つ工夫を行っている。

(2) NPO法人東村観光推進協議会と久志地域交流推進協議会の連携による分宿体制

2013年、受け入れ民家が不足していたNPO法人東村観光推進協議会の誘いを受けて、名護市東部に久志地域交流推進協議会が開設された。これにより、ヤンパクで分宿の依頼を引き受けたNPO法人東村観光推進協議会が、孫請けのかたちで久志地域交流推進協議会に修学旅行生の送客を行うようになった[4]。一方で、久志地域交流推進協議会に登録されている受け入れ民家は17軒と少ないため、同協議会が単独で大規模な学校団体の修学旅行を受

け入れることが困難である。2018年度の受け入れ実績をみると、NPO法人東村観光推進協議会からの修学旅行生の送客は30件を超えているのに対し、単独で受け入れた学校団体は数件にとどまっている。以上のように、久志地域交流推進協議会における修学旅行の受け入れは、NPO法人東村観光推進協議会の送客に依存しているといえる。

(3) ネイチャーみらい館と宜野座村観光協会の連携による分宿体制

　2008年、NPO法人雄飛ツーリズムネットワークが運営するネイチャーみらい館が開館し、民泊体験事業の開始に向けて徐々に準備が行われた。2009年にネイチャーみらい館が民泊体験事業を開始し、2012年に本格的に県外からの修学旅行生（当時、高校など10校程度）を受け入れるようになった。これを実行するにあたり、金武町と宜野座村では、2011年にネイチャーみらい館と宜野座村観光協会の2団体が連携を図り、民泊体験事業の分宿体制が確立された。これら2団体の民泊体験事業の担当者たちは当該地域唯一の高校である沖縄県立宜野座高等学校の出身者であり、行政界の垣根を越えて交流があった。そのため、この2団体は連携を図りながら、一緒に民泊体験事業に取り組みたいという共通認識があり、円滑に分宿体制が確立された。

　ネイチャーみらい館の受け入れ民家数は約90軒であるが、家庭の事情などで受け入れを中止している民家もあり、常時受け入れている民家は60〜70軒程度である。同様に、宜野座村観光協会の受け入れ民家数は約30軒あるが、常時受け入れを行っている民家は20〜25軒程度になっている。2村で常時受け入れている民家は約100軒存在する。宜野座村観光協会では受け入れ民家が少なく、単独で学校団体を受け入れることができないため、同協会は予約の窓口であるネイチャーみらい館からの送客された修学旅行生のみを受け入れている。修学旅行生の受け入れ時における入村式や離村式、バーベキューなどはネイチャーみらい館のピロティで行われている。受け入れ民家が提供する農業体験や漁業体験、観光案内などに加え、マングローブカヌー＆観察体験、シーサー色付け体験、島ぞうりアート体験など2村共通の体験プログラムも用意されている。

(4) 有限会社タマレンタ企画「北半島地区民家体験泊」と羽地民泊推進協議会の連携による分宿体制

　2012年9月5日、地域活性化を目的として羽地民泊推進協議会が設立され、同年11月から修学旅行の受け入れ体験を実施した。もともと古宇利島の住民などから羽地地区の住民に民泊体験事業参加の依頼があった。その後、主に古宇利島（今帰仁村）や屋我地島（名護市）で民泊体験事業の運営を行っている有限会社タマレンタ企画「北半島地区民家体験泊」との分宿体制が確立し、ここから羽地民泊推進協議会に送客がなされるようになった。羽地民泊推進協議会では民泊利用者の約9割が修学旅行生である。有限会社タマレンタ企画「北半島地区民家体験泊」が分宿の振り分け作業を行っており、同社から優先的に修学旅行生の配宿が行われる。そのため、修学旅行の入村式や離村式は主に古宇利島公民館で行われる。

(5) 有限会社タマレンタ企画系列の合同会社健堅「本部民家体験泊」と今帰仁村観光協会の連携による分宿体制

　今帰仁村観光協会では受け入れ民家が67軒存在しているが、家庭の事情などで常時稼働している民家は約60軒にとどまっている。そのため、最大定員が240名程度であり、基本的には今帰仁村観光協会が単独で修学旅行生などを受け入れることが可能である。しかしながら、同協会は有限会社タマレンタ企画が委託している本部町の合同会社健堅「本部民家体験泊」から、毎年1件のみ修学旅行生の分宿を受け入れている。その理由として、この学校団体が520名程度と大規模であり、合同会社健堅「本部民家体験泊」のみでは修学旅行生を収容できなかったため、同社が今帰仁村観光協会に分宿の依頼をしたことが挙げられる。以上のように、合同会社健堅と今帰仁村観光協会との分宿体制は、他の4事例と異なり、臨時的な分宿体制といえるであろう。

4. 本章の結論

　本稿では、沖縄本島北部および伊江島を対象として、受け入れ組織からみた民泊体験事業の受け入れ態勢を明らかにし、広域的なスケールで民泊体験事業が成立した要因を考察してきた。

　沖縄本島北部および伊江島の民泊体験事業の受け入れ組織は、受け入れている最中には入村式や離村式、受け入れ民家による体験プログラムを実行している。また、受け入れ組織は受け入れ時のマニュアルを作成することにより修学旅行生の安全性を確保し、かつ受け入れ民家ごとでサービスに差が出ないよう注意を払っている。

　沖縄本島北部および伊江島の民泊体験事業の受け入れ組織が成立している要因として、第1に、沖縄本島には沖縄戦の戦跡地や米軍基地が数多く立地しており、平和学習を目的としてこれらの場所を訪問する中学生や高校生などの修学旅行生がもともと多かったことが指摘できる。第2に、受け入れ組織間で広域的な分宿体制が確立されていることが挙げられる。

　本稿では、おもにCOVID-19蔓延前の2019年以前の動向について論じてきたが、2020年以降、受け入れ民家の高齢化やCOVID-19の蔓延により民泊体験事業のあり方に変化が生じている。たとえば、NPO法人おおぎみまるごとツーリズム協会では、高齢化やCOVID-19の蔓延などを理由として受け入れ民家が42軒から28軒程度に減少している（NPO法人おおぎみまるごとツーリズム協会への聞き取り調査（2024年3月30日）による）。NPO法人おおぎみまるごとツーリズム協会は、NPO法人東村観光推進協議会および国頭村観光協会との分宿体制を構築してきたが、受け入れ民家の減少に伴い、これら2団体以外の受け入れ組織との連携も検討している。以上の状況を踏まえ、今後は受け入れ民家の高齢化やCOVID-19の影響を踏まえつつ、民泊体験事業の存続に向けた新しい取り組みに焦点をあてて、追跡調査を行っていくことが必要であろう。

〔注〕
1）　図7-3の受け入れ組織12団体のうち、久志地域交流推進協議会を除く11団体が「宿泊客のほとんど（9割以上）が修学旅行生」と回答している。一方、久志地域交流推進協議会では、約8割が修学旅行生であったが、個人客も2割程度含まれていた（2017年）。同協議会は、交流や沖縄文化体験などに重点を置いているため、宿泊予約サイトへの登録を行わず、公式ホームページの予約フォームによる受付のみで対応している。
2）　筆者は、①NPO法人おおぎみまるごとツーリズム協会に所属する受け入れ農家U家（2015年10月2～4日の2泊3日）と②伊江島観光協会に所属する受け入れ農家I家（2017年2月11～12日の1泊2日）に宿泊し、両家が修学旅行生に提供している体験プログラムに参加した。①大宜味村のU家では、入村式、受け入れ民家の夫婦との会話、沖縄料理（ソーキそば、ゆし豆腐、ゴーヤチャンプルーなど）の食事体験、自宅で育てている農作物（シークヮーサー、ドラゴンフルーツ、パパイア）や防風林の説明、ダイコンの種まき体験、シークヮーサーの収穫とそれらを使ったジュースづくり体験、サーターアンダギーづくり体験、大宜味村と国頭村の散策・観光（オカガニのロードキル対策施設「カニさんトンネル」、きゆな牧場、大宜味村立芭蕉布会館、やんばる野生生物保護センターウフギー自然館、米軍保養施設「奥間レスト・センター」など）などを行った。②伊江島のI家では、受け入れ民家夫婦との会話、沖縄料理の食事体験（タコライス、ジーマーミ豆腐、ポーク玉子など）、紅芋ぷるぷるづくり体験、サーターアンダギーづくり体験、島内の散策・観光（サトウキビ畑、城山（伊江島タッチュー）、ハイビスカス園、アハシャガマ、公益質屋跡など）などを実施した。
3）　琉球新報『グリーンツーリズム予約一元化　県、北部でモデル構築へ（2014年9月18日公開）』（https://ryukyushimpo.jp/news/prentry-231753.html、最終閲覧日2024年7月21日）。
4）　東村と久志地域交流推進協議会の拠点である名護市久志地区はいずれも1923年まで旧久志村に属していたため、同協議会に所属する受け入れ民家の親族が東村に住んでいるケースも多い。そのため、同協議会の受け入れ民家の一部は東村の親族から直接民泊体験事業の魅力などを聞いており、円滑に民泊を開始

することができた。

〔参考文献〕

加藤　愛・細野賢治・山尾政博 2015．体験型教育民泊による地域への効果と受入組織運営のあり方—（一社）伊江島観光協会を事例として．農業経済研究 87：279-284．

呉羽正昭 2011．観光地理学研究．江口信清・藤巻正己編『観光研究レファレンスデータベース 日本編』11-20．ナカニシヤ出版．

鈴木富之 2020．日本における新しい観光の特徴．地域デザイン科学研究会編『地域デザイン思考—地域と向き合う 82 のテーマ』130-131．北樹出版．

堂前亮平 1997．『沖縄の都市空間』古今書院．

中村哲也・霜浦森平・丸山敦史・菊地　香・山田耕生 2016．沖縄北部三村における民泊経営の課題と方向性—東村・大宜味村・国頭村における農家調査からの接近．開発学研究 27（1）：51-62．

藤原幸男 2013．沖縄と平和学習修学旅行．琉球大学教育学部教育実践総合センター紀要 20：159-168．

8章 琉球泡盛製造業者における工場見学者の受け入れ態勢
―「産業観光」としての工場見学―

鈴木富之

1. 本章の課題

1）研究の背景と目的

　バブル経済が崩壊した1990年代半ば以降、日本人の観光形態や観光振興のあり方に変化が生じている。それまでのハードを中心とした観光開発や大量輸送に支えられた「マス・ツーリズム」に代わり、旅行者の趣味や嗜好を強く反映した「オルタナティブ・ツーリズム」が台頭している（呉羽2011）。こうした観光形態は、持続可能な観光を示す「サスティナブル・ツーリズム」（安村1998）や観光庁が推奨する「ニューツーリズム」とも呼ばれている。本稿で取り上げる産業観光はエコツーリズムやグリーンツーリズム、ヘルスツーリズムなどとともにこうした新しい観光形態の1つに位置づけられ、2000年代以降に工場景観に親近感を覚える「工場萌え」や「大人の社会科見学」などのキーワードで注目を集めている（千葉2011）。

　産業観光は、「歴史的文化的価値のある産業文化財（古い機械器具、工場遺構等のいわゆる産業遺産）、産業現場（工場、工房、農・漁場等）、産業製品を観光対象（資源）として人的交流を促進する観光活動」と定義されている（須田2009）。1990年代半ば以降に産業観光に注目が集まった背景として、①冒頭で述べたように観光客のニーズが変化したこと、②産業観光が企業イメージの向上、保有する技術や製品のPRにつながること、③新たに観光施設をつくる必要がなく、既存の資源を活かしながら地域活性化を図れることがあげられる（千葉2011）。とくに、①観光客のニーズに着目すると、米浪

（2008）が、産業観光の利点として、観光客が五感を働かせて産業観光資源に接することにより発見や発明の独創性、経営者の努力や苦労、熟練や技能訓練の効果、伝統や歴史の深さなどについて「体験学習」ができること、産業文化財、生産現場、産業製品などの観光資源を通して、観光客と産業博物館の解説者、生産現場の技術者、伝統工芸品の工房の職人、地域住民などと「交流」ができることを指摘している。

　一方で、産業観光の歴史が浅いため、工場や工房などの産業施設における受け入れ態勢が未整備のままであり、行政による観光振興策も浸透していないケースも多い。産業観光がこうした状況に置かれている理由として、①産業観光の中核をなす産業が製造業であることが浸透していないこと、②産業界と観光業界の利害が一致しないことが多く、産業観光への取り組み姿勢や熱意に温度差が生じていること、③産業観光資源と他の観光資源との連携が必要であるのにもかかわらず、これらを結びつけた旅行商品の開発や観光ルートなどの整備が進んでいないこと、④ゲストである観光客とホストである産業施設の間でさまざまなミスマッチが生じていることなどがあげられている（米浪2008）。

　産業観光に関する主な研究として、在来工業地域における観光地化に伴う景観の再構成に関する報告（須山2003）や、ケミカルシューズ生産地域における「シューズギャラリー構想」に関する報告（久保・土井2002）、果樹生産地域におけるワインツーリズムに関する報告（鈴木ほか2007）などがあるが、これらはいずれも特定の産業が集積した地域や地域ぐるみで観光客の誘致に取り組んでいる事例を取り上げている。

　一方で、産業集積がみられない業界では、個々の産業施設が独自に産業観光に取り組んでいる事例がある。本稿で取り上げる沖縄県の琉球泡盛製造業者（以下、「泡盛製造業者」）は、かつて琉球王朝時代に那覇市首里地区に集積したが、第二次世界大戦以降になると沖縄本島各地や離島のさまざまな地域に分散して立地するようになった。そのため、泡盛製造業者は同業種間もしくは地域ぐるみで産業観光による観光振興を図りにくく、それぞれのメーカーが独自に工場見学を実施している事例がある。したがって、泡盛製造業

者の工場見学の実態を明らかにすることにより、産業集積がみられない業界においてそれぞれのメーカーがいかにして産業観光に取り組み、いかなる課題を抱えているかについて把握するための視座を与えることができるであろう。

以上を踏まえて、本章では、沖縄県の泡盛製造業者を対象として、工場見学者の受け入れ態勢に関する諸特徴を明らかにし、その課題について考察することを目的とする。

琉球泡盛は、酒税法により焼酎乙類に分類され、単式蒸留機で蒸留したアルコール45度以下のものと定義されている。また、琉球泡盛の条件として、①原料としてタイ米を使っていること、②黒麹菌を用いること、③タイ米をすべて麹にし、一度の仕込み（一次仕込み）だけで蒸留する「全麹仕込み」であること、④泡盛を熟成させる古酒文化があることの4点があげられる（日本酒類研究会編2008）。

2）調査方法

泡盛製造業者は沖縄県内に45軒存在している[1]（2016年現在）。地域別にみると、沖縄本島南部地域が12軒、八重山地方（石垣島、与那国島、波照間島）10軒、本島北部地域が9軒、宮古島地方（宮古島、伊良部島）が6軒、本島中部地域が4軒、久米島が2軒、伊平屋島と伊是名島がそれぞれ1軒である（図8-1）。筆者はこれらの業者に電話、ファクシミリ、口頭などにより聞き取り調査を依頼し、計41軒の業者から回答を得ることができた。その内訳は、沖縄本島南部地域が10軒、本島北部地域と八重山地方がそれぞれ9軒、宮古島地方6軒、本島中部地域が4軒、久米島が2軒、伊是名島が1軒であった。

聞き取り調査は2015年9月から2016年3月までの7ヶ月間に実施した[2]。調査項目は、工場見学者の受け入れを実施する主な理由、工場見学時に対応する従業員の特徴（工場見学担当者の人数とその日常業務の内容）、工場見学者への対応方法（製造工程や瓶詰めの見学、従業員による解説、売店もしくは販売コーナーの有無、受け入れ可能な曜日と時間帯、予約なしで訪れた見学者への対応方法）、外国人対応（外国語が話せる従業員や外国語表記のパンフレットの有

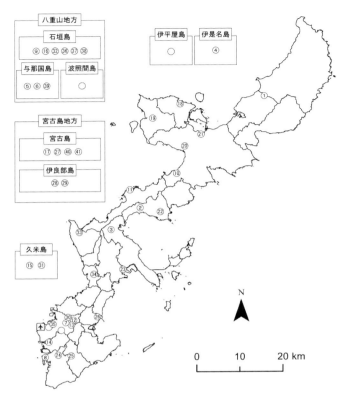

注）番号は表2の施設番号を示している。番号がない泡盛製造業者については、聞き取り調査を実施していない

図8-1　沖縄県における琉球泡盛製造業者の分布（2017年）
（沖縄県酒造組合ホームページより作成）

無）、工場見学の受け入れに関する課題などである。

2. 産業観光の対象としての琉球泡盛製造業者

1) 沖縄県外における琉球泡盛への関心の高まり

1990年代半ばから2000年代前半までの期間は、琉球泡盛の県外出荷量が増大するなど、沖縄県外の観光客による琉球泡盛への関心が高まった時期で

ある[3]。県外出荷量の推移をみると、1997年に1,000キロリットルに到達し、2001年には2,000キロリットルを超えた（沖縄県酒造組合のホームページによる）。さらに、2003年には4,000キロリットル台、2004年には6,000キロリットル台に突入した。

　琉球泡盛の県外への出荷量が増加した背景として、この時期に国内で「沖縄ブーム」（真鍋2005）が起こったことが指摘できる。すなわち、1992年に首里城が復元されたこと、NHKの大河ドラマ「琉球の風」（1992年）や朝の連続テレビ小説「ちゅらさん」（2001年）が放映されたこと、2000年の沖縄サミット（第26回主要国首脳会議）のテーマソングを歌った安室奈美恵をはじめ、SPEED、MAX、DA PUMP、Kiroro、夏川りみなどの沖縄県出身の芸能人が活躍したことなどから、1990年代から2000年代前半にかけて沖縄がマスメディアによって頻繁に報道され、その流れを受けて琉球泡盛に関心を持つ県外在住者が増加したと推測される。加えて、東京や大阪、福岡などの都市部を中心に沖縄居酒屋が出現したことも、琉球泡盛の県外出荷量が増加した一因になったと考えられる。こうした状況下、琉球泡盛に関心を持つ観光客も増加し、泡盛製造業者で工場見学を行うニーズも高まっている。

2）琉球泡盛の製造工程

　琉球王国時代にシャム王国（現在のタイ）から琉球泡盛製造の元となる蒸留酒と製造方法が伝わったといわれており、現在でもすべての泡盛製造業者が原料米としてタイ米（インディカ米）を使用している（写真8-1）[4]。沖縄県酒造協同組合を通じてタイ米の調達が行われている。タイ米の長所は国内産のジャポニカ米に比べ粘性が低いため、製麹がしやすく、円滑に糖化できることがあげられる。

　琉球泡盛の製造工程を順にみると、製造担当者は最初にタイ米を丹念に洗うことにより付着している糠を取り除き、その後水を溜めて水分をタイ米に浸漬させる（図8-2）。次に、浸漬した米を十分に水切りし、麹をつくりやすくするために蒸し器で蒸し上げる。

　その後、製造担当者は蒸し上がった米を冷まし、黒麹菌（写真8-2）を散

写真8-1 タイ米（2016年）
（鈴木撮影）

写真8-2 黒麹菌（2016年）
（鈴木撮影）

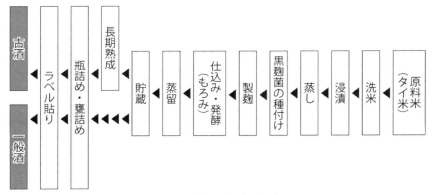
図8-2 琉球泡盛の製造工程
（沖縄県酒造組合ホームページおよび日本酒類研究会編（2008）より作成）

写真8-3 三角棚（2016年）
（鈴木撮影）

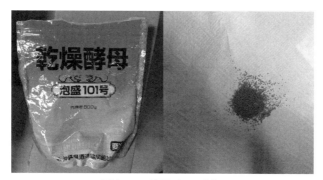

写真 8-4　酵母（2016 年）
（鈴木撮影）

写真 8-5　もろみ（2016 年）
（鈴木撮影）

写真 8-6　蒸留器（2016 年）
（鈴木撮影）

写真 8-7　瓶の泡盛（2024 年）
（鈴木撮影）

写真 8-8　甕の泡盛写真（2024 年）
（鈴木撮影）

布する（黒麴菌の種付け）。これを「三角棚」（写真8-3）と呼ばれる製麴棚に移動し、温度管理に注意しながら米麴の育成（製麴）をはかる。これにより、デンプンがブドウ糖に変わる[5]。製造担当者は仕込みタンクに米麴と水、酵母（写真8-4）を入れ、発酵させ、もろみ（写真8-5）をつくる。発酵期間は一般的に2週間程度であり、その頃になるともろみのアルコール度数は18度前後になる。黒麴菌には雑菌の繁殖を抑えるクエン酸が多く含まれているため、高温多湿の沖縄でももろみは腐敗しない。

　さらに、もろみを蒸留機（写真8-6）で蒸留することにより、泡盛がつくられる。蒸留の直後、生成された泡盛のアルコール度数は50度前後になっているため、製造担当者は割り水をして度数を調整し[6]、泡盛をステンレスタンクやホーロータンク、甕、樫樽などの容器で貯蔵庫などに貯蔵・熟成する[7]。熟成期間が3年未満の泡盛は「一般酒」、3年以上の長期熟成がなされた泡盛は「古酒(クース)」と呼ばれている。熟成された泡盛は、瓶（写真8-7）や甕（写真8-8）などに詰められ、ラベルが貼られた後、スーパーや土産物店、沖縄居酒屋などに出荷される。

3）琉球泡盛製造業における工場見学導入の意義

　表8-1は工場見学を実施している29軒の泡盛製造業者を対象として、工場見学者の受け入れを行う理由を示したものである。本節では、これをもとに、泡盛製造業者における工場見学導入の意義について述べる。

(1) 観光客に対する泡盛に関する知識の紹介

　第1に、泡盛製造業者が観光客に泡盛の飲み方や熟成方法など泡盛に関する知識を伝えられる点が指摘できる。最も多かった回答は「泡盛の知識を伝えるため」であり、全体の41.4％を占めていた。

　普段は泡盛を口にすることが少ない県外在住者にとって、泡盛は「臭くてきつくて強くて飲みにくい酒」（仲村・酔いどれ泡盛調査隊2007）というイメージが定着している。一方で、日常的に泡盛を飲んでいる県内在住者のなかには、比較的アルコール濃度が低い20度もしくは25度の泡盛を、さまざまな

表8-1　琉球泡盛製造業者における工場見学者の受け入れ理由（2016年）

回答内容	沖縄本島 北部 (N = 9)		沖縄本島 中部 (N = 2)		沖縄本島 南部 (N = 8)		離島 (N = 10)		合計 (N = 29)	
	回答数（軒）	割合（％）	回答数（軒）	割合（％）	回答数（軒）	割合（％）	回答数（軒）	割合（％）	回答数（軒）	割合（％）
泡盛の学習や知識を伝えるため	3	33.3	1	50.0	4	50.0	4	40.0	12	41.4
観光客から要望があったため	4	44.4	0	0.0	3	37.5	4	40.0	11	37.9
工場内の売店での売り上げを伸ばすため	3	33.3	1	50.0	1	12.5	0	0.0	5	17.2
口コミによる宣伝効果を期待しているため	3	33.3	0	0.0	0	0.0	0	0.0	3	10.3
商品の説明をする機会が必要であるため	0	0.0	0	0.0	1	12.5	1	10.0	2	6.9
古酒を販売したいため	1	11.1	0	0.0	0	0.0	0	0.0	1	3.4
売店で在庫品を販売することができるため	0	0.0	0	0.0	1	12.5	0	0.0	1	3.4
県外からの電話注文を増やすため	0	0.0	0	0.0	1	12.5	0	0.0	1	3.4
昔ながらの泡盛の良さを伝えたいため	0	0.0	0	0.0	1	12.5	0	0.0	1	3.4
酒造所めぐりのスタンプラリーで訪問先として選ばれたため	0	0.0	0	0.0	1	12.5	0	0.0	1	3.4
せっかく観光客がきてくれるから、受け入れているだけ	0	0.0	0	0.0	1	12.5	0	0.0	1	3.4
沖縄本島における観光客が増加したため	0	0.0	0	0.0	1	12.5	0	0.0	1	3.4
バスガイドやタクシーの運転手から依頼があったため	0	0.0	0	0.0	0	0.0	1	10.0	1	3.4
観光資源に近接していたため	0	0.0	0	0.0	0	0.0	1	10.0	1	3.4
売店のみの場合、観光客に楽しんでもらえないため	0	0.0	0	0.0	0	0.0	1	10.0	1	3.4

注）工場見学を行っている泡盛製造業者（施設1～29）のみ対象としている。複数回答可。
（琉球泡盛製造業者への聞き取り調査より作成）

飲み物で割り、泡盛の苦味や辛味を和らげて飲む習慣がみられる。こうした習慣を踏まえて、泡盛製造業者の従業員は、定番のストレートやオンザロック、水割りに加え、パーシャルショット[8]、お湯割り、炭酸割り、シークヮーサー割り、コーラ割り、乳酸菌飲料割り（ヤクルト割り）、泡盛カクテルなど、工場見学者の嗜好に応じて多様な飲み方を工場見学者に紹介し、同時に泡盛の種類に応じた最適な飲み方を提案している。

また、泡盛は長期保存に優れており、甕や瓶の開封後に空気に触れさせることにより熟成が進行するといわれている。しかしながら、こうした知識を持っていない県外からの観光客のなかには、時間が経過した泡盛を捨ててしまうこともある。泡盛製造業者の従業員は、工場見学の対応時や売店の接客時に工場見学者に泡盛の熟成方法を紹介している。例えば、甕で保存した泡盛は「仕次ぎ[9]」をすることで、また瓶詰めの泡盛については時々蓋を開け

て優しく瓶を振ることにより、泡盛を空気に触れさせるよう勧めていることが多い。

(2) 観光客に琉球泡盛を販売する機会の確保

第2に、泡盛製造業者が観光客に泡盛を販売する機会を増やせる点が指摘できる。

「工場内の売店での売り上げを伸ばすため」と回答した業者が全体の17.2％を占めている。工場見学者のほとんどは県外からの観光客であり、彼らは見学終了後に土産品として泡盛を購入することが多い。県外からの工場見学者は見学後に特定の泡盛製造業者や泡盛そのものへの愛着を持つようになり、帰宅後に電話やインターネットなどにより泡盛の取り寄せを行う機会もあるという（「県外からの電話注文を増やすため」が3.4％）。さらに、泡盛製造業者は、工業見学者が口頭やソーシャル・ネットワーキング・サービス（SNS）、Web上のブログなど口コミを通じて、家族・親戚や友人、同僚などに工場見学で得た泡盛に関する知識を紹介することを期待していることもある（10.3％）。

また、工場見学を古酒販売の貴重な機会として捉える泡盛製造業者もみられた（3.4％）。一般酒は比較的安価であるため、泡盛を飲む頻度が多い沖縄県内に住む地元住民によって日常的に購入されている。一方、古酒は一般酒に比べて高価であるため、県外からの観光客が那覇空港や国際通りなどの土産物店や泡盛専門店などで購入する傾向にある。そのため、県外からの工場見学者を対象として、売店で古酒の販売に力点を置いているケースが多い。

(3) 観光客に対する観光機会の提供

第3に、観光客に対する観光機会の提供が指摘できる。「観光客から要望があったため」と回答した泡盛製造業者は全体の37.9％を占めた。観光客が工場見学の機会を求めて泡盛製造業者を訪問し、それがきっかけとなって泡盛製造業者が工場見学を開始するケースも多い。とくに、沖縄本島北部地域や離島は、いずれも相対的に高い割合（40％台）で「観光客からの要望があっ

ため」と回答している。その背景として、これらの地域における観光はビーチリゾートに依存しているため[10]、観光客が夏季の雨天時や台風接近時に代替となる室内型の観光対象を求め、急遽泡盛製造業者を訪れることが指摘できる。同様に、久米島のY酒造は、雨天時やシーズンオフに「バス会社やタクシーの運転手から依頼があったため」と回答している。これは、久米島に大型商業施設がなく、室内型の観光対象施設が少ないことから、バス会社やタクシー運転手が雨天時や台風接近時の訪問先として泡盛製造業者に工場見学を依頼する傾向があるためである。

3. 琉球泡盛製造業における工場見学者の受け入れ態勢

　本節では、表8-2をもとに、琉球泡盛製造業における工場見学者の受け入れ態勢について明らかにする。沖縄県の泡盛製造業者は、工場見学の受け入れのスタンスに注目すると、常時工場見学者の受け入れを行っている「常時受け入れ型」（施設1～9）、予約者から優先的に工場見学を実施している「予約受け入れ型」（施設10～17）、工場見学より生産活動を重視している「受け入れ制限型」（施設18～29）、製造工程の見学や解説を行わない「非受け入れ型」（施設30～41）に大別できる。

1）常時受け入れ型（施設1～9）

　「常時受け入れ型」は工場稼働時に常時工場見学者の受け入れを行い、工場内の見学やガイド担当の従業員による解説を実施している泡盛製造業者を指す。本類型は売店や販売コーナーを常設したり（施設2～9）、自社ホームページに工場見学の予約フォーム（施設1～3）や宣伝広告（施設6・8・9）を掲載したりなど、工場見学に積極的な姿勢を示している。これらのほとんどは、観光客が予約なしで訪問しても、工場見学者を受け入れている。

　本類型の泡盛製造業者は、工場内の生産現場に入り、製造工程や機材を直に見学できる施設（施設1～6）とガラス張りの見学コースを設けている施設（施設7～9）に細分化できる。

表8-2 琉球泡盛製造業者における工場見学者の受け入れ態勢（2016年）

類型	施設	立地地域	受け入れのスタンス	予約なしの対応	人数制限	観光バスへの対応	HP	売店	FT	Gu	Vi	Pa	工場見学者への対応 その他	従業員数	ガイド担当者数	ガイド担当者の本来業務
生産現場常時受け入れ型	1	大宜味村	◎	◎	5名	×	◎	×		◎				7	1	企画担当(1名)
	2	金武町	◎	◎	30名	△	◎	◎		◎				30	2	総務担当
	3	うるま市	◎	◎	25名	◎	◎	◎		◎	◎	◎	地下貯蔵庫の見学 購入した泡盛の貯蔵	19	7	工場見学・売店担当(4名) 製造担当(1名) 社長 専務
見学コース常時受け入れ型	4	伊是名島	◎	◎	数名	×	△	◎		◎				4	2	製造担当
	5	与那国島	◎	◎	団体可	◎	×	◎		◎				5	2	製造担当
	6	与那国島	◎	◎	30名可	◎	◎	◎		◎				8	2	製造担当
	7	那覇市	◎	◎	25名	◎	◎	◎		◎		◎		30	4	販売担当
	8	糸満市	◎	△	なし	◎	◎	◎		◎		◎	泡盛の資料展示室	40	7	工場見学・売店担当(4名) 事務担当(3名)
	9	石垣島	◎	◎	30名	×	◎	◎		◎				9	4	非分業（製造など）
予約受け入れ型	10	名護市	◎	○	50名	◎	◎	◎		◎		◎		70	4	工場見学専門(1名) 通信販売担当(3名)
	11	恩納村	◎	△	20名	◎	◎	◎		◎				8	3	社長 副社長 製造担当（工場長）
	12	那覇市	◎	○	団体可	△	×	◎		◎			泡盛の仕込み体験	6	6	非分業（製造など）
	13	那覇市	◎	○	4名	×	○	◎		◎			泡盛の仕込み体験	4	4	非分業（製造など）
	14	豊見城市	◎	△	団体可	◎	◎	◎		◎			裏工場の見学	41	5	事務担当(2名) 売店担当(3名)
	15	久米島	◎	○	25名	△	◎	×		◎				8	4	製造担当
	16	石垣島	◎	△	40名	◎	○	◎		◎				31	3	売店担当
	17	宮古島	◎	×	25名	◎	○	◎		◎		◎	洞窟貯蔵庫の見学 購入した泡盛の貯蔵	27	4	工場見学専門(1名) 事務担当(3名)
受け入れ型	18	今帰仁村	△	×	10名	×	◎	◎		◎		◎		30	2	営業担当(1名) 事務担当(1名)
	19	本部町	△	×	10名	△	○	◎		◎		◎	古酒タンクオーナー制度	13	4	社長(1名) 製造担当(3名)
	20	名護市	△	△	25名	×	×	◎		◎				3	2	非分業（製造など）
	21	名護市	△	△	10名	×	×	○		◎				7	1	製造担当
	22	金武町	△	△	5名	×	×	×		◎				12	1	製造兼事務担当
	23	沖縄市	△	△	6名	×	×	◎		◎				30	1	総務担当

													泡盛の資料展示室		7	1	営業担当
	24	糸満市	△	×	×	×	○	○	○	○	○	○	数名			4	4	非分業(製造など)
制限型	25	八重瀬町	△	×	×	△	×	×	×	○	○	○	数名			20	4	製造担当
	26	西原町	△	△	△	◎	○	○	○	○	○	○	20名	泡盛の資料展示室		50	2	製造担当
	27	宮古島	△	×	×	×	○	○	○	○	○	○	3名			4		瓶詰め・ラベル担当(3名)
	28	伊良部島	△	×	△	×	○	○	×	○	○	○	3名			21	1	製造担当
対ビ応デ型オ	29	伊良部島	△	○	△	×							団体可					
	30	那覇市	×	×	×	×	×	×	×	○	○	○			購入した泡盛の貯蔵	35		
	31	久米島	×	×	×	×	×	×	×	○	○	○				34		
	32	石垣島	×	×	×	×	×	×	○	◎	○	○				20		
非受け入れ型	33	読谷村	×	×	×	×	×	×	×	×	×	○				40		
	34	北谷町	×	×	×	×	×	×	×	×	×	×				8		
生産活動のみ	35	那覇市	×	×	×	×	×	×	×	×	×	×				6		
	36	石垣島	×	×	×	×	×	×	×	×	×	×				4		
	37	石垣島	×	×	×	×	×	×	×	×	×	×				6		
	38	石垣島	×	×	×	×	×	×	×	×	×	×				3		
	39	与那国島	×	×	×	×	×	×	△	×	×	×				2		
	40	宮古島	×	×	×	×	×	×	×	×	×	×				9		
	41	宮古島	×	×	×	×	×	×	×	×	×	×				6		

【凡例】
[受け入れのスタンス]
◎ 予約なしでいっても工場見学を受け入れている
○ 予約ありの来訪者を優先的に受け入れている
△ 事前予約があり、時間があるときにだけ受け入れている
× 工場見学の受け入れを行っていない

[予約なしの対応]
○ 予約がなくても受け入れている
△ ガイド担当者に時間的余裕があれば受け入れている
× 断っている

[観光バスへの対応]
○ 観光バス対応の駐車場がある
△ 観光バス対応の駐車場はないが、観光バスを別の場所に駐車させることができれば受け入れている
× 観光バスの受け入れを行っていない。

[HP(自社ホームページ)]
◎ 工場見学の予約フォームがあるホームページ
○ 工場見学の宣伝があるホームページ
△ 工場見学の宣伝がないホームページ
× ホームページなし

[売店]
○ 売店あり
△ 事務所の一角に販売コーナーを設置
× 売店なし

[工場見学の内容]
FT 工場内の見学(製造の様子や機材など)
Gu ガイド担当者による解説
Vi 泡盛の歴史や製造工程などのビデオ放映
Pa 泡盛の歴史や製造工程などのパネル展示

(琉球泡盛製造業者への聞き取り調査より作成)

8章 琉球泡盛製造業者における工場見学者の受け入れ態勢

前者の施設1・2・4～6についてみると、工場の立地地域がいずれも著名な観光資源が少なく、観光客の来訪が比較的少ない地域（大宜味村や金武町、伊是名島、与那国島）であるため、ガイド担当者が1～2名と少なくても工場見学者を常時受け入れることができている。一方、施設3はリゾートホテルの集積地域を形成する恩納村に近接しており、観光客が数多く訪れるため、ガイド担当者として工場見学と売店業務を兼務する従業員を4名、製造部門の従業員を1名配置している。さらに、視察を目的とした来訪者や団体客については、社長や専務が工場見学や解説を担当している。施設3には、来訪者専用の地下貯蔵庫が併設されており、工場見学者が購入した泡盛を貯蔵するサービスも行っている。

　一方、後者（施設7～9）はそれぞれ首里城、那覇空港、石垣島の川平湾に近接しているため、常時観光客の立ち寄りが多い。このため、観光客がいつでも見学できるように、ガラス張りの見学コースを開設している。施設7では2階の会議室でビデオを放映したあと、帰りの階段に工場の内部がみえる窓がつけられており、最後に1階の売店に誘導される構造になっている。施設8は工場の内部がみえるガラス張りの窓の隣に泡盛の資料展示室が開設されており、琉球泡盛の歴史や製造工程が書かれたパネル、昔の泡盛の瓶などが展示されている。施設9はガラス張りの見学コースと売店が併設しており、随時従業員から解説を聞くことができる。これらの施設は25名以上の団体客にも対応できている。また、外国語表記のパンフレット（施設7～9）やビデオ（施設7）の作成、銀聯カード[11]への対応（施設8・9）、外国人の苗字をラベルに印字するサービスの実施（施設8）など、外国人観光客の受け入れにも積極的である。

2）予約受け入れ型（施設10～17）

　「予約受け入れ型」は、工場見学希望者から事前に問い合わせがあった場合、先客がいなければ彼らの希望の日時に合わせて工場見学を予約できる泡盛製造業者である。これらの泡盛製造業者はガイド担当者に時間的な余裕があれば、予約なしで訪れた工場見学希望者も受け入れている。とくに、施設

10・14・16・17は、1日4～6回の工場見学ツアーの時間を設けている。また、自社ホームページに工場見学の予約フォーム（施設10・13・14）や宣伝広告（施設11・16・17）を掲載しているなど、工場見学の受け入れに積極的な姿勢を示しており、施設13を除くと団体客の受け入れにも対応している。ガイド担当者は時間的制約を受けやすい製造以外の従業員が担当するケースが多く、工場見学時に時間的な融通が利きやすいと考えられる。なお、施設12と14では、工場見学者を対象とした泡盛の仕込み体験が行われている。

3）受け入れ制限型（施設18～29）

「受け入れ制限型」は、工場見学希望者から事前に連絡があった場合、本来業務（とくに、生産活動）の作業スケジュールとの調整を行った上で、工場見学の受け入れの可否を決定している泡盛製造業者である。自社ホームページに工場見学に関する記載がある泡盛製造業者は12軒中6軒にとどまっており、常時受け入れ型や予約受け入れ型に比べ工場見学に消極的である。また、事前予約は遅くとも1週間前～前日に行わなければならず、ガイド担当者と見学者の日程調整がつかない場合には工場見学を断ることもある。とくに、当日予約なしで訪問した場合には、基本的に断ることを前提としている。

これらの理由として、ガイド担当者が製造担当者であることが多く、日常的に生産活動に追われていることが指摘できる。製造担当者は午前に工場内の製造、仕込み作業、資材や原料米の搬入などの作業を行い、午後にもろみの撹拌と工場内の清掃、配達、瓶詰めやラベル貼りの手伝いなどをしている。そのため、忙しい午前より比較的時間がある午後に工場見学をいれるケースが多い。また、午前の仕込み作業は曜日や取引先の発注量などによって変化するため、工場見学を受け入れる場合には事前に仕込み作業のスケジュールと調整をする必要が生じる。

表8-3 琉球泡盛製造業者における工場見学者を受け入れできない理由（2016年）

回答内容	回答数	割合
従業員が少ないため	4	33.3
工場が滑りやすく、段差が多いため	2	16.7
作業に追われているため、仕事に支障をきたすため	2	16.7
観光バスが止められないため	2	16.7
工場が見学者の受け入れに対応できるようにつくられていないため	1	8.3
工場が狭いため	1	8.3
機械が増え、工場内が狭くなったため	1	8.3
2015年の台風21号で工場の一部が損壊したため	1	8.3
仕込みが早朝に行われることから午後に工場が稼働していないため	1	8.3
団体の観光客が多くなってしまったため	1	8.3
作業がない日もあるため	1	8.3
製造担当者が体調不良で仕事を休んでいるため	1	8.3
大きな企業との契約があり、取引関係上また衛星環境上不特定多数の外来者を受け入れられないため	1	8.3
ホームページに掲載された作業風景の動画があげられており、それで十分対応できるため	1	8.3
工場見学者が工場の内部を撮影し、SNSで掲載する可能性があるため	1	8.3
化粧品や香水など匂いをつけてくるひともいるため	1	8.3

注）工場見学を行っていない琉球泡盛製造業者のみ（施設30～41）を対象としている。複数回答可。
（琉球泡盛製造業者への聞き取り調査より作成）

4）非受け入れ型（施設30～41）

「非受け入れ型」は、従業員が少ないことや工場の構造上の問題や老朽化がみられたこと、観光客が増えすぎたことなどにより、工場見学を行っていない、もしくは中止した泡盛製造業者を指す。

表8-3は非受け入れ型の泡盛製造業者が工場見学者を受け入れていない理由を示している。これによると、「従業員が少ないため」が33.3％、「工場が滑りやすく、段差が多いため」「作業に追われているため、仕事に支障をきたすため」「観光バスが止められないため」がそれぞれ16.7％である。このほか、「工場が見学者の受け入れに対応できるようにつくられていないため」「工場が狭いため」「機械が増え、工場内が狭くなったため」「2015年の台風21号で工場の一部が破損したため」など建物や設備に問題があったこと、「仕込みが早朝に行われることから午後に工場が稼働していないため」「作業がない日もあるため」「大きな企業との契約があり、取引関係上また衛生環境上不特定多数の外来者を受け入れられないため」など本来業務と工場見

学の両立が困難であったことなどがあげられた。

　施設30～32は工場内の見学やガイドを行っていないが、いずれも琉球泡盛の歴史や製造工程に関するビデオの放映とパネル展示のみで来訪者の対応をしている。首里城に比較的近い施設30は工場見学の受け入れを行っている時期もあったが、工場の老朽化などにより工場見学者の安全を考慮し、工場見学を中止している。同様に、石垣島に立地する施設32は、団体客が増えすぎてしまったため、工場見学を中止し、売店の一角でビデオ放映と試飲で対応している。施設31は、県内外のスーパーマーケットやコンビニエンスストアなど大手量販店との契約があるため、衛生環境上の理由から工場見学を実施していない。

　一方、施設34～41は県外出荷をほとんど行っていない小規模な泡盛製造業者である。そのため、工場が狭く、従業員数も10名以下であるケースが多く、人員的な問題や工場の構造上の問題から観光客の受け入れを行う余裕がないと考えられる。また、施設33は県外出荷もある大手の泡盛製造業者であるが、販路拡大とともに工場内の機械が増えたため、工場見学者の受け入れが実施できていない状態にある。

4. 琉球泡盛製造業における工場見学者の受け入れに関する課題

　本節では、泡盛製造業者が工場見学者の受け入れ時に、いかなる課題が存在するかについて分析する（表8-4）。

1）工場や設備などが観光客の受け入れに対応していないこと

　第1に、泡盛製造業者の工場や設備などがもともと工場見学者の受け入れに対応できるようにつくられていないため、ガイドを行う従業員は常に工場見学者の安全に注意を払わなければいけなかったり、受け入れ時に制約が生じたりしていることが指摘できる。

　工場見学を実施している泡盛製造業者では、デッキの上から工場全体を見渡す施設6やガラス越しの見学コースがある施設7～9を除くと、来訪者は

表8-4 琉球泡盛製造業者における工場見学者の受け入れに関する課題(2016年)

回答内容
①工場や設備などに関する課題
・工場が狭いため、工場見学者の火傷や怪我を注意する必要がある
・売店や試飲コーナーがない、もしくは狭い
・レンタカー用(工場見学者用)の駐車場がない、もしくは狭い
・大人数の受け入れができない
・駐車場が狭い、もしくは周辺道路が狭いため、観光バスの受け入れができない
・工場の構造上、見せることができない工程がある
・看板がないため、工場の場所がわかりにくい
・工場が老朽化している
・工場見学者用のトイレがない
・売店のレイアウトを工夫する必要がある
・黒麹菌が壁に繁殖しているため、不衛生に見えてしまう
②工場見学の実施日や実施時間に関する課題
・人員不足により工場見学に対応できるスタッフが少ない
・工場見学者の受け入れ時間が決まっている
・タイミングが合わないと、実際につくっているところをみせることができない
・土日に工場見学の受け入れができない
③外国人の受け入れに関する課題
・外国人観光客への対応が整っていない
④その他の課題
・泡盛に関する情報が少ない
・観光客があまり来ない
・夏季の工場見学者を増やしたい
・若者に泡盛に関する興味を持ってもらいたい
・観光客が多いため、地元住民が買い物に来ることが少ない
・泡盛づくりの体験を導入したい

注)工場見学を行っている琉球泡盛製造業者のみ(施設1〜29)を対象としている。複数回答可。

(琉球泡盛製造業者への聞き取り調査より作成)

ガイド担当の従業員と工場内部に入り、米蒸し回転式ドラムや三角棚、蒸留器などの機材を間近でみることができる。一方で、これらの機材(とくに、蒸留器)が作業時に高温になっていたり、付着した黒麹菌や汚れを頻繁に洗い流すために床がいつも滑りやすくなっていたりするため、ガイド担当の従業員は常に工場見学者の火傷や怪我に注意を払う必要がある。

また、泡盛製造業者の業務目的は琉球泡盛の生産であり、工場内での販売に重点を置いてこなかったため、表8-2でもわかるように売店や試飲コー

ナーを持たないあるいは事務所の一角に狭い販売コーナーを設けるのみの工場も多く存在する。同様の理由から、「レンタカー用（工場見学者用）の駐車場がない、もしくは狭い」「周辺道路が狭い、もしくは駐車場が狭いため、観光バスの受け入れができない」「看板がないため、工場の場所がわかりにくい」と回答した泡盛製造業者もみられた。

このほか、施設22・27は製造部門を行う第1工場と瓶詰めを行う第2工場が離れてしまっており、瓶詰めやラベル貼りなど工場見学者に公開していない工程も存在した。

2）工場見学の受け入れ可能な時間帯や曜日が決まっていること

第2に、工場内の人員不足などにより、工場見学の受け入れ可能な時間帯や曜日が決まっていることが指摘できる。ガイド専門の従業員を置いている施設10・17を除くと、泡盛製造業者では、工場見学を担当する従業員は、製造や事務など本来業務を抱えており（表8-2）、その合間に工場見学者を受け入れている。そのため、工場見学者の受け入れが可能である時間帯がある程度決まっているケースもみられる。とくに、製造部門の従業員が工場見学を担当している泡盛製造業者の場合、午前中は洗米や蒸し、黒麹菌の種付け、仕込み（もろみ）、蒸留など泡盛の製造業務に追われているため、一般的に工場見学の受け入れは午後に行われる。これは、製造部門の午後の作業が撹拌（もろみをかき混ぜること）や工場内の清掃、瓶詰めやラベル貼りの手伝いなどに限定されており、製造業務に追われる午前に比べて比較的時間に余裕があることも関係している。また、泡盛製造業者の多くは、土曜日や日曜日に工場が稼働しておらず、製造部門の担当者が工場内の見回りともろみの撹拌のみを行っているのみである。そのため、ガイド専門の従業員が存在する泡盛製造業者などを除くと、土曜日と日曜日の両日もしくは日曜日に工場見学を実施していないことが多い。

3）外国人観光客の受け入れ態勢が未整備であること

第3に、外国人観光客の受け入れ態勢が整っていないことが指摘できる。

表8-5 沖縄県の琉球泡盛製造業者における外国人観光客への対応（2016年）

回答内容	回答数	割合(%)
身振り手振りと片言の英語	13	44.8
外国人がほとんどきたことがない	7	24.1
対応できない	5	17.2
外国語表記のパンフレットの作成	4	13.8
英語対応可能	4	13.8
中国語対応可能	1	3.4
外国語の字幕入りビデオの放映	1	3.4
外国語表記のパネル展示	1	3.4
外国語表記の試飲用説明シート	1	3.4

注）工場見学を行っている琉球泡盛製造業者のみ（施設1〜29）を対象としている。複数回答可。
（琉球泡盛製造業者への聞き取り調査より作成）

ほとんどの泡盛製造業者は外国人観光客の受け入れに積極的ではなく、商品紹介を「身振り手振りと片言の英語」のみで対応しているケースや「外国人がほとんど来たことがない」「対応できない」ケースが多い（表8-5）。そのため、通訳ができるツアーガイドや知人・友人が同行しない場合、日本語を話せない外国人旅行者は工場見学時に琉球泡盛の歴史や製造工程を理解することは困難であると考えられる。

泡盛製造業者が外国人観光客の受け入れに消極的である理由として、①泡盛製造業者のほとんどが従業員の人数が少ない小規模零細企業が多いため、経済的余裕や人員的余裕、時間的余裕がなく、外国人観光客を受け入れるという発想がないこと、②外国人観光客の来訪が極端に少ない泡盛製造業者がほとんどであり、通訳ガイドを雇うなど受け入れ態勢を整えたとしても費用に見合った効果が得られないこと、③泡盛に関心がある外国人観光客は通訳ができるツアーガイドや日本語が話せる友人・知人などを同行しながら来訪することが多く、工場側が外国語対応をする必要がないことなどが指摘できる。

5. 本章の結論

本稿では、泡盛製造業者における工場見学者の受け入れ態勢を明らかにし、その課題について考察を行ってきた。その結果は、以下のようにまとめることができる。

泡盛製造業者における工場見学導入の意義として、第1に泡盛製造業者が観光客に飲み方や熟成方法など泡盛の正しい知識を伝えることができるこ

と、第2に観光客に泡盛（とくに、古酒）を販売する機会を増やせること、第3に雨天時や台風接近時、オフシーズンである冬季に観光客に対する観光機会を提供できることが指摘できる。

　泡盛製造業者は、工場見学者の受け入れのスタンスに注目すると、①「常時受け入れ型」、②「予約受け入れ型」、③「受け入れ制限型」、④「非受け入れ型」に分類することができる。①「常時受け入れ型」は工場稼働時に常時工場見学者の受け入れを行い、工場内の見学やガイド担当の従業員による解説を実施している。②「予約受け入れ型」は、工場見学希望者から事前に問い合わせがあった場合、先客がいなければ彼らの希望の日時に合わせて工場見学の予約をとることができる。③「受け入れ制限型」は工場見学希望者から連絡に予約があった場合、本来業務（とくに、生産活動）の作業スケジュールとの調整を行った上で、工場見学の受け入れの可否を決定している。④「非受け入れ型」は、従業員が少ないこと、工場の構造上の問題や老朽化がみられたこと、観光客が増えすぎたことなどの原因により、工場見学を行っていないもしくは中止している。

　工場見学の受け入れに際しての課題として、第1に工場や設備などがもともと工場見学の受け入れに対応できるようにつくられていないため、ガイド担当の従業員は常に工場見学者の安全に注意を払わなければならないこと、第2に工場内の人員不足などにより、工場見学の受け入れが可能な時間帯や曜日が限定されていることが多いこと、第3に外国人観光客の受け入れ態勢が整っていない泡盛製造業者が多いことが指摘できる。

　2000年代後半以降、沖縄県では、台湾、韓国、中国、香港などからの外国人旅行者が大幅に増加している（沖縄県『平成28年版観光要覧』による）。こうした状況下、世界遺産の首里城に近接する施設6や那覇空港に近接する施設7のように、外国人観光客の誘致に成功している大手の泡盛製造業者も存在している。すべての泡盛製造業者が外国人観光客の受け入れに成功するとは限らないが、行政や各種団体、泡盛製造業者などが協力し、英語や中国語、韓国語などで琉球泡盛の歴史や製造工程を記載した全泡盛製造業者共通のパンフレット（リーフレット）や販売時の接客対応マニュアル、展示パネ

ルなどを作成できれば、小規模零細の泡盛製造業者においても生産現場に負担がかからない範囲内で外国人観光客の受け入れも可能になるであろう。

〔注〕
1) 泡盛製造業者はいずれも沖縄県酒造組合に所属しており、同組合ホームページに泡盛製造業者一覧（全48軒）が掲載されている（http://www.okinawa-awamori.or.jp/index.php、最終閲覧日2017年9月23日）。そのうち、原材料の調達を担っている沖縄県酒造協同組合（那覇市）、日本酒の製造に特化している泰石酒造（うるま市）、2013年に廃業した千代泉酒造所（宮古島市）の3軒を除外すると、泡盛製造業者は45軒であった。
2) 聞き取り調査の実施日は、宮古島・伊良部島が2015年9月7～11日、沖縄本島が2015年10月20・29・30日、2016年1月15日、2月12日、3月4・14・16・18・23日、久米島が2015年10月21・23日、与那国島が2016年1月26・27日、伊是名島が2016年2月2日、石垣島が2016年2月22・26日である。
3) 2節1）項については、沖縄県酒造組合ホームページの「泡盛の歴史」を参考とした。
4) 2節2）項については、日本酒類研究会編（2008）を参考とした。
5) 製麹の所要時間は一般的に約40時間程度であるが、約70時間かけて製麹を行った「三日麹」を使用する酒造所も存在する（沖縄県酒造組合のホームページによる）。
6) 1節2）項で述べたように、琉球泡盛はアルコール45度以下のものと定められている。そのため、30度前後のものと43度前後のものが多く存在する。とくに、43度前後の泡盛は割り水が少ないため、古酒づくりに利用される傾向にある。
7) 泡盛は貯蔵容器の種類に応じて、風味が異なる（日本酒類研究会編2008）。ステンレスタンクやホーロータンクは気密性が高く、泡盛の蒸発が起こりにくいというメリットがある。一方で、ステンレスタンクは空気が入りにくいことから泡盛の熟成に時間がかかり、ホーロータンクは容器自体が腐敗しやすいことから長期間の熟成に向いていないという欠点がある。甕は微細な孔から空気が入るため、泡盛が熟成しやすい。甕の香りが加わり、やさしくまろやかな風味

になる。樫樽は材質の香りや色が泡盛に移るため、ウィスキーのような風味になる。
8) パーシャルショットとは、瓶ごと冷凍庫に入れた泡盛を微凍で飲むことを指す。
9) 仕次ぎは、いくつかの甕を用意し、年代順に泡盛を貯蔵する方法である（萩尾2008）。手順としては、まず最も古い親酒となる古酒甕から古酒を汲み出したら、2番目に古い古酒甕から仕次ぎ（補充）する。さらに、2番目の古酒甕には、仕次ぎにより減った分だけ3番目に古い古酒甕から仕次ぎをする（富永2008）。
10) 表8-1で「観光客からの要望があったため」と回答した泡盛製造業者が立地する地域は、沖縄本島北部地域の恩納村、名護市、大宜味村と、離島の石垣島、与那国島、宮古島、伊良部島であった。本島北部地域についてみると、恩納村は県内最大級のリゾートホテル集積地域を形成しており、同村に隣接する名護市の南部にもリゾートホテルが集積している（鈴木2015）。また、大宜味村には大規模なホテルは立地していないものの、隣接する国頭村にやんばる3村で最大のリゾートホテル「オクマプライベートビーチ＆リゾート」が立地している（糸数・鈴木2017）。
11) 「銀聯」のロゴマークが付いた中国のキャッシュカードは、「銀聯カード」と呼ばれており、デビットカードとしての役割を果たしている。中国で銀聯カードが普及した背景として、クレジットカードがあまり普及していなかったことが指摘できる（日経トレンディネットのトレンド・フォーカス「中国人観光客の巨大な財布「銀聯って何？ 銀聯（ぎんれん）利用者が日本で急増中」、http://trendy.nikkeibp.co.jp/article/pickup/20080212/1006978/、最終閲覧日2017年12月12日）。

〔参考文献〕

糸数加奈子・鈴木富之2017．沖縄県国頭村におけるスポーツ合宿地域の成立条件―陸上競技合宿を対象として．地域デザイン科学1：29-41．

久保光弘・土井幸平2002．復興まちづくりにおける「産業観光」の取り組みについての考察―ケミカルシューズ産業地・神戸市新長田駅北地区東部を事例とし

て. 2002年日本都市計画学会学術研究論文集 1099-1104.

呉羽正昭 2011. 観光地理学研究. 江口信清・藤巻正己編『観光研究レファレンスデータベース日本編』11-20. ナカニシヤ出版.

米浪信男 2008.『現代観光のダイナミズム』同文舘出版.

鈴木富之・山本敬太・山﨑恭子・呉羽正昭 2007. 甲州市勝沼町における観光ぶどう農園とワイナリーの地域的特徴. 地域研究年報 29：63-79.

鈴木富之 2015. 沖縄本島におけるホテルの分布パターンとその地域的特徴―宿泊施設から地域を分析する. 小川寿美子・木村堅一・高安美智子・金城やす子編『名桜叢書第2集 やんばるに根ざす』出版舎 Mugen.

須田　寛 2009.『新産業観光（第3刷）』交通新聞社.

須山　聡 2003. 富山県井波町瑞泉寺門前町における景観の再構成―観光の舞台・工業の舞台. 地理学評論 76：957-978.

千葉千枝子 2011.『観光ビジネスの新潮流―急成長する市場を狙え』学芸出版社.

富永麻子 2008.『泡盛はおいしい―沖縄の味を育てる（第4刷）』岩波書店.

仲村清司・酔いどれ泡盛調査隊 2007.『泡盛「通」飲読本（第4刷）』双葉社.

日本酒類研究会編 2008.『知識ゼロからの泡盛入門』幻冬舎.

萩尾俊章 2008.『泡盛の文化誌―沖縄の酒をめぐる歴史と民俗』ボーダーインク.

真鍋一弘 2005. 大阪市大正区における沖縄関連店舗の立地展開. 立命館地理学 17：87-99.

安村克己 1998. ツーリズム論の系譜. 前田　勇編『現代観光のキーワード辞典』7-8. 学文社.

9章　しまなみ海道におけるサイクリストの周遊行動特性
―「スポーツツーリズム」としてのサイクルツーリズム―

田中春良・鈴木富之

1. 本章の課題

1) 研究の背景と目的

　近年、地域内における交通手段の確保や地域振興の推進を目的として、自転車を活用する自治体が増えている（近藤編2013；自転車のまちをデザインする研究会2018；藤本・輪の国びわ湖推進協議会2019；宇都宮・シンクロツーリズムしまなみ2020；鈴木2021）。健康増進や環境負荷の軽減などの利点に注目が集まり、観光とサイクリングを結びつけるケースも増加した。サイクリングを媒介した観光は「サイクルツーリズム」と呼ばれており、観光推進を図るための手段の1つとされている。例えば、国際的なサイクリング大会を開催し、国内外の観光客の誘致を目的としたり、サイクリングロードの整備をし、サイクリストが快適な走行を楽しめるように環境整備を行ったりする事例が多くみられる。

　日本国内にあるサイクリングコースのなかでも、広島・愛媛の両県に跨る「しまなみ海道」は、外国人旅行者からの評価も高い（中国経済産業局2018）。世界に誇れるサイクリングロードを国内外にPRする「ナショナルサイクルルート」が創設された。国土交通省によると、ナショナルサイクルルートは、優れた観光資源と走行環境や休憩・宿泊機能、情報発信などの取り組みを連携させたサイクルツーリズムを推進させ、新たな観光価値を創造し地域の創生を図るものである[1]。そして、ソフト・ハード面から一定水準を満たすルートとして国が指定をし、日本を代表する世界的なサイクリングロードとして

PRを行い、サイクルツーリズムの強化を目指している。2019年、ナショナルサイクルルートとして、「しまなみ海道サイクリングロード」のほか、茨城県の「筑波霞ヶ浦りんりんロード」、滋賀県の「ビワイチ」も認定された。

しまなみ海道のサイクルツーリズムに関する研究として、その発展プロセスを解明した研究（望月2019, 中尾・藤井2021）とサイクリストの行動分析を行った研究（矢島ほか2011）がある。後者に注目すると、矢島ほか（2011）が、しまなみ海道を対象として、面的な広がりを有する行動を「回り道行動」と定義をし、自転車利用者の回り道行動の特徴について調査を行った。その結果、自転車観光者の約9割が回り道行動をとり、自転車道路沿いよりも回り道上のほうが、使用金額が高いことがわかった。矢島ほか（2011）では、しまなみ海道の区間内のみを対象とした周遊行動を対象としているが、実際にはそれ以外の観光地域を含めた広域的な観光行動を行っている来訪者が存在すると考えられ、サイクリストの周遊行動は多岐にわたると考えられる。こうしたサイクリストの広域的な周遊行動を分析することにより、サイクルツーリズムがもたらす地域への波及効果を空間的に把握することができるだろう。

本章の目的は、日本のサイクルツーリズムの先進地域であるしまなみ海道を訪問するサイクリストを対象として、その周遊行動特性を明らかにし、サイクリストの行動パターンが分化した要因について考察を行うことである。

2）アンケート調査の概要

筆者は、2020年8月2日（日）にしまなみ海道を訪問した日本国内在住のサイクリストを対象としたアンケート調査を行った。場所は愛媛県今治市のサンライズ糸山（写真9-1・9-2）である。この施設はしまなみ海道における四国側の始点であり、レンタサイクルのターミナルが併設されている。休憩所やコインシャワー、駐車場などが整備されているため、自家用車での来訪者も多く利用することができる。午前8時30分から午後4時30分の8時間で実施をし、29名の回答を得られた。

主な質問項目は、①サイクリストの属性（性別、年齢、居住地、同行者、サ

写真9-1　サンライズ糸山（2020年）
（田中撮影）

写真9-2　糸山レンタサイクルターミナル（2021年）
（鈴木撮影）

イクリングの頻度、しまなみ海道への来訪回数）、②使用する自転車の種類、③しまなみ海道の良い点と改善点、④しまなみ海道への来訪目的、⑤自宅からしまなみ海道までの交通手段、⑥旅行の行程（しまなみ海道内の訪問地、しまなみ海道来訪前後の訪問地）などである。

　研究倫理上の配慮として、調査対象者への調査の趣旨、調査結果の公表時に個人が特定できないようにすることを口頭で説明し、個人のプライバシーへの配慮を行ってデータの入力や保管を行った。

3）調査対象地域の概要

　調査対象地域は、広島県尾道市と愛媛県今治市を結ぶしまなみ海道の沿線地域とする[2]（図9-1）。しまなみ海道は国内を代表するサイクリングスポットであり（写真9-3・9-4）、その沿線には尾道駅前から今治のサンライズ糸山まで約70kmに及ぶブルーラインや、乗り捨てが可能であるレンタサイクルのターミナルが整備されているなど、プロアマ問わず気軽にサイクリングを楽しめる。ルート上の橋では海の上をサイクリングしながら、瀬戸内の多島美を見下ろすことができる。

　しまなみ海道は本州四国連絡橋の1つであり、広島・愛媛両県の瀬戸内海に浮かぶ芸予諸島を7つの橋で繋いでいる。同海道は1973年に他の本四連絡橋と共に着工される予定であったが、オイルショックにより着工は延期さ

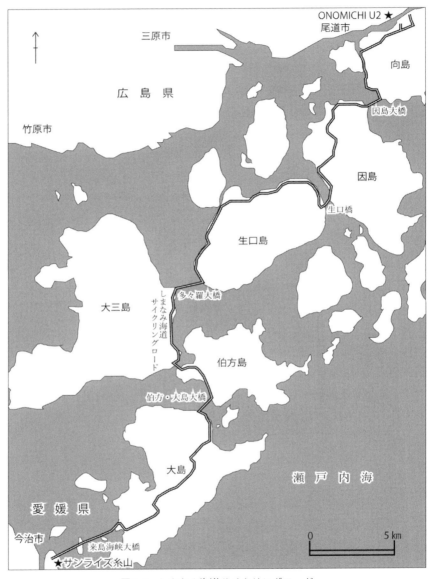

図9-1 しまなみ海道サイクリングロード

(筆者作成)

写真9-3 来島海峡大橋（2021年）
（鈴木撮影）

写真9-4 しまなみ海道サイクリングロード（2021年）
（鈴木撮影）

表9-1 しまなみ海道の主な観光資源

地域名	主な観光資源
尾道	千光寺山、商店街、浄土寺山展望台
向島	USHIO CHOCOLATL、向島洋ランセンター、岩子島厳島神社
因島	因島水軍城、はっさく大福、自転車神社、尾道市因島フラワーセンター
生口島	耕三寺、平山郁夫美術館、ドルチェ、瀬戸田サンセットビーチ、瀬戸田パーキングエリア、しおまち商店街
大三島	大山祇神社、道の駅多々羅しまなみ公園、今治市伊東豊雄建築ミュージアム
伯方島	伯方の塩、道の駅伯方S・Cパーク
大島	よしうみバラ園、今治市村上水軍博物館、道の駅よしうみいきいき館、カレイ山展望公園、亀老山展望公園
今治	サンライズ糸山、今治城、造船、馬島

（筆者作成）

写真9-5 今治市内の造船業の様子（2021年）
（鈴木撮影）

れた。1975年に着工の方針が定まり、1999年に全区間が完成した。同海道は、瀬戸内海西部の交通・輸送の改善、産業の振興に加え、向島、因島、生口島、大三島、伯方島、大島、馬島など島嶼部の生活環境の改善に大きな役割を果たしている。

しまなみ海道の沿線地域は、温暖少雨の瀬戸内海式気候である。ここでは、ミカンやレモンなどの柑橘類の栽培や漁業、造船などが盛んである。また、しまなみ海道沿線には多様な観光資源が存在している（表9-1）。多島美の景観のほか、村上水軍関連の教育施設、耕三寺や大山祇神社など由緒ある寺社仏閣、伯方の塩の工場や造船のドックなどが立地している（写真9-5）。このほか、愛媛県側の3島には道の駅が整備されている。

2. しまなみ海道におけるサイクリングの環境整備とレンタサイクルの利用状況

1）しまなみ海道のサイクリングの環境整備

（1）行政側による環境整備

まず、愛媛県による環境整備について述べる[3]。しまなみ海道が開通した1999年、沿線の市町村単位でレンタサイクルの事業が始まった。2000年には、「しまなみ海道レンタサイクル事業実施に関する基本協定」が締結され、愛媛県側と広島県側によるレンタサイクルの相互乗り捨てが開始された。レンタサイクル事業開始当時、貸し出す自転車のほとんどがシティサイクル（軽快車、ママチャリ）のみであった。しまなみ海道開通当初の自転車道は、あくまでも生活のためのインフラストラクチャーとしか考えられておらず、観光資源とはみなされていなかった。

動きが加速した出来事として、2010年に中村時広氏が愛媛県知事に就任したことが挙げられる。就任した中村知事は、「愛媛マルゴト自転車道」という構想を打ち出した[4]。「愛媛マルゴト自転車道」は、県と市町が連携をし、サイクリングコース（28コース、2021年6月現在）の設定をし、ブルーライン、

コースの案内板、マナー注意喚起看板などの整備をして、安全で快適なサイクリングの環境整備を行う構想である。実際に愛媛・広島の両県は2010年10月からサイクリングの推奨ルート上の管理道路で、車道の路肩に推奨ルートを明示するブルーラインと距離標の路面表示整備を進めた（写真9-6・9-7）。しまなみ海道はこれらのコースの1つに設定されている。この構想の整備指針は、①2014年度より全市町エリアの整備、②イベントの開催や受け入れ態勢の拡充など、熟度の高い区間から本格的に整備、③県と市町が継続的に見直しを行い、実効性のある施策を着実に推進することであった。具体的には、サイクリストを目的地まで誘うブルーラインやわかりやすい案内標識の設置、サイクリングマップの作成、道の駅・公園などの既存施設の活用などが挙げられる。また、愛媛県は、サイクリングが「健康」「やりがい」「友情」を与えてくれるという「自転車新文化」という構想を打ち出し（写真9-8）、瀬戸内しまなみ海道を中心として県全体でサイクリングパラダイスを目指すことを発表した。

写真9-6　距離表示付きブルーライン（2020年）
（田中撮影）

写真9-7　しまなみ海道の起点（2020年）
（田中撮影）

写真9-8　自転車新文化の案内板（2021年）
（鈴木撮影）

写真9-9　しまなみサイクルオアシスの掲示（2021年）
（鈴木撮影）

写真9-10　新尾道駅構内における自転車の展示（2021年）
（鈴木撮影）

　NPO法人シンクロツーリズムしまなみは、快適なサイクリングを提供するための取り組みとして、以下の3点を行なっている[5]。第1に、サイクリストが気軽に休憩でき、地域の人たちとの交流ができる「しまなみサイクルオアシス」の運営である。サイクルオアシスには、空気入れ・給水・トイレの提供がされている（写真9-9・9-10）。宿泊施設、飲食店、コンビニエンスストアなどが協賛している。第2に、パンクや故障のリスクに対応するための「しまなみ島走レスキュー」（有料）がある。地元の自転車店やタクシー会社などが出張修理を含めた自転車の修理・調整、タクシー搬送を行う。第3に、しまなみエリア内の宿泊施設の情報提供を行なっている「しまなみ自転車旅の宿」である。紹介する宿泊施設は、自転車の保管や荷受け、発送の取次に対応している。

(2) 民間団体による環境整備

　日本版DMO（Destination Management Organization）である「一般社団法人しまなみジャパン」は、推奨ルート上にレンタサイクル事業を展開している[6]。推奨ルート沿いには13のレンタサイクリングターミナルが整備されている。この13のターミナルであれば、利用者は乗り捨て（自転車を借り

たターミナルとは異なるターミナルで返却すること）が可能である。レンタサイクルの車種は、シティサイクル、クロスバイク、小径クロスバイク、電動アシスト自転車などである。シティサイクル、クロスバイク、小径クロスバイクの利用料金は1日につき、大人1,100円、小学生以下は300円である（2021年5月現在）。乗り捨てする場合は別途大人1,100円、小学生以下500円必要である。

　2012年には世界的な自転車メーカー「ジャイアント社」創設者の劉金標氏がしまなみ海道を縦走し、世界的に知られるようになった。2012年4月にはジャイアントストア今治店が、2014年3月には尾道店が開業した。これにより、本格的なロードバイクを現地で借りることが可能になった。

　JR四国では、自転車を専用の輪行袋に入れることなく、そのままの状態で乗車できるサイクルトレインを日にち限定で運行している[7]。列車は「サイクルトレイン松山しまなみ号」と、「サイクルトレイン西条しまなみ号」の2種類がある。前者の運行区間は松山駅〜今治駅、後者の運行区間は伊予西条駅〜波止浜駅である。松山市には空港と広島や福岡方面などを結ぶフェリーターミナルがあり、西条市には大阪方面と結ばれているフェリーターミナルがある。自転車の分解を必要としない列車輪行は、目的地までシームレスに移動が可能である。

　大手宅配業者である佐川急便は、「手ぶらサイクリングサービス」と「自転車配送サービス」という2つのサービスを行なっている[8]。前者は、出発地の宿泊施設から到着先の宿泊施設まで荷物の即日配送が可能なサービスである。例えば、サイクリングをする朝に、尾道市の宿泊施設で手続きをし、手軽な状態でサイクリングをしたのち、今治市内の宿泊施設で荷物を受け取ることが可能である。後者は、しまなみ海道でのサイクリングを終えたのち、提携先の宿泊施設から自宅まで自転車を配送するサービスである。通常であれば、宅配業者の営業所で手続きをしなければならないが、宿泊施設で直接手続きが可能であるため、後の旅行の行程に影響が出にくい。

2）しまなみ海道におけるレンタサイクルの利用状況

図9-2は、尾道市観光課資料[9]をもとに、しまなみ海道におけるレンタサイクルの貸し出し台数の推移を示したものである。しまなみ海道が開通した1999年に自治体ごとにレンタサイクルの貸し出しが開始された。その後の2010年頃にかけて貸し出し台数は概ね横ばいであるが、2011年度以降は西日本豪雨の影響を受けた2018年度を除き増加傾向に転じた。

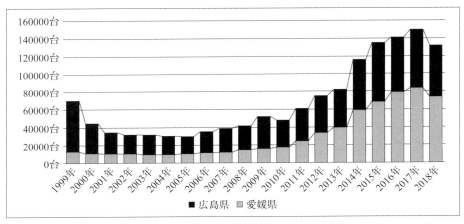

図9-2　しまなみ海道におけるレンタサイクルの貸し出し台数の推移（1999-2018年度）
（尾道市観光課資料により作成）

3. しまなみ海道におけるサイクリストの属性と特徴

1）サイクリストの属性

回答者の年齢についてみると、「40代」が最も多く（29名中9名）、次いで「20代」と「50代」がそれぞれ5名、「30代」と「60代」がそれぞれ4名、「70代」が2名を占めていた。同行者は「ひとりで」が最も多く（29名中14名）、次いで「友人と」が7名、「夫婦・恋人と」と「家族と」がそれぞれ4名であっ

た。居住地をみると、松山市が7名、今治市内が3名、その他の愛媛県が3名で、愛媛県内からの来訪者が13名であった。加えて、広島県が6名、香川県が2名、岡山県が1名であり、中国・四国地方からの来訪者が76％を占めていた。このほか、埼玉県（2名）、宮城県、栃木県、神奈川県、大阪府、和歌山県（それぞれ1名）からの来訪者がみられた。

　サイクリングの活動頻度は、「毎日」が5名、「1週間に1度程度」が11名、「2週間に1度程度」が5名、「月に1度程度」が3名、「半年に1度程度」と「最近始めた」がそれぞれ1名、「普段は乗らない」が3名であった。一方、しまなみ海道の来訪数についてみると、「初めて」が6名、「2回目」が3名、「3〜9回目」が8名、「10回目以上」が12名であり、リピーターが約8割を占めていた。

　つぎに、サイクリストが使用する自転車の特徴について述べる。自転車を「持参した」と答えた回答者は20名、「持参とレンタル」が1名であり、「レンタサイクル」のみは8名にとどまっている。自宅からの自走のほか、自家用車に積み、持参する者が多かった。遠方からの来訪者の場合、自転車を鉄道や飛行機で輪行して持参する者も存在した。また、自転車の車種についてみると、「ロードバイク」が16名、「クロスバイク」が8名、「ロードバイクとクロスバイク」が2名、「シティサイクル」「電動自転車」「ミニベロ」がそれぞれ1名であった。約9割の回答者がスポーツサイクルを利用しており、レンタサイクルにおいてもクロスバイクの人気が高い傾向がみられた。

2）サイクリストが考える瀬戸内しまなみ海道のよい点と改善点

（a）しまなみ海道の良い点

　ここでは、サイクリストが考えるしまなみ海道のよい点や改善点について述べる。良い点として、「景色がよい」（29名中18名）が最も多く（表9-2）、しまなみ海道の多島美の景観を眺めながらサイクリングできることが利点であると回答した者が多く存在した。

　走行環境に関する意見も多い。「ブルーラインなど整備がされていて、走りやすい。」と回答した来訪者が16名を占めていた。尾道駅前からサンライ

表9-2 サイクリストが考えるしまなみ海道のよい点（2020年）

良い点	回答数
景色がよい。	18
ブルーラインなど整備がされていて、走りやすい。	16
レンタサイクルが使いやすい。	5
島の歴史・文化を体験できる。	1
通行料金がかからない。	1
のんびりできる。	1
70kmとちょうどよい距離。	1

（アンケート調査により作成）

ズ糸山までの約70kmにかけて整備されたブルーラインを辿れば、サイクリストは道に迷うことなく、サイクリングを楽しむことができる。サンライズ糸山から今治駅や松山市の道後温泉までの区間にもブルーラインが引かれている。また、「レンタサイクルが使いやすい」という意見もあった（5名）。乗り捨てができること、駐輪場があり、レンタサイクルの車種の選択肢も多いことなど、利便性の高さが評価されていると考えられる。

(b) しまなみ海道の改善点

改善点に対する意見は多岐にわたる（表9-3）。「ゴミ箱が少ない。ポイ捨てを見かける。」という意見が複数あった（3名）。「しまなみ海道までの道が狭く、走りづらい。」という意見もあった（1名）。松山市から自走した利用者は、国道196号線は自転車が走行する路肩が狭い上に、段差があり、危ないと感じたとのことである。

また、「宿泊施設が少ない。ルートの途中にひとりで気軽に泊まれるような宿があるとよい。」という意見が出された（1名）。しまなみ海道の両端の今治・尾道市街には、ビジネスホテルも数多くあるものの、しまなみ海道の中間地点にあたる大三島や生口島には、シングルルームを設けている宿泊施設は少ない。ひとりでサイクリングを楽しむ来訪者も多いため、シングルルームを整備すれば、サイクリングの客層が広がるだろう。「尾道側にシャワーが欲しい。新尾道駅にも設置して欲しい。」という意見もあった。尾道駅から程近い複合施設「ONOMICHI U2」にはコインシャワーが併設されているが（写真9-11・9-12）、山陽新幹線の新尾道駅にもシャワーがあるとよいとのことだった。

最後に、「しまなみエリアの海上・陸上交通の情報をわかりやすくまとめ

表9-3　サイクリストが考えるしまなみ海道の改善点（2020年）

改善点	回答数
ゴミ箱が少ない。ポイ捨てを見かける。	3
宿泊施設が少ない。ルートの途中にひとりで気軽に泊まれる宿があるとよい。	1
夜間は暗い。	1
レンタサイクルのHPが見づらい。	1
尾道側にシャワーが欲しい。新尾道駅にも設置して欲しい。	1
レンタサイクルの整備がしっかりしていないことがあった。	1
しまなみ海道までの道が狭く、走りづらい。	1
気軽に休めて、買い物ができるような場所が少ない。（コンビニなど）	1
路面が悪い場所がある。	1
しまなみ海道の陸上・海上交通の情報を分かりやすくまとめたサイトやアプリが欲しい。	1

（アンケート調査により作成）

写真9-11　ONOMICHI U2（2021年）
（鈴木撮影）

写真9-12　ONOMICHI U2のコインシャワー
（2021年）
（鈴木撮影）

たサイトやアプリが欲しい」という意見もみられた（1名）。例えば、各駅からバスを利用したレンタサイクルターミナルまでのアクセス、しまなみ各港の船舶の情報やその船舶への自転車の積載可否など、わかりやすく来訪者に観光情報を提供することによって、サイクリングの選択肢はさらに広がるであろう。

4. しまなみ海道におけるサイクリストの周遊行動特性

　本節では、アンケート調査の回答をもとに、サイクリングの行動範囲に注目してしまなみ海道を訪問するサイクリストを4種類に分類し、サイクリス

表9-4　サイクリスト一覧（2020年）

類型	NO	人数	居住地	年齢	交通手段	自転車種別	訪問する島	他の訪問地	宿泊地	旅行全日数	来訪目的
短距離観光型	1	2人	香川県高松市	30代	自家用車	持参	大島	今治	今治	1泊2日	◎文化的景観・グルメ
	2	3人	和歌山県橋本市	40代	自家用車	レンタサイクル・持参	大島・伯方島・大三島・生口島		今治	2泊3日	◎サイクリング・自然
	3	2人	埼玉県戸田市	30代	航空機・レンタカー	レンタサイクル	大島・伯方島	松山	道後	2泊3日	◎自然・グルメ
	4	1人	埼玉県春日部市	70代〜	航空機・高速バス	レンタサイクル	大島	松山	今治	7泊8日	◎自然
	5	6人	神奈川県横浜市	30代	航空機・レンタカー	レンタサイクル	大島	松山・宇和島	道後	3泊4日	◎サイクリング・自然
短距離レジャー・ショートステイ型	6	2人	松山市	40代	自家用車（自走）	レンタサイクル	大島		大島	1泊2日	◎サイクリング・自然
	7	1人	今治市	50代	自家用車（自走）	持参	大島			日帰り	◎サイクリング
	8	1人	松山市	40代	自家用車（自走）	レンタサイクル	大島			日帰り	◎サイクリング・運動
	9	2人	松山市	20代	自家用車（自走）	レンタサイクル	大島			日帰り	◎サイクリング・グルメ・運動
	10	1人	今治市	60代	自家用車（自走）	持参	大島			日帰り	自然
	11	1人	松山市	60代	自家用車（自走）	持参	大島・伯方島・大三島			日帰り	◎運動・自然
	12	3人	松山市	40代	自家用車（自走）	レンタサイクル	大島			日帰り	◎自然
	13	2人	松山市	30代	自家用車（自走）	持参	馬島			日帰り	◎トレーニング
	14	6人	松山市	50代	自家用車（自走）	持参	大島・伯方島・大三島			日帰り	◎運動
	15	4人	西条市	20代	自家用車（自走）	レンタサイクル	大島・伯方島			日帰り	◎サイクリング・グルメ
	16	3人	四国中央市	40代	自家用車（自走）	持参	大島・伯方島			日帰り	◎運動
	17	1人	大島（今治市）	60代	自家用車（自走）	持参	今治			日帰り	◎サイクリング・自然・運動
	18	1人	広島県三原市	40代	船・自転車（自走）	持参	生口島・大三島・伯方島・大島			日帰り	運動
	19	1人	広島県三原市	60代	船・自転車（自走）	持参	生口島・大三島・伯方島・大島			日帰り	◎運動・サイクリング
しまなみ海道型	20	1人	岡山県倉敷市	40代	自家用車	持参	向島・因島・生口島・大三島・伯方島・大島			日帰り	◎サイクリング・運動・自然
	21	1人	広島県福山市	40代	自家用車	持参	向島・因島・生口島・大三島・伯方島・大島			日帰り	◎サイクリング・運動
	22	1人	香川県観音寺市	40代	自家用車	持参	大島・伯方島・大三島・生口島・因島・向島			日帰り	◎サイクリング

類型	No.	人数	居住地	年代	交通手段	自転車	訪問島	訪問都市	宿泊	来訪目的
縦走型	23	4人	大阪府大阪市	20代	レンタカー	持参	大島・伯方島・大三島・生口島・因島・向島		日帰り	◎サイクリング・自然・グルメ
	24	4人	新居浜市	20代	自家用車	レンタサイクル	大島・伯方島・大三島・因島・向島	生口島	1泊2日	◎サイクリング・自然
長距離周遊型	25	1人	広島県三次市	50代	自転車（自走）	持参	向島・因島・生口島・大三島・伯方島・大島	松山・見近島	3泊4日	◎サイクリング・GO TO
	26	1人	広島県呉市	20代	自転車（自走）	持参	向島・因島・生口島・大三島・伯方島・大島	松山	日帰り	◎サイクリング・自然
	27	2人	広島県広島市	50代	船・自転車（自走）	持参	向島・因島・生口島・大三島・大島	生口島・西条・高知	3泊4日	◎サイクリング・グルメ・GO TO
	28	1人	栃木県足利市	70代〜	鉄道・高速バス	持参	大島・伯方島・大三島・生口島・因島・向島	鳴門・高松・今治・尾道	5泊6日	◎サイクリング・自然
	29	2人	宮城県仙台市	50代	鉄道	持参	向島・因島・生口島・大三島・大島	岡山・とびしま海道・尾道・今治・広島	3泊4日	◎サイクリング

注）来訪目的の「◎」は、主目的を示している。
（アンケート調査により作成）

トの周遊行動の特性について分析する（表9-4）。

1）短距離観光型サイクリスト（回答者番号1～5）

「短距離観光型サイクリスト」（5名）は、しまなみ海道で比較的短距離を走行しながらその沿線の島嶼部を訪問し、かつサイクリングを終えた後に他地域で宿泊・観光する来訪者である。同類型はサンライズ糸山を拠点にして、大島、伯方島、大三島など愛媛県内でサイクリングを行い、サンライズ糸山に再び戻る傾向にある。この類型は愛媛県を対象とした周遊観光の行程の一部に、しまなみ海道での短距離のサイクリングを組み込んでいると考えられる。

また、この類型の5名全員が県外からの来訪者であり、今治市街地や松山市の道後温泉に宿泊していた。これらの宿泊拠点を軸にして、しまなみ海道には日帰りで来訪しているのである。これらの地域では、宿泊施設が多く公共交通機関や飲食・商業施設、観光対象施設が整備されていることから、周遊観光において利便性が高いと考えられる。遠方からの来訪者が多く占めていることから、自宅からしまなみ海道までの交通手段として飛行機を利用する傾向にあった（3名）。

来訪目的に注目すると、「自然を楽しむため」が最も多く（4名）、次いで「グルメ」と「サイクリングを楽しむため」（各2名）、「まちなみなどの文化的景観を楽しむため」（1名）であった。同類型はサンライズ糸山を拠点として、自転車を利用し、しまなみ海道の自然風景やグルメなどを楽しむ観光形態といえるだろう。この類型は道後温泉を含めた松山市や今治市街地、宇和島市などで観光・宿泊をするため、しまなみ海道ではサイクリングの距離を抑えつつ、その沿線の観光資源をゆっくりと周遊していると考えられる。回答者番号1を除くと、いずれの回答者もレンタサイクルを利用し、身軽にしまなみ海道を訪問する傾向がみられた。

2）短距離レクリエーション型サイクリスト（回答者番号6～19）

「短距離レクリエーション型サイクリスト」（14名）は、しまなみ海道で比

較的短距離を走行しながらその沿線の島嶼部のみを訪問し、それ以外の地域に立ち寄らない来訪者である。同類型は地元の瀬戸内に居住している来訪者が多い。こうした来訪者は、日常生活圏やその周辺地域であるしまなみ海道でレクリエーションの一環として、気軽に短距離のサイクリングで過ごしていると考えられる。回答者の居住地はいずれも愛媛県もしくは広島県であり、とくに松山市（7名）と地元の今治市（3名）からの来訪者が多い。

来訪目的は「サイクリングを楽しむため」（9名）と「運動をするため」（7名）が多く、「トレーニング」と回答する来訪者（1名）も存在した。とくに、主目的に注目すると、回答者番号12を除いた13名が「サイクリング」「運動」「トレーニング」のいずれかを回答した。

自宅からしまなみ海道までの交通手段は、自家用車、船舶、自転車による自走のいずれかである。自家用車での来訪者は、レンタサイクルを利用するか、もしくは自家用車に積載した持参の自転車を使用している。同様に、船での来訪者も輪行した持参の自転車で周遊している。同類型のサイクリストの訪問地は、広島県在住である回答者番号18・19を除いて愛媛県内で完結している。また、回答者番号6を除いた全員が、日帰りと回答した。本類型の来訪者は、居住地の近くにしまなみ海道があるため、休日などに自宅から気軽に訪れられるサイクリングコースとして利用されていると考えられる。

3）しまなみ海道縦走型サイクリスト（回答者番号20〜24）

「しまなみ海道縦走型サイクリスト」（5名）は、サンライズ糸山から尾道駅前までのしまなみ海道全長約70kmを走行する来訪者である。回答者の居住地は、瀬戸内海沿岸の府県である。来訪目的に着目すると、回答者の全員が、主目的に「サイクリングを楽しむため」と回答した。それ以外の目的として、「運動をするため」を挙げる来訪者も存在した（2名）。このように、観光地の訪問より、サイクリングに重きを置く来訪者が多く占めると考えられる。

しまなみ海道への交通手段は、自家用車もしくはレンタカーであり、自動車を利用している。しまなみ海道縦走型サイクリストは、居住地からしまな

み海道まで自動車で来訪可能な範囲に居住している。同類型は、レンタサイクルを利用している回答者番号24を除くと、いずれも自動車で積載した持参の自転車を利用している。また、回答者番号24は宿泊ありと回答したが、それ以外のサイクリストは日帰りと回答した。すなわち、本類型のサイクリストは1日もしくは2日間で今治から尾道までの約70kmを走破するため、長時間自転車で走行している。自家用車で来訪した回答者番号20・21・22は、しまなみ海道の駐車場まで持参の自転車を積載し、その日のうちにしまなみ海道を往復縦走している。回答者番号23・24は4人グループで行動しているが、それ以外に自動車の運転手がおり、尾道側に先回りしていた。これらのサイクリストは片道のみの縦走である。

　しまなみ海道縦走型サイクリストは、途中に休憩を適宜とる程度であり、観光施設の見学などの行動をとらない傾向にある。しまなみ海道に自動車で来訪する理由として、自動車への自転車の積載を行うことにより、移動のしやすさが挙げられる。公共交通機関の移動では、専用の輪行袋への収納が必要であり、来訪者の行動も公共交通機関の運行スケジュールに縛られる。一方、自動車の場合、必ずしも輪行袋に収納する必要はなく、サイクリストは時間に縛られることなく比較的自由に行動をすることが可能である。そのため、瀬戸内海沿岸の府県から来訪した本類型のサイクリストは、自宅からしまなみ海道までの交通手段として自動車を選択していると考えられる。

4）長距離周遊型サイクリスト（回答者番号25～29）

　長距離周遊型サイクリスト（5名）は、しまなみ海道の片道縦走に加え、引き続き松山や岡山、とびしま街道などしまなみ海道以外の四国や瀬戸内地域を連続的にサイクリングする来訪者である。回答者の居住地は広島県3名、栃木県と宮城県がそれぞれ1名であった。回答者の全員が主目的に「サイクリングを楽しむため」と回答した。それ以外の目的として、「自然を楽しむため」と「Go Toトラベルキャンペーン[10]」がそれぞれ2名、「グルメ」が1名であった。

　自宅からしまなみ海道までの交通手段では、居住地によって差異がみられ

た。広島県から訪れた回答者番号25・26・27は、自宅から自走をしている。回答者番号26は松山から船舶で輪行、回答者番号28番は高知駅から輪行し、鉄道で帰宅すると答えた。往路と復路が異なる経路であるのも特徴である。一方、遠方から訪問した回答者番号28・29は、鉄道や高速バスなどの公共交通機関による輪行していた。長距離周遊型サイクリストは自動車を使用せずに、サイクリングと公共交通機関による輪行を組み合わせて、広範囲を行動している。

5. 本章の結論

　本稿では、しまなみ海道を事例として、サイクリストの行動パターンの特性を明らかにしてきた。その結果、①広域観光の行程の一部として主にレンタサイクルを利用し、しまなみ海道での短距離サイクリングを行う観光客である「短距離観光型サイクリスト」、②しまなみ海道での短距離サイクリングを通して余暇を過ごす瀬戸内域在住の来訪者である「短距離レクリエーション型サイクリスト」、③しまなみ海道での長距離サイクリングを行う主に瀬戸内地域在住の来訪者である「しなまみ海道縦走型サイクリスト」、④しまなみ海道の片道縦走に加え、四国や瀬戸内地域などを持参した自転車で訪問し、広域的にサイクリングを行う来訪者である「長距離周遊型サイクリスト」に分けることができるなど、多様な来訪者が存在することがわかった。

　最後に、しまなみ海道を訪問するサイクリストの周遊行動パターンが細分化した要因について2点述べる。第1に、サイクリストの居住地からしまなみ海道までの距離の違いが関係すると考えられる。呉羽・金（2009）が指摘するように、一般的に来訪者の居住地から訪問地域までの距離が長く、移動コストがかかるほど、周遊する範囲は広くなる。遠方への旅行であれば、滞在日数や滞在時間を増やして、より多くの地域を訪問したいという心理が働くと考えられる。これに該当する来訪者は、遠方から来訪した短距離観光型サイクリストと長距離周遊型サイクリストである。一方で、訪問地域から居住地までの距離が短い来訪者は、周遊する範囲は狭い。これは、主に瀬戸内

地域から来訪する短距離レクリエーション型サイクリストとしまなみ海道縦走型サイクリストに当てはまるといえる。

　第2に、サイクリストの来訪目的が来訪者の観光行動に影響すると考えられる。短距離観光型サイクリストでは、「サイクリングを楽しむため」のほか、「自然を楽しむため」「まちなみなどの文化的景観を楽しむため」「グルメ」などが挙げられており、走行距離を抑えてサイクリングより観光を重視するサイクリストが多く占められている。短距離レクリエーション型では、「サイクリングを楽しむため」「運動するため」「トレーニング」のいずれかを主目的に挙げる来訪者が多い。こうした来訪者の多くはレクリエーション活動としてしまなみ海道でのサイクリングを日常的に行っていると考えられる。しまなみ海道縦走型サイクリストと長距離周遊型サイクリストでは、全ての回答者が「サイクリングを楽しむため」を主目的と回答した。サイクリングを主目的にしているため、走行距離や走行時間は長くなり、走行範囲は広い。こうした来訪者はサイクリングの上級者も多く含まれていると考えられる。

〔注〕
1) 国土交通省ホームページ「ナショナルサイクルルート」(https://www.mlit.go.jp/road/bicycleuse/good-cycle-japan/national_cycle_route/, 最終閲覧日2021年5月27日)。
2) 1節3)項については、本州四国高速道路株式会社ホームページ(https://www.jb-honshi.co.jp/ shimanami/about/, 最終閲覧日2020年11月22日)を参考とした。
3) 2節では、愛媛県今治市『サイクリング施策紹介資料』、望月(2019)、中尾・藤井(2021)を参考とした。
4) 愛媛県ホームページ「愛媛マルゴト自転車道について(https://www.pref.ehime.jp/h40900/marugoto.html, 最終閲覧日2020年11月22日)。愛媛マルゴト自転車道ホームページ(https://ehime-cycling.jp/, 最終閲覧日2021年6月1日)。
5) しまなみサイクルオアシスホームページ(http://www.cycle-oasis.com/, 最終閲覧日2020年11月22日)。NPO法人シンクロツーリズムしまなみホームページ(http://www.cyclo-shimanami.com/, 最終閲覧日2021年6月1日)。しまなみ島走レスキューホームページ(http://tousou-rescue.com/, 最終閲覧日2021年6月1日)。

しまなみ自転車旅の宿（http://jitenshatabi-yado.com/，最終閲覧日2021年6月1日）。
6) しまなみジャパンホームページ「しまなみレンタサイクル」（https://shimanami-cycle.or.jp/rental/，最終閲覧日2020年11月23日）。
7) 愛媛県ホームページ「サイクルトレインしまなみ号の運転について」（https://www.pref.ehime.jp/h30200/3858/cycletrain.html，最終閲覧日2020年11月23日）。
8) 佐川急便ホームページ「しまなみ海道手ぶらサイクリング」（https://www.sagawa-exp.co.jp/stc/，最終閲覧日2020年11月23日）。
9) 尾道市ホームページ「報道発表（令和元年6月19日）―平成30年度瀬戸内しまなみ海道地域におけるサイクリング客数の推計値」（https://www.city.onomichi.hiroshima.jp/uploaded/life/26757_74523_misc.pdf，最終閲覧日2020年11月15日）。
10) アンケート調査を行った2020年8月現在，新型コロナウイルス感染症COVID-19が世界的に蔓延しており，その打撃を受けた観光業界への支援策としてGo Toトラベルキャンペーンが実施された。同キャンペーンは宿泊または日帰りの国内旅行の代金総額の1/2相当額を国が支援する事業である。

〔参考文献〕
宇都宮一成・シンクロツーリズムしまなみ2020.『しまなみ島走PLAN』シンクロツーリズムしまなみ．
呉羽正昭・金　玉実2009．観光行動の空間特性．神田孝治編『観光の空間―視点とアプローチ』ナカニシヤ出版102-111.
近藤隆二郎編2013．『自転車コミュニティビジネス―エコに楽しく地域を変える』学芸出版社．
自転車のまちをデザインする研究会2018．『自転車のまちをデザインする』サン・ネット．
鈴木美佳2021．日本の都市部におけるシェアサイクル運営の課題．地理学評論94：152-169.
中国経済産業局2018．『平成29年度サイクリング・ツーリズムを中心とした新たな観光関連産業創出に向けた調査事業報告書』中国経済産業局．（https://www.chugoku.meti.go.jp/research/ryutsu/pdf/180320_report.pdf）

中尾　光・藤井大児 2021．ビジネスケース：しまなみ海道の観光資源化．統合科学 1：21-28．

藤本芳一・輪の国びわ湖推進協議会 2019．『サイクルツーリズムの進め方―自転車でつくる豊かな地域』．学芸出版社．

望月　徹 2019．しまなみ海道におけるサイクルツーリズム振興の一考察－その広域連携の構造と機能について．日本国際観光学会論文集 26：127-136．

矢島拓弥・後藤春彦・山崎義人・遊佐俊彦 2011．自転車利用者の観光地における行動実態―「回り道行動」に着目して―．日本建築学会計画系論文集 76：2387-2394．

10章 震災復興を目的として開設された
「道の駅おながわ」来訪者の行動特性
―東日本大震災の「復興ツーリズム」―

高橋　葵・鈴木富之

1. 本章の課題

1）研究の背景と目的

　2011年の東日本大震災（東北地方太平洋沖地震による地震災害）の発生から多くの時間が経過し、被災地では語り部ガイドや震災遺構などを案内するプログラムをはじめとした「復興ツーリズム」が出現した。復興庁は復興ツーリズムを「観光客が現地で災害・津波の経験や教訓、震災からの復興状況などを直接体験することで減災・防災意識を高めるとともに、水産業と並び商業・観光が主要な産業である沿岸部の被災地にとっても、交流人口の拡大や地域経済の復興に貢献する大きな意義を持つ[1]」と指摘している。震災復興と観光の関係性について、西村（2011）は、「観光は他の産業に比べると、復興の立ち上がりが比較的早く、ある程度のインフラがあれば即戦力としての経済効果を発揮しうることを指摘している」と述べている。

　宮城県女川町では、観光交流エリアが整備され、2021年4月に「シーパルピア女川」「地元市場ハマテラス」「女川町まちなか交流館」「女川町たびの情報館ぷらっと」の4施設が「道の駅おながわ」に登録された（図10-1、写真10-1）。道の駅おながわはおもに地域観光、震災復興、地域交流の拠点化という役割を持つ。さらに、2015年時点でシーパルピア女川は震災復興商店街として女川に新設された「きぼうのかね商店街」「女川コンテナ村商店街」からの移転店舗も多くみられた（岩動2021）。このことから、道の駅おながわは震災復興を目的として開設されたといえるだろう。

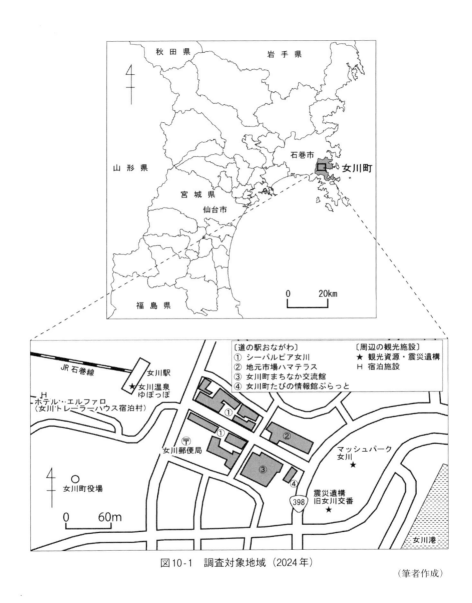

図10-1　調査対象地域（2024年）

（筆者作成）

写真10-1　道の駅おながわ（2024年）
（鈴木撮影）

　本章の目的は、震災復興を目的として開設された「道の駅おながわ」来訪者を対象としたアンケート調査をもとに、同施設内の行動特性や広域的な周遊行動特性について明らかにすることである。

2）調査方法

　筆者は、2023年9月9日（土）から11日（月）にかけて3日間、道の駅おながわの来訪者を対象としたアンケート調査を行った。場所は道の駅おながわ内に位置するまちなか交流館前である。この施設は女川町商工会議所が運営しており、地元市場ハマテラスとシーパルピア女川に隣接しているため、多くの来訪者が施設前を通ると予想された。3日間とも正午から午後2時30分までの2時間半で実施をし、114名の回答を得られた。

　主な質問項目は、①来訪者の属性（性別、年齢、居住地、交通手段、道の駅おながわへの訪問回数、訪問頻度、同行者、来訪目的）、②道の駅おながわでの行動、③町内外での行動などである。

　研究倫理上の配慮として、調査対象者への調査の趣旨、調査結果の公表時に個人が特定できないようにすることを口頭で説明し、個人のプライバシー

への配慮を行ってデータの入力や保管を行った。

3）調査対象地域

女川町は宮城県東部の沿岸地域にある牡鹿半島の基部に位置する。町域東部を太平洋に面し、周囲を北上山地から伸びる山々に囲まれ、石巻市に隣接している。沖合には江島列島や出島などの島々が点在し、東日本大震災により被災した三陸地域に創設された「三陸復興国立公園」に指定されている。町内には女川漁港や女川原子力発電所が立地する。

女川町によると[2]、牡鹿半島沿岸と湾口に開かれた女川町は、漁業と水産加工業を中心に発展してきた。女川港は世界三大漁場の1つである三陸漁場が近いことから、年間を通して豊富な魚種が数多く水揚げされている。とくに、サンマやイワシ類、ギンザケの水揚げのほか、牡蠣、ホヤ、ホタテ、ギンザケの養殖も盛んである。

奥州三大霊場の1つである霊島「金華山」には女川港から定期船が出ており、パワースポットとして知られる観光名所になっている[3]。また、牡鹿半島を横断する全長約29kmのドライブコースである県道220号線は、「コバルトライン」と呼ばれ、途中の大六天駐車場から太平洋とリアス式海岸の景色を望めることができる。「女川原子力PRセンター」では、原子力発電のしくみや女川原子力発電所の安全性向上に向けた取り組みをはじめ、放射線やエネルギーについて「見て・触れて・体験して」学べる施設として整備されている。

2. 女川町における東日本大震災による被害と震災遺構

1）東日本大震災による被害

2011年3月11日に東北地方太平洋沖地震が発生し、女川町では震度6弱の揺れが生じた。津波は山手から女川港へと下る地形の谷筋になっている地域に集中して巨大化したため、津波高は14.8m、遡上高は34.7mにものぼっ

た。これは県内の津波で最大の記録である。

女川町によると、津波の人的被害は死亡判明569名、死亡認定257名、行方不明者1名、確認不能者4名であった。住家被害数は、全体の89％にものぼる3,934棟であった[4]。震災後は、生活再建のために女川町を離れる社会減（転出超過）が加速し、2010年から2015年までの人口減少率36.98％は、福島県を除く国内全市町村で最大となった[5]。

写真10-2　震災遺構旧女川交番（2023年）
（高橋撮影）

2）女川町の震災遺構

女川町に現存する震災遺構として、「旧女川町交番」がある（写真10-2）。女川町によると[6]、東日本大震災における津波により海中に没した旧女川交番は、引き波により基礎部分の杭が引き抜かれ、現在の位置に横倒しになったものと考えられている。鉄筋コンクリート造の建物が津波で転倒したことは日本で初めての事例であり、世界的にも珍しいとされている。この遺構は経年劣化を許容する「見守り保存」とし、震災前の地盤の高さから復興事業で造形した地盤の高さまでのスロープを設置し、復興までの道のりをパネルで表現するかたちをとっている[7]。

3.「道の駅おながわ」の特徴

1）女川町の復興まちづくり

女川町の復興まちづくりの特徴として、まちと海の眺望を遮る巨大防潮堤を造らなかったことが挙げられる[8]。女川町まちなか再生計画では[9]、「女川町では、女川町復興計画（案）及び女川町中心部・土地利用計画（案）に基

写真10-3　JR女川駅（2023年）
（高橋撮影）

づき、安全な高台には、住宅地を整備し、一方まちの中心部には、公共施設、商業施設、観光施設等を集約整備し、幹線交通軸を中核に地区連携を図り、コンパクトな市街地形成を目指している。なかでも、JR女川駅（写真10-3）を中心とするまちの中枢を担う「にぎわい拠点」には、公共施設や観光交流エリアが周辺に配置され、駅舎からの眺望を有するまちのシンボル軸となるプロムナード沿道に商業施設等の集積を図り、町民や来街者等多様な人々が訪れ、集い、交流する"まちなか"として再生・整備することを目的とする。」と述べられている。つまり、女川町は「減災」をコンセプトに区画整理を行い、海がみえるコンパクトシティを実現してきた。

また、女川町復興計画の復興方針[10]によると、復興構想ゾーニングの考え方として、①子孫を津波災害から守るために、高台に住宅地を確保すること、②津波襲来時の避難対策として市街地および集落の近くに避難場所や避難ビル、避難路を整備すること、③市街地の孤立防止対策として内陸側に防災道路を整備すること、④活気ある水産ときれいな浜辺観光を前提にしたまちづくりをめざすことが挙げられる。震災前は山に囲まれた海岸沿いの平地に多くの住民が暮らしていたが、住宅地、病院や町役場などを高台に移転した。さらにJR女川駅周辺を核として、かさ上げしたのちに商業観光ゾーンが整備された。道の駅女川はこの地域に位置している。女川町の中心部に公共施設、商業施設、観光施設が集約したコンパクトなまちづくりの計画が進められた。2015年3月にはJR女川駅が再開された。建築家の坂茂氏が設計を担当した駅舎は、ウミネコが羽ばたく姿をイメージしてデザインされた。

2) 道の駅おながわの役割

2021年、既存の「シーパルピア女川」「地元市場ハマテラス」「女川町ま

ちなか交流館[11]」「たびの情報館ぷらっと[12]」の4つの施設が「道の駅おながわ」として登録された。石巻日々新聞社によると[13]、女川町にはJR石巻線や国道398号、離島航路ターミナルなどが存在しており、町はこれら交通の特徴を活かし、町中心部を観光地化することを国に提案した。これが高い評価を受け、「重点道の駅[14]」に登録さ

写真10-4　海鮮丼（2023年）
（高橋撮影）

れた。登録にあたって、①女川駅前商業エリアにおける人の流れの集約化、②震災復興の歩みの伝承やインバウンド誘客促進等の一体的なサービス提供、③地域課題解決と持続可能な低炭素社会構築の促進などの役割を担うことが示された。

　運営形態をみると、女川未来創造株式会社がシーパルピア女川と地元市場ハマテラスを、女川町（所有者）と女川町商工会（指定管理者）が女川まちなか交流館を、一般社団法人女川町観光協会がたびの情報館ぷらっとを運営している。このことから、官民協働で管理・運営されていることがわかる。また、表10-1は、シーパルピアおながわ店舗構成、表10-2はハマテラスの店舗構成を示したものである。海鮮料理（写真10-4）をはじめとした20店舗の飲食店をはじめ、物販、製作体験、理容室など多様な機能を併せ持っていることがわかる。

3）道の駅おながわと「ツール・ド・東北」

　サイクルイベントの「ツール・ド・東北」のエイドステーション（コース上に設置された食べ物や飲み物を補給する場所）として、第1回目の開催から女川駅前広場が使用されている。本イベントは、東日本大震災からの復興支援と震災の記憶を未来に残すことを目的として、2013年より開催されている。女川町は初回からコースの一部に組み込まれており、JR女川駅の再建以降は駅前広場が休憩地点として開放されている。大会運営事務局への聞き取り調査（2023年9月27日実施）によると、当初女川駅前広場がエイドステー

表10-1　シーパルピア女川の店舗構成（2023年10月11日）

カテゴリ	店舗名	内容
飲食	IL GABBIANO	ピザ・ワイン
飲食	きらら女川	パン・洋菓子
飲食	まぐろ屋　明神丸	海鮮等
飲食	RAMEN WORKS LINGKAI	ラーメン
飲食	洋食レストラン　りぼん	洋食
飲食	やきとり ぶんぶん／中華料理 中華杜華	焼き鳥・中華料理
飲食	うたごえ喫茶	音楽・喫茶（2023年10月29日閉店）
飲食	カフェ・ごはん・セボラ	軽食・喫茶
飲食	Mother Port Coffee女川店	コーヒーショップ
飲食	Bar Sugar Shack	バー
飲食	ガル屋Beer	クラフトビール
飲食	IZAKAYAようこ	居酒屋
飲食	居酒屋カフェM	居酒屋
飲食	酒飯処かぐら	和食居酒屋
飲食	焼肉　幸楽	焼肉
食料品	相喜フルーツ	青果・海産物
理髪店	理容ヨコヤマ	理容
製造・販売	三陸石鹸工房KURIYA	石鹸（2023年10月29日閉店）
製造・販売	Onagawa factory	手工芸品
制作販売・体験	みなとまちセラミカ工房	スペインタイル
体験	宮城ダイビングサービスハイブリッジ	ダイビングショップ
衣料雑貨	マツヤ	婦人服
衣料雑貨	MARUSAN	衣類・雑貨・アクセサリー
学習	女川向学館	放課後スクール
生花	ふらわ～しょっぷ花友	生花・ワークショップ
音楽	株式会社サウンドハウス女川ショールーム	音楽機器の展示・音楽教室
スポーツ	コバルトーレ女川サポーターズパーク	スポーツ用品・グッズ
車	トヨタレンタリース仙台 女川駅前取次店	レンタルカー・リースカー
制作・修理	GLIDE GARAGE	エレキギター

（シーパルピア女川＆ハマテラスホームページ（http://onagawa-mirai.jp/）により作成）

表10-2　ハマテラスの店舗構成（2023年10月11日）

カテゴリ	店舗名	内容
飲食	女川バーガー	ファストフード
飲食	SPICY CURRY Blue Coral Reef	スパイスカレー専門店
飲食	Gozainn（ございん）	ステーキ・牡蠣
飲食・物販	マルキチ女川浜めし屋	釜飯・水産加工品
飲食・物販	お魚いちば おかせい 女川本店	海鮮丼・水産加工品
物販	さんまのヤマホン	さんま製品
物販	片倉商店	水産加工品
物販	蒲鉾本舗 高政 シーパルピア女川店	蒲鉾・水産加工品

（シーパルピア女川＆ハマテラスホームページ（http://onagawa-mirai.jp/）により作成）

ションに選定された理由として、震災からの復旧が比較的早く、水道や広場が使用できたことが挙げられた。エイドステーションで休憩し、道の駅を回遊する参加者の姿がみられるという。

4.「道の駅おながわ」来訪者の行動特性

本節では、「道の駅おながわ」来訪者へのアンケートから、その行動特性を明らかにする。

1)「道の駅おながわ」来訪者の属性

表10-3は、来訪者の属性について性別、年代、同行者、居住地、来訪回数、移動手段についてまとめたものである。回答者の年代についてみると、「50～60代」が最も多く（114名中50名）次いで「30～40代」が25名、「～20代」が24名、「70代～」が15名を占めていた。また、同行者をみると「夫婦・恋人」が最も多く34名、次いで「家族」が25名、「友人」が18名、「ひとり」が15名、「仕事仲間」が14名であった。居住地をみると、「仙台市」と「県外」が最も多くそれぞれ35名、次いで、「その他宮城県内」（女川町、石巻市、東松島市、仙台市を除く市町村）が24名、「石巻

表10-3 道の駅おながわ来訪者の属性（2023年）

		人数	割合
性別	男性	60	53%
	女性	54	47%
年代	～20代	24	21%
	30～40代	25	22%
	50～60代	50	44%
	70代～	15	13%
同行者	ひとり	15	13%
	夫婦・恋人	34	30%
	家族	25	22%
	友人	18	16%
	仕事仲間	14	12%
	その他	8	7%
居住地	女川町	5	4%
	石巻圏内	15	13%
	仙台市	35	31%
	その他宮城県内	24	21%
	県外	35	31%
来訪回数	初めて	49	43%
	2回目	18	16%
	3回目	8	7%
	4回目以上	39	34%
移動手段	自家用車	72	63%
	バス	13	11%
	鉄道	9	8%
	その他	20	18%

（来訪者へのアンケートにより作成、N = 114）

圏内」（石巻市、東松島市）が15名、「女川町」は5名であった。県外居住者は、東京都6名、山形県5名、福島県4名、大阪府・岩手県・神奈川県・高知県各3名、愛知県2名、青森県・千葉県・埼玉県・長野県・長崎県・熊本県が各1名であった。同施設では全国的に集客がなされている。

また、道の駅までの主な交通手段は、「自家用車」が75名、次いで「その他」が20名、「バス」が13名、「鉄道」が9名であった。その他では、「徒歩」「飛行機とレンタカー」「徒歩とバス」「バイク」が挙げられた。

来訪回数は「初めて」（49名）が最も多く、次いで「4回目以上」が39名であり、初めての来訪者とリピーターの多さが目立った。

2）「道の駅おながわ」への来訪目的

図10-2は、道の駅おながわへの来訪目的を示したものである。「飲食」と回答している来訪者は114名中100名で全体の9割近くを占め、「観光」は51名、「買い物」は44名とそれぞれ4割近くを占めていた。また、復興視察を目的とする来訪者は37名存在した。このことから、同施設は主に飲食目的で立ち寄られるとともに、観光目的地の1つにもなっていることがわかる。また、女川町まちなか交流館では震災復興に関するパネルや模型の展示を行っており、さらに道の駅おながわに隣接して震災遺構旧女川交番が位置している。現在も震災復興視察として県内外からの来訪があると考えられ

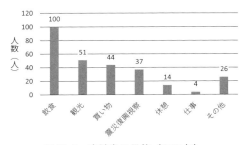

図10-2　来訪者の目的（2023年）
（来訪者へのアンケートにより作成、N = 114（複数回答可））

写真10-5　ポケふた（2023年）
（高橋撮影）

る。「その他」では、友人や知人に会うため、犬の散歩、集会や学習、建築見学、道の駅スタンプラリー、ポケふた（ゲームソフトシリーズ「ポケットモンスター」のキャラクターがデザインされたマンホール蓋、写真10-5）撮影のほか、通りかかっただけという来訪者もいた。

3）「道の駅おながわ」における来訪者の行動特性

表10-4は、来訪者の居住地別に道の駅内での行動を飲食、買い物、その他の行動で分けて示したものである。なお、表のパーセンテージは地域ごとにおける各項目の回答者の割合を示している。

（1）飲食行動

シーパルピア女川とハマテラスの店舗において37店舗中20店舗が飲食店であることから（2023年10月11日現在）、来訪者の9割が道の駅内での飲食行動をとっている。

なかでも海鮮料理は、すべての地域において多く食されている。とくに「仙台市」（91％）、「宮城県外」（83％）の来訪者が食していることがわかる。一方、その他飲食店は「女川町」（60％）、「石巻圏」（47％）からの来訪者が多い。

表10-4　道の駅おながわにおける居住地別にみた来訪者の行動（2023年）

地域	人数	飲食			買い物				その他				
		海鮮料理	その他飲食店	カフェ	海鮮	水産加工品	その他飲食物	雑貨類	情報収集	顔見知りとの会話	震災展示見学	集会や学習	その他
女川町	5	3 60%	3 60%	0 0%	1 20%	1 20%	0 0%	0 0%	1 20%	2 40%	1 20%	1 20%	1 20%
石巻圏	15	9 60%	7 47%	2 13%	6 40%	4 27%	2 13%	2 13%	3 20%	5 33%	2 13%	3 20%	1 7%
仙台市	35	32 91%	4 11%	4 11%	13 37%	7 20%	5 14%	2 6%	8 23%	2 6%	12 34%	2 6%	2 6%
その他宮城県内	24	16 67%	1 4%	1 4%	15 63%	4 17%	2 8%	3 13%	9 38%	1 4%	3 13%	0 0%	0 0%
宮城県外	35	29 83%	7 20%	4 11%	10 29%	14 40%	5 14%	3 9%	10 29%	4 11%	18 51%	0 0%	4 11%
合計	114	89	22	11	45	30	14	10	31	14	36	6	8

（来訪者へのアンケートにより作成、N = 114（複数回答可））

これは、近郊居住者は日常的に道の駅を利用していると考えられることから、比較的単価の安価な中華や和食などその他飲食店を利用していると考えられる。

(2) 購買行動

　すべての地域において、海鮮や水産加工品は、他の商品に比べ多く購入されていることがわかる。その理由として、女川町に漁港が位置しており、当日水揚げされた魚介類が市場に店頭に並ぶことが魅力の1つになっていることが考えられる。

　地域別にみると、海鮮を購入した「宮城県外」は29％にとどまっているのに対し、「石巻圏」（40％）、「仙台市」（37％）、「その他宮城県内」（60％）は比較的高い割合を示した。一方で、「宮城県外」からの来訪者の40％が水産加工品を購入しているのに対し、他地域では2～3割前後にとどまっている。宮城県内の来訪者は同施設から自宅までの距離が短く、かつ自家用車での来訪が多いことから、海鮮を購入し持ち帰る傾向がある。一方の県外からの来訪者は土産品や日持ちする加工品を購入する傾向にあると考えられる。

(3) 震災展示見学

　女川町まちなか交流館内にある震災復興に関するパネル展示をみた来訪者の割合が最も高かったのは「宮城県外」（51％）で、次いで「仙台市」（34％）であった。一方で、「女川町」は20％、「石巻圏」は13％、「その他宮城県内」は13％にとどまっている。居住地と同施設との距離が遠いほど、割合が高い傾向にある。近隣からの来訪者は東日本大震災を体験していることも多く、かつこれらの展示を閲覧する機会があったことが指摘できる。一方、県外からの来訪者は初めての来訪を含め被災地への来訪頻度が低い傾向にあることから、展示に高い関心を持っていると考えられる。また、道の駅おながわに隣接する震災遺構旧女川交番があることも、震災学習を目的に来訪する理由の1つになっている。

（4）顔見知りとの会話と集会や学習

「顔見知りとの会話」と「集会や学習」は、女川町含む石巻圏内からの来訪者において、比較的高い割合で回答されていた。「顔見知りとの会話」は、「女川町」が40％、「石巻圏」では33％であるのに対し、他地域では11％未満である。また、「集会や学習」と回答した者のうち、半数以上が女川町を含む石巻圏内からの来訪者であった。なお、2023年9月10日には女川町まちなか交流館において講演会が開催されていたことから、講演会目的の来訪者が県内から訪れていたと推測できる。このように、他の項目と比較して人数は少ないものの、近郊からの来訪者にとって、道の駅おながわは会話や集会・学習を通した交流の場となっていると考えられる。

4）「道の駅おながわ」来訪前後の訪問地からみた来訪者の周遊行動

表10-5は、調査対象者のうち、前後の旅程を記入した41名を対象に、前後の旅程をもとに、「周辺施設目的型」「震災関連施設目的型」「石巻圏周遊型」「仙台松島周遊型」「長距離立ち寄り型」の5つの類型に分類したものである。また、表10-6は、各類型における目的別（飲食、買い物、観光、休憩、震災復興視察、その他）の人数と割合を示したものである。

（1）周辺施設目的型（No.1～6）

「周辺施設目的型」来訪者（6名）は、訪問先として道の駅おながわ周辺の施設を主としている来訪者である。具体的には、総合体育館（No.1）、運動公園（No.2）、部活動の試合の応援（No.3）、釣り（No.4・5）、原子力発電所での仕事（No.6）が挙げられる。

来訪目的に注目すると、「飲食」「観光」に関する項目の割合は他の類型に比べ最も低く、「買い物」「震災復興視察」と回答した者はみられなかった。一方、休憩を目的とする割合は他の類型に比べ最も高かった（33％）。同施設が女川町内の中心部に位置し、飲食店やトイレなど休憩場所として利便性が高い施設であることから立ち寄られているといえる。

表10-5　道の駅おながわ来訪者の周遊行動（2023年）

類型	NO	年齢	居住地	交通手段	来訪回数	同伴者	前後の訪問地
周辺施設目的型	1	10代	石巻市	鉄道	4回以上	友人	総合体育館・アスレチック（町内）
	2	40代	石巻市	自家用車	3回目	家族	運動公園（町内）
	3	40代	仙台市	鉄道	4回以上	ひとり	サッカー応援（町内）
	4	20代	仙台市	自家用車	1回目	友人	釣り（町内）
	5	20代	福島県	自家用車	1回目	家族	釣り（町内）
	6	50代	愛知県	飛行機・レンタカー	1回目	仕事仲間	女川原子力発電所（町内）
震災関連施設目的型	7	70代	仙台市	バス	1回目	元同期	追分温泉、震災遺構大川小学校（石巻市）
	8	60代	仙台市	バス	4回以上	元同期	追分温泉、震災遺構大川小学校（石巻市）
	9	60代	山形県	バス	1回目	元同期	追分温泉、震災遺構大川小学校（石巻市）、仙台市
	10	60代	青森県	バス	1回目	元同期	追分温泉、震災遺構大川小学校（石巻市）、仙台駅
	11	70代	大河原町	バス	1回目	仕事仲間	震災遺構大川小学校、かまぼこ工場（石巻市）
	12	70代	大河原町	バス	1回目	仕事仲間	震災遺構大川小学校、かまぼこ工場（石巻市）
	13	80代	蔵王町	バス	1回目	仕事仲間	震災遺構大川小学校、かまぼこ工場（石巻市）
	14	60代	東京都	バス	3回目	不明	気仙沼市、南三陸さんさん商店街、石巻市、松島町
	15	20代	長崎県	飛行機・鉄道・自転車	1回目	大学のゼミ	福島県浜通り地方（富岡町、大熊町、浪江町）、岩手県陸前高田市、気仙沼市、南三陸町、石巻市、松島町、仙台市、名取市
	16	50代	神奈川県	徒歩・バス	1回目	ひとり	震災遺構仙台市立荒浜小学校、石巻市震災遺構門脇小学校
石巻圏周遊型	17	40代	仙台市	自家用車	3回目	家族	石巻市
	18	20代	仙台市	鉄道	1回目	ひとり	石巻市
	19	70代	仙台市	自家用車	4回以上	恋人・夫婦	鮎川（石巻市）
	20	20代	仙台市	自家用車	1回目	恋人・夫婦	道の駅上品の郷（石巻市）
	21	20代	仙台市	自家用車	3回目	家族	女川駅周辺散策（町内）
	22	60代	仙台市	自家用車	2回目	ひとり	雄勝（石巻市）
	23	20代	仙台市	自家用車	4回以上	友人	伝統芸能伝承館「森舞台」（登米市）、白い鹿のオブジェ「White Deer（Oshika）」、カフェ、マルホンまきあーとテラス（石巻市）
	24	30代	長野県	自家用車	1回目	友人	伝統芸能伝承館「森舞台」（登米市）、白い鹿のオブジェ「White Deer（Oshika）」、カフェ、マルホンまきあーとテラス（石巻市）
	25	20代	神奈川県	自家用車	1回目	家族	金華山（石巻市）、女川温泉華夕美（町内）
仙台松島周遊型	26	60代	柴田町	自家用車	4回以上	恋人・夫婦	松島町
	27	50代	仙台市	レンタカー	1回目	家族	青葉城、定禅寺通り（仙台市）、松島町
	28	50代	埼玉県	鉄道	1回目	ひとり	気仙沼市、仙台市
	29	20代	神奈川県	鉄道	1回目	ひとり	松島町
	30	40代	愛知県	飛行機・レンタカー	1回目	家族	気仙沼海の市（気仙沼市）、松島町
	31	60代	福島県	鉄道	2回目	恋人・夫婦	イベントや飲み歩き（仙台市）
	32	60代	福島県	鉄道	1回目	恋人・夫婦	イベントや飲み歩き（仙台市）
	33	20代	山形県	自家用車	1回目	友人	道の駅おおさと（大郷町）、道の駅米山（登米市）道の駅上品の郷、道の駅硯上の里おがつ（石巻市）

	34	60代	山形県	自家用車	2回目	身内	松島町
	35	70代	千葉県	自家用車	1回目	恋人・夫婦	東松島市、松島町、仙台市
	36	60代	東京都	自家用車	1回目	恋人・夫婦	仙台市街地、泉アウトレット（仙台市）、松島町
長距離立ち寄り型	37	40代	大阪府	飛行機・レンタカー	1回目	恋人・夫婦	仙台市、東松島市、岩手県盛岡市〜青森県青森市
	38	40代	大阪府	飛行機・レンタカー	1回目	恋人・夫婦	仙台市、東松島市、岩手県盛岡市〜青森県青森市
	39	50代	東京都	自家用車・鉄道	2回目	恋人・夫婦	三沢基地（青森県三沢市）、古川市、石巻市
	40	50代	東京都	自家用車・鉄道	2回目	家族	三沢基地（青森県三沢市）、古川市、石巻市
	41	40代	高知県	飛行機・レンタカー	1回目	仕事仲間	南三陸町、岩手県宮古市、花巻空港（岩手県花巻市）

（来訪者へのアンケートにより作成、N = 41）

表10-6　周遊行動の類型からみた道の駅おながわ来訪者の来訪目的（2023年）

類型	人数	飲食	買い物	観光	休憩	震災復興視察	その他
周辺施設目的型	6	4 67%	0 0%	2 33%	2 33%	0 0%	2 33%
震災関連施設目的型	10	7 70%	6 60%	6 60%	0 0%	8 80%	0 0%
石巻圏周遊型	9	7 78%	3 33%	6 67%	2 22%	4 44%	2 22%
仙台松島周遊型	11	10 91%	4 36%	6 55%	0 0%	4 36%	2 18%
長距離立ち寄り型	5	5 100%	5 100%	5 100%	0 0%	5 100%	0 0%

（来訪者へのアンケートにより作成、N = 41）

(2) 震災関連施設周遊型（No.7〜16）

「震災関連施設周遊型」来訪者（10名）は、道の駅おながわの訪問前後に東日本大震災関連施設を訪れている来訪者である。10名中8名が道の駅おながわへの来訪は初めてであり、半数が県外からの来訪であった。震災関連施設として、仙台市の震災遺構荒浜小学校[15]（写真10-6）、石巻市の震災遺構門脇小学校[16]（写真10-7）と震災遺構大川小学校[17]（写真10-8）、南三陸町の南三陸さんさん商店街[18]（写真10-9・10-10）が挙げられた。そのほか、福島県富岡町、大熊町、浪江町、岩手県陸前高田市などの地域がみられた。同類型には、①震災関連施設を中心に周遊する来訪者（No.15・16）と、②震災関連施設以外の観光施設も周遊する来訪者（No.7〜14）という2つのパターンがみられた。

①の来訪者は、震災関連施設を通して震災に関する学びを深めることを周

写真10-6　震災遺構荒浜小学校（仙台市、2024年）
（鈴木撮影）

写真10-7　震災遺構門脇小学校（石巻市、2023年）
（鈴木撮影）

写真10-8　震災遺構大川小学校（石巻市、2024年）
（鈴木撮影）

写真10-9 南三陸さんさん商店街（南三陸町、2024年）
（鈴木撮影）

写真10-10 震災遺構南三陸旧防災対策庁舎（南三陸町、2023年）
（鈴木撮影）

遊の軸としていることがうかがえる。大学のゼミの一環で訪れたという来訪者がいたことから、道の駅おながわが震災学習において重要な訪問地の1つになっていることが推測できる。

一方、②の来訪者の移動手段はバスであり、なおかつ複数人同様の行動を取っていることから、バスツアーや団体旅行の旅程の一部に同施設が組み込まれていると考えられる。これは、道の駅おながわが広い駐車場・飲食・商業施設に加え、震災遺構旧女川交番が隣接していることや石巻市街地からのアクセスが良いことから、団体旅行において利便性が立ち寄り先の1つとして扱われていると推測できる。これらの来訪者は前後にかまぼこ工場や松島、温泉施設を訪問しており、震災学習と観光の双方を目的としていると考えられる。

来訪目的に注目すると、10人中8人が「震災復興視察」を目的として挙げている。また、6割以上が「飲食」「買い物」「観光」を目的として挙げており、買い物に関しては長距離立ち寄り型に次いで高い割合であった。ここから、団体旅行の旅程において同施設が土産物を購入する場所としても位置づけられていることがわかる。

(3) 石巻圏周遊型（No.17〜25）

「石巻圏周遊型」来訪者（9名）は、主に石巻市や女川町内を周遊する観光形態を取る来訪者である。仙台居住者（7名）と自家用車での来訪（8名）がとくに多いことが特徴として挙げられる。雄勝半島と合わせて周遊する観光形態（No.19・22・23・24）と、金華山や石巻市街も併せて周遊する観光形態（No.17・18・25）がみられた。また、No.25を除き日帰りでの来訪である。来訪目的をみると、「飲食」の割合が高く、道の駅おながわは石巻圏を日帰りで周遊する来訪者が昼食をとる場所になっていることが推測できる。

その他の来訪目的としては、サイクリングと公園が挙げられた。道の駅おながわ周辺には自転車専用道路が整備されており、石巻市と女川町は高低差が激しいリアス海岸沿いの道路を持つ[19]。同施設は、コバルトライン含む海岸線を走るサイクリストの休憩場所としての役割も果たしているといえる。

(4) 仙台松島周遊型（No.26〜36）

「仙台松島周遊型」来訪者（11名）は、主に仙台や松島から道の駅おながわまで足をのばし周遊する来訪者である。9名が県外居住者であり、自家用車ではなく鉄道やレンタカーを利用する来訪者（6名）が多いことが特徴として挙げられる。公共交通機関を利用する県外からの来訪者は、仙台空港やJR仙台駅を経由し、仙台市内や日本三景の松島を訪問することが多い。

来訪目的に注目すると、「飲食」が最も多く、9割以上を占めていた。道の駅おながわは、周遊観光時の昼食スポットとして機能していると考えられる。その他の来訪目的としては、建築見学が挙げられた（No.29）。この来訪者は建築家の坂茂氏が手掛けたJR女川駅舎を見学する目的で訪れている。

(5) 長距離立ち寄り型（No.37〜41）

「長距離立ち寄り型」の来訪者（5名）は、県をまたぐ長距離移動のなかで、石巻圏に立ち寄る周遊行動をとる来訪者のことである。全員が県外居住者であり、内訳は東京都、大阪府、高知県である。仕事仲間との震災復興視察を目的とした来訪者（No.41）を除き、夫婦旅行で訪れている。同類型の来訪

者は、飛行機とレンタカー、鉄道と自家用車のように公共交通機関を組み合わせて広範囲を移動している。

また、来訪目的に注目すると、全員が「飲食」「買い物」「観光」「震災復興視察」を目的として挙げていた点が特徴である。他の類型と比較して強い目的があり、道の駅おながわを来訪していることがうかがえる。

5. 本章の結論

本章では、東日本大震災を機に設置された「道の駅おながわ」の来訪者の行動パターンの特性を明らかにしてきた。

その結果、来訪者の道の駅内での行動の特徴として、来訪者の9割近くに飲食行動がみられた。なかでも仙台市と宮城県外からの来訪者は8割以上が海鮮料理を食していることがわかった。一方で、女川町や石巻圏からの来訪者は海鮮料理以外を食す割合が他の居住地と比較して高かった。その理由として、近郊居住者は日常的に道の駅を利用していることから、比較的単価の安い中華や和食などの飲食店を利用していることが指摘できる。

つぎに、購買行動に関しては海鮮と水産加工品の購入状況において、居住地と道の駅の距離による差異がみられた。宮城県内からの来訪者は同施設から自宅までの距離が短く自家用車での来訪が多いことから海鮮を購入し持ち帰る傾向がみられ、一方の県外からの来訪者は土産品や日持ちする加工品を購入する傾向がみられた。これは、水産加工品は海鮮と比較して日持ちがするため、遠方からの来訪者でも購入し、鮮度を気にせずに持ち帰りやすいことが関係していると考えられる。

また、震災展示見学については仙台市（34%）と宮城県外からの来訪者（51%）が比較的多くみられたが、女川町や石巻圏からの来訪者は15%にとどまっていた。これは、近郊居住者はすでに展示を閲覧する機会があったこと、県外からの来訪者は初めての来訪や期間を開けての来訪であるため、展示に高い関心を抱く来訪者が多いことが要因であると考えられる。

道の駅おながわ来訪前後の周遊行動は4つの類型に分類できた。すなわ

ち、①道の駅おながわ周辺の施設や周辺での予定を主としている「周辺施設目的型来訪者」、②前後に東日本大震災関連施設を訪れている「震災関連施設目的型来訪者」、③主に石巻市、女川町内を周遊する「石巻圏周遊型来訪者」、④主に仙台、松島から道の駅おながわまで足をのばし周遊する「仙台松島周遊型来訪者」、⑤県をまたぐ長距離移動のなかで、石巻圏に立ち寄る周遊行動をとる「長距離立ち寄り型来訪者」であった。

〔注〕

1) 復興庁ホームページ「東日本大震災 復興の教訓・ノウハウ集（令和3年、復興庁）」、https://www.reconstruction.go.jp/311kyoukun/pdf/kyokun/kyokun.pdf、最終閲覧日2024年11月14日。
2) 女川町ホームページ「令和3年女川の水産（宮城県女川町）」、https://www.town.onagawa.miyagi.jp/pdf/r03_05_17_02_10.pdf、最終閲覧日2024年11月14日。
3) 女川町ホームページ「町の紹介」、https://www.town.onagawa.miyagi.jp/02_01_01.html、最終閲覧日2023年12月26日。
4) 女川町ホームページ「震災復興のあゆみ」、https://www.town.onagawa.miyagi.jp/archive/ayumi/ayumi.html、最終閲覧日2023年11月11日。
5) 女川町ホームページ「女川町まち・ひと・しごと創生総合戦略第1版（平成28年7月、女川町）」、https://www.town.onagawa.miyagi.jp/pdf/sogokeikaku/machi_hito_shigoto_01.pdf、最終閲覧日2024年11月14日。
6) 女川町ホームページ「震災学習 東日本大震災について」、https://www.town.onagawa.miyagi.jp/03_00_08.html、最終閲覧日2024年1月16日。
7) 震災伝承ネットワーク協議会事務局（国土交通省東北地方整備局企画部）ホームページ「東日本大震災遺構（旧女川交番）」、https://www.thr.mlit.go.jp/shinsaidensho/facility/miyagi-2-034.html、最終閲覧日2024年11月14日。
8) 全国町村会ホームページ「宮城県女川町／あたらしいスタートが世界一生まれる町へ（須田善明女川町長）」、https://www.zck.or.jp/site/forum/21562.html、最終閲覧日2024年1月10日。
9) 復興庁ホームページ「女川町まちなか再生計画（平成28年1月、女川町）」、

https://www.reconstruction.go.jp/topics/main-cat1/sub-cat1-15/160209onagawa_saisei.pdf、最終閲覧日2024年11月14日。

10） 女川町ホームページ「女川町復興記録誌2011-2021（令和3年、女川町）」、https://www.town.onagawa.miyagi.jp/archive/pdf/hukkou_kirokushi_fv.pdf、最終閲覧日2024年11月14日。

11） 女川町まちなか交流館では、復興状況を説明するパネルや模型を展示するロビーのほか、約160人を収容できるホール、多目的室・会議室、調理室、キッズコーナー、音楽スタジオが設置されており、女川町民会議や女川町民文化祭、講演会等で活用されている（女川町まちなか交流館ホームページ「施設のご紹介」、http://onagawa-machikou.com/outline.html、最終閲覧日2024年1月14日）。

12） たびの情報館ぷらっとには、女川町観光協会事務所があり、レンタサイクル、シーパル荷物預かりサービスのほか、パンフレットの配布や町内情報の発信などを行っている。

13） note石巻Days（石巻日日新聞社公式）「重点道の駅「おながわ」開業　既存施設使い交流拠点　水産PRと復興状況発信」、https://note.com/hibishinbun/n/ndacbc12a5134、最終閲覧日2024年1月17日。

14） 重点道の駅は、国土交通省が道の駅を地域活性化の拠点とする取り組みを支援する制度であり、「地域活性化の拠点となる優れた企画があり、今後の重点支援で効果的な取組が期待できるもの」と位置づけられている。道の駅の整備の企画段階から、国土交通大臣が取組の先駆性、効果、実現可能性に基づき、優れた企画を選定する（国土交通省　ホームページ「モデル『道の駅』・重点『道の駅』の概要」、https://www.mlit.go.jp/road/Michi-no-Eki/juten_eki/juten_eki_index.html、最終閲覧日2024年1月16日）。

15） 仙台市若林区の震災遺構荒浜小学校は、東日本大震災の震災遺構では初の学校施設として2017年4月に開館した。2階まで押し寄せた津波による損傷が残っており、津波の被害がなかった4階において被災当日の様子を映像等で紹介している。

16） 石巻市の震災遺構門脇小学校は津波火災の痕跡が残る唯一の震災遺構であり、津波により引き起こされる津波火災に見舞われた校舎が公開されている。

隣接する屋内運動場には、津波で大きく形を変えた被災車両や、復元したプレハブの仮設住宅などが展示されている。
17）　大川小学校を襲った津波は8.6mにも達し、大川地区では小学校の児童74名、教職員10名を含む416名が死亡・行方不明となった。被害を受けた校舎は外側から見学でき、併設された大川震災伝承館には地域の被害を伝える資料等が展示されている。
18）　南三陸さんさん商店街は2012年に仮設商店街として開設されたのち、2017年に常設商店街として整備された。建築家の隈研吾氏が設計し、飲食店や鮮魚店、土産店が並ぶ。震災の伝承施設である「南三陸311メモリアル」が併設している。
19）　海街さんぽホームページ「牡鹿半島周遊コース」、https://www.umimachi-sanpo.com/umimachi_ride/oshika/、最終閲覧日2023年12月26日。

〔参考文献〕
岩動志乃夫2021．東日本大震災後の仮設商店街から本設商店街への移行と展開―釜石市と女川町の事例．季刊地理学73：148-163．
西村幸夫2011．震災復興とツーリズムの役割．観光文化208：2-5．

第Ⅲ部
趣味に没頭するＺ世代の若者による
ファン行動（推し活）と観光資源の評価

Ｚ世代の若者による推し活の様子（2023年）
（毛木詩穂子撮影）

11章　大学生におけるイベントへの参加状況からみたファン行動（推し活）の特徴

吉澤優希・鈴木富之

1. 本章の課題

　近年、アイドルや俳優などのファン対象に関連するグッズを購入したり、ライブ会場へ赴いたりする「ファン行動」（推し活）が注目を集めている。SNSの普及や情報技術の高度化に伴ってファン行動は多様化しつつあり、ファンによる消費行動や観光行動は活発化している。SHIBUYA109 lab.による15〜24歳のZ世代を対象に行われた「Z世代のヲタ活に関する意識調査」では、Z世代の8割が推し活をし、ファン対象が存在することが明らかにされた（SHIBUYA109 Lab.ホームページ「Z世代のヲタ活に関する意識調査（2022年6月12日更新）」、https://shibuya109lab.jp/article/220712.html、最終閲覧日2023年1月11日）。

　ファン行動は、これまで長年行われてきた「ライブ・イベント・試合を見に行く」「CD・DVDを買う」といった行動にとどまらない。1990年代後半〜2010年生まれのZ世代と称される若者は新しいかたちでファン対象を応援したり、ファンであることを楽しんだりしている。例えば、推し活の聖地として注目を集めるサンリオピューロランドでは、ネームホルダーを作ることができる「メルヘン工房」で、多くのZ世代が推しの名前でオリジナルのネームホルダーを作成したり、そのネームホルダーや推しのグッズとともに、園内のSNS映えスポットで写真を撮ったりするなど、推し活を楽しんでいる。また、推し活をする来園者を対象として、ピューロランドの公式ホームページには1人で推し活を楽しむための「おすすめプラン」が紹介されている（東洋経済オンライン「『レトロ』と『推し活』Z世代に学ぶ旅行の楽しみ方、

全国旅行支援が開始、若者に今人気のスポット（2022年10月15日）」、https://toyokeizai.net/articles/-/625714、最終閲覧日2022年11月11日）。このように、観光客がファン行動をすることによって、経済波及効果が生まれることから、さまざまな地域でファン誘致のための取り組みが行われている。

　ところで、観光客によるファン行動は1人もしくは友人と行われることが多いが（大方・乾2022）、その行動形態は一様ではない。例えば、小城（2005）では、ミュージシャンのファンが情報収集と作品の鑑賞を行うことや、アイドルのファンは積極的に情報収集を行い、ファン同士で魅力を語り合うことなどが指摘されている。このように、ファン行動の多様さを明らかにすることができれば、それぞれのニーズを正確に把握することができ、より効率的にファン誘致のための取り組みを実施することができるだろう。

　そこで、本章の目的は、①イベント参加時の事前準備行動と②イベント前後の行動の2点に注目し、大学生におけるイベント参加状況からみたファン行動の特徴を明らかにすることである。

　本章では、「ファン」の定義を「スポーツ・演劇・映画・音楽などで、ある特定の人物（グループ、チームを含む）に対して魅力を感じている人」（向居ほか2016）とする。

2．アンケート調査の概要

　2022年11月11日（金）に、宇都宮大学の「観光地理学」を受講する学生（地域デザイン科学部38名、国際学部11名）と地域デザイン科学部コミュニティデザイン学科4年生10名を対象に、紙媒体によるアンケート調査を実施した。これら文系2学科を対象とした理由として、工学部などの理系学部と異なり男女比のバランスが良いことが挙げられる。これらの学生にアンケートをとることによって、栃木県内の大学生のファン行動をある程度把握できると考える。

　また、宇都宮大学が立地する宇都宮市は東京をはじめとする南関東のイベント会場から日帰り圏にあり、かつ学生のほとんどが栃木県やその隣接県に

住んでいるため、多くの学生が東京をはじめとした南関東からの近接性に優れているため、これらの地域で活発にファン行動を行っていると考えられる。そこで、宇都宮大学の大学生を対象にアンケート調査を行った。

質問項目は、①属性（性別、学年、学部、居住場所など）、②イベント参加を目的にした観光行動の内容（ファン対象の名称、イベントの分類、イベントの開催場所、旅行日数、宿泊先、同行者、イベント参加前の準備行動、イベント前後に訪れた地名、旅行で訪れた推しの聖地の有無、食事、現地までの交通手段、イベント現地での費用など）である。

なお、アンケート調査を行うにあたり、倫理上の配慮として個人が特定されないようにし、プライバシー管理を徹底しながらデータの入力と保管を行った。

3. 大学生におけるイベント参加状況からみたファン行動の特徴

本章では、①事前準備行動と②イベント前後の行動の2点に注目して、イベント参加を目的としたファン行動の特徴を分析する。この章においては、これまでに回答者が大学入学後に行ったライブ・コンサートや試合などのイベントを対象とした。なお、回答者は1名あたり最大2件まで直近のイベント参加について回答しており、本章の回答者数は延べ人数を指している。

表11-1は、本章で扱うイベントに参加したファン対象を示したものである。イベントに参加したファン対象の主な職業カテゴリーは「ミュージシャン」「アイドル」「スポーツ選手またはスポーツチーム」「声優」「YouTuber・TikToker」「お笑いタレント」の6つに大別することができる。とくに、大学生は「ミュージシャン」と「アイドル」のイベントに多く参加する傾向にあり（それぞれ47%、34%）、「スポーツ選手またはスポーツチーム」「声優」「YouTuber・TikToker」のイベントに比べ圧倒的に回答数が多かった。

1）イベント参加時の事前準備行動

本節では、アンケート調査の結果から、ファン対象のイベントに参加経験

表11-1 ファン対象の職業カテゴリー（2022年）

ファン対象の職業カテゴリー	回答数	割合	具体的なファン対象の名称（回答人数）
ミュージシャン	25	47%	米津玄師（3）、back number（2）、Mrs. GREEN APPLE（2）、SKY-HI（2）、クリープハイプ（2）、Saucy Dog（1）、YOASOBI（1）、UNISON SQUARE GARDEN（1）、マカロニえんぴつ（1）、クジラ夜の街（1）、RADWIMPS（1）、Little Glee Monster（1）、Eve（1）、EXILE（1）、鈴木瑛美子（1）、秋山黄色（1）、あいみょん（1）、KOTORI（1）、THE ORAL CIGARETTES（1）
アイドル	18	34%	JO1（4）、SnowMan（2）、SUPER JUNIOR（1）、TWICE（1）、Stray Kids（1）、BTS（1）、NCT127（1）、NiziU（1）、Hey! Say! JUMP（1）、中島裕翔（1）、道枝駿佑（1）、AAA（1）、ジャニーズWEST（1）、嵐（1）
スポーツ選手・チーム	3	6%	ジョシュ・スコット（2）、國學院大學（1）
声優	3	6%	Liella!（2）、ヒプノシスマイク（1）
YouTuber・TikToker	2	4%	Rちゃん（1）、東海オンエア（1）
お笑いタレント	1	2%	9番街レトロ（1）
俳優	0	0%	
インスタグラマー	0	0%	
作家・エッセイスト	0	0%	
漫画家	0	0%	
画家・イラストレーター	0	0%	
その他	1	2%	庵野秀明（1）

（アンケート調査により作成）

のある回答者の行動を「準備なし型」「簡略準備型」「入念準備型」の3種類に分類し、大学生のイベント参加時における事前準備行動の特徴を分析する（表11-2）。

(1) 準備なし型（回答者番号1〜3）

「準備なし型」（3名）は、イベント参加前の準備行動を行わないファンである。回答者のなかで2名はアイドルのファンであり、残り1名はスポーツ選手・チームのファンであった。回答者番号2・3は参加したイベントが「その他（映画）」「試合」であった。そのため、プレゼント購入を行ったり、服やアクセサリーを購入するあるいは、美容室に行くなど、身なりにこだわったりする回答者はみられなかった。

また、現地でのグッズ購入費に着目すると、回答者番号1・2は0円であるが、回答者番号3は2,000円であった。3名とも事前にグッズ購入はしていないが、回答者番号3は現地でグッズを購入している。回答者番号3はスポーツ選手・チームのファンであり、事前にグッズ購入をするのではなく、

現地で販売されている応援グッズの購入を行っていると推測される。

(2) 簡略準備型（回答者番号4〜25）

「簡略準備型」（22名）は、基本的な事前準備行動である「グッズ購入」「SNSやインターネットでの情報収集」「雑誌・本での情報収集」「CDやDVDの視聴」の4項目のいずれかのみを行い、イベント参加に備えてある程度の時間と費用を費やすファンである。簡略準備型では、「SNSやインターネットでの情報収集」は22名中18名、「グッズ購入」は15名、「CDやDVDの視聴」は10名、「雑誌・本での情報収集」は2名が行っていた。ファン対象の職業カテゴリーに関わらず、「グッズ購入」と「SNSやインターネットでの情報収集」を中心として準備行動がされていることが判明した。

以下では、回答数が多かった「アイドル」と「ミュージシャン」のファンに注目して分析する。

アイドルのファン（回答者番号4〜7）は、「SNSやインターネットでの情報収集」を全員が行っている。一方、「雑誌・本での情報収集」は1名も行っていなかった。このことから、事前準備に関して情報収集する際、アイドルのファンは紙媒体よりも短時間で手軽に最新の情報を手に入れられるSNSなどを活用していると考えられる。加えて、回答者番号4〜6の3名は「CDやDVDの視聴」を行っており、最新のライブ・コンサートに参加する前に、"予習"を行っている。4名中3名が行っている準備行動であり、この行動はアイドルファンの大きな特徴だと考えられる。

また、ミュージシャンのファン（回答者番号8〜21）では、アイドルのファンと同様に、回答者番号14・17・20を除いた全員が「SNSやインターネットでの情報収集」を行っており、回答者番号15を除いた全員が「雑誌・本での情報収集」をしていない。また、ミュージシャンのファンでは、回答者番号8・12・13を除いた全員が「グッズ購入」を行っている。現地でのグッズ購入費に着目すると、回答者番号13・23を除いて全員が現地でグッズ購入をしていると明らかになった。事前準備としてグッズの購入をし、さらに現地でもグッズ購入をするというファンが多く存在する。

表11-2 イベント参加時の事前準備行動の特徴 (2022年)

類型	No	カテゴリー	名称	イベント分類	グッズ購入	SNSやネットでの情報収集	雑誌・本での情報収集	CDやDVDの視聴	グッズ作成	プレゼント購入	応援歌や掛け声の練習	服やアクセサリーの購入	美容室に行く	その他	現地でのグッズ購入費
準備なし型	1	アイドル	SUPER JUNIOR	コンサート・ライブ											0
	2	アイドル	BTS	その他(映画)											0
	3	スポーツ選手・チーム	ジョシュ・スコット	試合											2,000
簡略準備型	4	アイドル	TWICE	コンサート・ライブ	○	○		○							10,000
	5	アイドル	道枝駿佑	コンサート・ライブ	○	○									2,500
	6	アイドル	AAA	コンサート・ライブ	○	○		○							20,000
	7	アイドル	JO1	展示会	○	○									2,000
	8	ミュージシャン	マカロニえんぴつ	コンサート・ライブ		○									2,000
	9	ミュージシャン	Saucy Dog	コンサート・ライブ	○										3,000
	10	ミュージシャン	back number	コンサート・ライブ		○									3,000
	11	ミュージシャン	backnumber	コンサート・ライブ		○									5,000
	12	ミュージシャン	THE ORAL CIGARETTES	コンサート・ライブ		○									6,000
	13	ミュージシャン	UNISON SQUARE GARDEN	コンサート・ライブ											0
	14	ミュージシャン	ゴジラ夜の街	コンサート・ライブ			○								3,000
	15	ミュージシャン	米津玄師	コンサート・ライブ		○									15,000
	16	ミュージシャン	米津玄師	コンサート・ライブ		○									8,000
	17	ミュージシャン	RADWIMPS	コンサート・ライブ	○										3,000
	18	ミュージシャン	Little Glee Monster	コンサート・ライブ	○										3,000
	19	ミュージシャン	あいみょん	コンサート・ライブ	○										1,500
	20	ミュージシャン	クリープハイプ	その他(フェス)		○									4,000
	21	ミュージシャン	鈴木瑛美子	その他(リリースイベント)		○		○							5,000
	22	スポーツ選手・チーム	ジョシュ・スコット	試合	○										2,000
	23	スポーツ選手・チーム	國學院大學	試合											0
	24	お笑いタレント	9番街レトロ	舞台	○										2,000
	25	その他	庵野秀明	展示会	○		○								5,000
周到準備型	26	アイドル	SnowMan	コンサート・ライブ	○	○		○	○		○				10,000
	27	アイドル	Stray Kids	コンサート・ライブ	○	○		○			○	○	○		5,000
	28	アイドル	NCT 127	コンサート・ライブ	○	○					○	○	○		5,000
	29	アイドル	NizU	コンサート・ライブ	○	○									0

No.	カテゴリ	推し	イベント種類	金額
30	アイドル	Hey! Say! JUMP	コンサート・ライブ	5,000
31	アイドル	ジャニーズWEST	コンサート・ライブ	5,000
32	アイドル	嵐	コンサート・ライブ	10,000
33	アイドル	JO1	コンサート・ライブ	2,000
34	アイドル	JO1	コンサート・ライブ	5,000
35	アイドル	JO1	コンサート・ライブ	7,000
36	アイドル	中島裕翔	舞台	0
37	アイドル	SnowMan	舞台	0
38	ミュージシャン	Mrs. GREEN APPLE	コンサート・ライブ	10,000
39	ミュージシャン	Mrs. GREEN APPLE	コンサート・ライブ	5,000
40	ミュージシャン	YOASOBI	コンサート・ライブ	5,000
41	ミュージシャン	米津玄師	コンサート・ライブ	35,000
42	ミュージシャン	SKY-HI	コンサート・ライブ	10,000
43	ミュージシャン	SKY-HI	コンサート・ライブ	20,000
44	ミュージシャン	Eve	コンサート・ライブ	10,000
45	ミュージシャン	EXILE	コンサート・ライブ	5,000
46	ミュージシャン	秋山黄色	コンサート・ライブ	4,000
47	ミュージシャン	KOTORI	コンサート・ライブ	0
48	ミュージシャン	クリープハイプ	その他（フェス）	5,000
49	YouTuber・TikToker	東海オンエア	コンサート・ライブ	7,000
50	YouTuber・TikToker	Rちゃん	オフ会	30,000
51	声優	Liella!	コンサート・ライブ	5,000
52	声優	Liella!	コンサート・ライブ	5,000
53	声優	ヒプノシスマイク	舞台	5,000

（アンケート調査により作成）

(3) 入念準備型（回答者番号26〜53）

「入念準備型」（28名）は、前述の基本的な事前準備行動である4項目に加えて、「グッズ作成」「プレゼント購入」「応援歌や掛け声の予習・練習」「服やアクセサリーの購入」「美容室に行く」「その他」の6項目のいずれかを実行する回答者とした。入念準備型は、簡略準備型のファンに比べイベント参加に備えて多くの時間と金額を費やす傾向にあると考えられる。

後者6項目の回答数に注目すると、「服やアクセサリーの購入」は28名中20名、「美容室に行く」は17名、「グッズ作成」は6名、「応援歌や掛け声の予習・練習」は5名、「その他」と「プレゼント購入」はそれぞれ1名という結果であった。「その他」は、「ネイル（推しっぽい）」であった。

回答数が多かった「アイドル」「ミュージシャン」「YouTuber・TikToker」に注目すると、まずアイドルのファンでは、「SNSやインターネットでの情報収集」を1名を除いて全員が行っている。一方、「雑誌・本での情報収集」は1名を除いて全員が行っていない。加えて、「グッズ購入」「CDやDVDの視聴」を行うファンも多い。

入念準備型では、ほとんどのアイドルファンが「服やアクセサリーの購入」、「美容室に行く」という準備行動を行っている。さらに、「応援歌や掛け声の予習・練習」を行っている回答者の割合が高い。

ミュージシャンのファンについては、1名を除いた全員が「SNSやインターネットでの情報収集」を行っている。また、「雑誌・本での情報収集」を行うファンの割合が高い。一方、アイドルファンでは「応援歌や掛け声の予習・練習」をするファンが3名存在したが、ミュージシャンのファンは1名にとどまっている。YouTuber・TikTokerのファンは、他のファンでは回答されなかった「プレゼント購入」を行う人が2名中1名存在した。

入念準備型では、現地でのグッズ購入費は、金額の幅が0円〜35,000円であり、準備なし型と簡略準備型と比較して高い金額を費やす傾向がみられた。「30,000円以上」が28名中2名、「20,000円台」が1名、「10,000円台」が5名存在した。また、「5,000円以上10,000円未満」の回答者は14名であった。

2）イベント前後の行動

　本節では、イベント参加前後における行き先や食事、宿泊先などに注目し、イベント前後の行動に着目してファン行動を分析する。ファン対象のイベントに参加経験のある回答者は、「イベント参加のみ型」「イベント前旅行＋イベント参加型」「イベント参加＋イベント後旅行型」「イベント参加＋イベント前後旅行型」の4種類に分類し、大学生のイベント参加を目的としたファン行動を中心に述べる（表11-3）。

（1）イベント参加のみ型

　「イベント参加のみ型」（24名）は、イベント参加において居住地とイベント開催地以外の場所に訪れなかった回答者である。旅行日数に注目すると、24名中18名が日帰りでイベント参加をしており、宿泊するファンより圧倒的に多い。イベントに参加することが最優先事項であり、それ以外には重点を置かない点が特徴であると考えられる。一方、宿泊をしたファンが参加したイベントの開催地は埼玉県、東京都、神奈川県、山梨県、大阪府であった。
　食事に着目すると、「食べない」「コンビニ」「ファミレス」が多く選ばれており、費用をかけずに安価で済ませるファンが多い。ただし、一部のファンは「会場の出店」や「食べ歩き」というように、イベントに参加しないと食べられないものや"イベント開催地ならでは"の食を楽しんでいる例もみられる。

（2）イベント前旅行＋イベント参加型

　「イベント前旅行＋イベント参加型」（10名）は、イベント参加前にイベント開催地以外の場所に訪れるが、イベント開催後にはそのまま帰宅する回答者である。イベント前旅行＋イベント参加型は、後述するイベント参加＋イベント後旅行型よりも人数が多い。イベント前に訪れたイベント開催地以外の場所に着目すると、イベント開催地と同じ都道府県もしくは隣接していると都道府県を訪問する。

表 11-3 イベント前後の行動と旅行動の特徴 (2022年)

類型	No	ファン対象の名称	イベントの分類	同行者	開催場所	会場	旅行日数	宿泊先	食事	現地までの交通手段	イベント前に訪れたイベント開催地以外の場所	イベント後に訪れたイベント開催地以外の場所	事前準備 会場内の下調べ	会場までの行き方の下調べ	観光資源や観光地の下調べ	食事の下調べ	旅行全体の費用(チケット代を除く)
イベント参加のみ型	11	backnumber	コンサート・ライブ	友人・交際相手	宮城県宮城郡	セキスイハイムスーパーアリーナ	日帰り	宿泊しない	食べない	自家用車	なし	なし		○	○		7,000
	42	SKY-HI	コンサート・ライブ	友人・交際相手	宮城県仙台市	東京エレクトロンホール宮城	日帰り	宿泊しない	その他(食べ歩き)	夜行・高速バス	なし	なし	○	○	○		10,000
	43	SKY-HI	コンサート・ライブ	その他(家族)	宮城県仙台市	仙台サンプラザホール	日帰り	宿泊しない	コンビニ・ファミレス	新幹線	なし	なし			○		15,000
	8	マカロニえんぴつ	コンサート・ライブ	同行者なし	福島県郡山市	郡山市文化センター	日帰り	宿泊しない	食べない	自家用車	なし	なし					500
	2	BTS	その他(映画)	同行者なし	福島県福島市	フォーラム福島	日帰り	宿泊しない	食べない	電車・徒歩	なし	なし	○				2,000
	21	鈴木繁芙子	その他(リリースイベント)	同行者なし	茨城県水戸市	イオンモール水戸内原	日帰り	宿泊しない	喫茶店	徒歩	なし	なし	○		○		2,000
	22	ジョシュ・スコット	試合	友人・交際相手	栃木県宇都宮市	ブレックスアリーナ	日帰り	宿泊しない	レストラン(オーモリ製作所)	路線バス・徒歩	なし	なし		○			3,000
	20	クリープハイプ	その他(フェス)	友人・交際相手	栃木県真岡市	真岡市公園	日帰り	宿泊しない	ファミレス・会場の出店	自家用車	なし	なし					6,000
	12	THE ORAL CIGARETTES	コンサート・ライブ	友人・交際相手	埼玉県さいたま市	さいたまスーパーアリーナ	宿泊(1泊2日)	その他(友人の家)	コンビニ・喫茶店・会場の出店	電車	なし	なし		○			10,000
	19	あいみょん	コンサート・ライブ	友人・交際相手	埼玉県さいたま市	さいたまスーパーアリーナ	日帰り	宿泊しない	コンビニ・ファミレス	電車	なし	なし	○	○			3,000
	9	Saucy Dog	コンサート・ライブ	友人・交際相手	東京都千代田区	日本武道館	日帰り	宿泊しない	ファストフード	電車	なし	なし		○			7,000
	41	米津玄師	コンサート・ライブ	友人・交際相手・同行者なし	東京都千代田区	日本武道館	宿泊(2泊3日)	ビジネスホテル	コンビニ・居酒屋	新幹線・電車・自家用車	なし	なし		○		○	60,000
	18	Little Glee Monster	コンサート・ライブ	友人・交際相手	東京都千代田区	日本武道館	日帰り	宿泊しない	食べない	電車・徒歩	なし	なし		○			4,000

No.	推し	イベント種別	同行者	場所	会場	宿泊	宿泊施設	食事	交通手段			○	○	○	費用
15	米津玄師	コンサート・ライブ	同行者なし	東京都千代田区	東京国際フォーラム	宿泊(2泊3日)	ビジネスホテル	コンビニ・居酒屋	新幹線・電車・自家用車	なし	なし	○	○	○	40,000
29	NiziU	コンサート・ライブ	友人・交際相手	東京都江東区	有明アリーナ	日帰り	宿泊しない	コンビニ・喫茶店	電車	なし	なし	○	○		6,000
6	AAA	コンサート・ライブ	友人・交際相手	東京都文京区	東京ドーム	日帰り	宿泊しない	コンビニ・ファミレス・レストラン	電車	なし	なし	○	○		25,000
7	JO1	展示会	友人・交際相手	東京都文京区	東京ドームシティ	日帰り	宿泊しない	(MLB café TOKYO)	電車	なし	なし	○	○	○	10,000
23	國學院大學	試合	友人・交際相手	東京都新宿区	明治神宮野球場	日帰り	宿泊しない	コンビニ	自家用車	なし	なし	○	○		4,000
26	SnowMan	コンサート・ライブ	きょうだい	神奈川県横浜市	横浜アリーナ	日帰り	宿泊しない	フードコート	自家用車	なし	なし	○	○	○	10,000
38	Mrs. GREEN APPLE	コンサート・ライブ	友人・交際相手	神奈川県横浜市	KT Zepp Yokohama	日帰り	宿泊しない	コンビニ・喫茶店	電車	なし	なし	○	○		5,000
39	Mrs. GREEN APPLE	コンサート・ライブ	友人・交際相手	神奈川県横浜市	KT Zepp Yokohama	日帰り	宿泊しない	コンビニ・ファミレス	電車・徒歩	なし	なし	○	○		7,000
49	東海オンエア	コンサート・ライブ	友人・交際相手	神奈川県横浜市	ぴあアリーナMM	宿泊(1泊2日)	ビジネスホテル	コンビニ	自家用車	なし	なし	○	○		10,000
40	YOASOBI	コンサート・ライブ	友人・交際相手	山梨県南都留郡	山中湖交流プラザきらら	宿泊(2泊3日)	ビジネスホテル	コンビニ・レストラン・会場の出店	電車・路線バス・徒歩	なし	なし	○	○		30,000
28	NCT127	コンサート・ライブ	友人・交際相手	大阪府大阪市	京セラドーム	宿泊(1泊2日)	ビジネスホテル	コンビニ・喫茶店	夜行・高速バス・電車	なし	なし	○	○		20,000
5	道枝駿佑	コンサート・ライブ	親	宮城県宮城郡	セキスイハイムスーパーアリーナ	宿泊(1泊2日)	ビジネスホテル	喫茶店・ファミレス	新幹線	仙台駅	なし	○	○		20,000
1	SUPER JUNIOR	コンサート・ライブ	友人・交際相手	埼玉県さいたま市	さいたまスーパーアリーナ	日帰り	宿泊しない	ファミレス・カフェ	電車	東京	なし	○	○		10,000
16	米津玄師	コンサート・ライブ	宿泊しない	埼玉県さいたま市	さいたまスーパーアリーナ	日帰り	宿泊しない	コンビニ・交際相手	電車	大宮	なし	○	○		10,000
10	back number	コンサート・ライブ	友人・交際相手	千葉県千葉市	幕張メッセ	日帰り	宿泊しない	ファストフード	レンタカー	茨城	なし	○	○		10,000
14	クラブ夜の街	コンサート・ライブ	友人・交際相手	東京都渋谷区	Shibuya WWWX	日帰り	宿泊しない	カフェ	電車	原宿	なし	○	○		15,000
3	ジョシュ・スコット	試合	友人・交際相手	東京都渋谷区	東京体育館	宿泊(1泊2日)	ビジネスホテル	コンビニ・居酒屋	電車	浅草	なし	○	○		10,000

イベント参加型 / イベント前泊+参加型

類型	No	ファン対象の名称	イベントの分類	同行者	開催場所	会場	旅行日数	宿泊先	食事	現地までの交通手段	イベント前に訪れた開催地以外の場所	イベント後に訪れた開催地以外の場所	事前準備 会場内の下調べ	会場までの行き方の下調べ	観光資源や観光地の下調べ	食事の下調べ	旅行全体の費用（チケット代を除く）
	51	Liella!	コンサート・ライブ	SNSやオフ会で知り合ったファン仲間	東京都江東区	東京ガーデンシアター	宿泊(1泊2日)	その他(友人宅)	ファストフード・ファミレス	電車	秋葉原→原宿	なし					10,000
	47	KOTORI	コンサート・ライブ	同行者なし	東京都江東区	Zepp ダイバーシティ東京	日帰り	宿泊しない	食べない	電車	横浜	なし					4,000
	24	9番街レトロ	舞台	友人・交際相手	東京都新宿区	ルミネ ザ よしもと	日帰り	宿泊しない	カフェ・エスニック料理店	電車	神保町→有楽町	なし		○			10,000
	37	SnowMan	舞台	SNSやオフ会で知り合ったファン仲間	東京都中央区	新橋演舞場	日帰り	宿泊しない	喫茶店・カフェ	電車・徒歩	渋谷	なし	○	○			5,000
イベント参加+イベント後旅行型	34	JO1	コンサート・ライブ	友人・交際相手	千葉県千葉市	幕張メッセ	宿泊(1泊2日)	その他(友人宅)	喫茶店・ファミレス	電車	なし	渋谷・浅草		○	○		15,000
	27	Stray Kids	コンサート・ライブ	友人・交際相手・親	東京都渋谷区	国立代々木競技場第一体育館	宿泊(1泊2日)	ビジネスホテル	コンビニ・レストラン(まい泉)	新幹線・電車・自家用車	なし	東京駅→大宮	○	○	○		12,000
	36	中島裕翔	舞台	同行者なし	東京都渋谷区	Bunkamuraオーチャードホール	日帰り	宿泊しない	コンビニ	電車・徒歩	なし	原宿		○			3,000
	44	Eve	コンサート・ライブ	同行者なし	東京都江東区	東京ガーデンシアター	宿泊(1泊2日)	高級ホテル	喫茶店・ファミレス	新幹線・電車	なし	東京駅		○	○		25,000
	32	嵐	コンサート・ライブ	友人・交際相手	東京都文京区	東京ドーム	宿泊(1泊2日)	その他(友人の家)	喫茶店・カフェ	電車	なし	幕張	○	○	○		7,000
	31	ジャニーズWEST	コンサート・ライブ	友人・交際相手	神奈川県横浜市	ぴあアリーナMM	日帰り	宿泊しない	喫茶店・ファミレス・カフェ	電車	なし	東京駅	○	○	○		6,000
	17	RADWIMPS	コンサート・ライブ	友人・交際相手	宮城県宮城郡	セキスイハイムスーパーアリーナ	宿泊(1泊2日)	ビジネスホテル	レストラン(司:牛タン)	新幹線	仙台	仙台		○		○	30,000
	13	UNISON SQUARE GARDEN	コンサート・ライブ	同行者なし	群馬県高崎市	不明	日帰り	宿泊しない	コンビニ	電車	小山	大宮	○	○			5,000
	25	堀野秀明	展示会	友人・交際相手・同行者なし	東京都港区	国立新美術館	日帰り	宿泊しない	不明	電車・徒歩	上野	東京タワー→秋葉原→上野				○	12,500

回答者番号	推し	イベント種類	同行者	都道府県・市	会場	宿泊	宿泊施設	食事	移動手段	経路	イベント参加+イベント後旅行型	イベント前後旅行型	費用
4	TWICE	コンサート・ライブ	友人・交際相手	東京都渋谷区	国立代々木競技場第一体育館	宿泊(1泊2日)	ビジネスホテル	コンビニ・ファストフード	電車	浅草→新宿	○	○	20,000
50	Rちゃん	オフ会	同行者なし	東京都渋谷区	原宿ラフォーレ	宿泊(1泊2日)	その他(友達の家)	喫茶店・カフェ・居酒屋	電車	新大久保		○	6,000
30	Hey! Say! JUMP	ライブ	同行者なし	東京都江東区	有明アリーナ	日帰り	宿泊しない	コンビニ	自転車・徒歩	池袋駅		○	3,000
53	ヒプノシスマイク	舞台	同行者なし	東京都文京区	東京ドームシティホール	宿泊(2泊3日)	ビジネスホテル	コンビニ・喫茶・ファミレス	新幹線・電車	池袋・渋谷	○	○	35,000
45	EXILE	ライブ	同行者なし	東京都文京区	東京ドーム	日帰り	宿泊しない	コンビニ	新幹線・徒歩	上野		○	5,000
46	秋山黄色	ライブ	友人・交際相手	東京都中野区	中野サンプラザ	宿泊(1泊2日)	その他(友人宅)	ファミレス	電車	新宿→世田谷	世田谷→上野	○	5,000
48	クリープハイプ	その他(フェス)	友人・交際相手	京都府宇治市	京都府立山城総合運動公園	宿泊(2泊3日)	ビジネスホテル・レストラン	てらとまり寿司・お好みこのみやき	新幹線・電車・路線バス	下鴨神社・貴船神社・京都タワー	京都駅	○	30,000
52	Liella!	ライブ	SNSやオフ会で知り合ったファン仲間	大阪府大阪市	大阪城ホール	宿泊(2泊3日)	ビジネスホテル	コンビニ・ファミレス・ゆかり(お好み焼き)	飛行機・電車	成田空港・成田国際空港・関西国際空港・梅田	梅田→新今宮・西成国際空港→成田	○	30,000
35	JO1	ライブ	友人・交際相手	大阪府大阪市	丸善インテックアリーナ大阪	宿泊(2泊3日)	ビジネスホテル	喫茶店・ファミレス・レストラン・くくしゃだるま	新幹線・電車	新世界・道頓堀	USJ	○	40,000
33	JO1	ライブ	友人・交際相手	福岡県福岡市	マリンメッセ福岡A館	宿泊(4泊5日)	ビジネスホテル	コンビニ・レストラン	夜行バス・高速バス・電車・路線バス	羽田→大阪(USJ)	成田→品川	○	65,000

注)表10-2の回答者番号と対応している。USJは、ユニバーサル・スタジオ・ジャパンを指している。

(アンケート調査により作成)

食事に注目すると、「ファミレス」「ファストフード」「喫茶店（スターバックスコーヒーやドトールコーヒーショップなどコーヒーショップ）」「コンビニ」など安価な店舗で食事をしたり、「食べない」という選択をとったりする回答者も多くみられた。一方で、「カフェ（プレートランチやパンケーキなどを提供する飲食店）」「エスニック料理店」「居酒屋」に立ち寄る例もみられた。

　旅行の準備行動については、栃木県から比較的近い東京や埼玉の会場を訪問した回答者番号1・3・47・51は土地勘があると考えられ、下調べを行っていない。本類型では6名が「会場までの行き方の下調べ」を行っていたが、「食事の下調べ」が3名、「観光資源や観光地の下調べ」が2名にとどまっていた。

（3）イベント参加＋イベント後旅行型

　「イベント参加＋イベント後旅行型」（6名）は、イベント参加前にはイベント開催地以外に訪れないが、イベント参加後にイベント開催地以外の場所に訪れる回答者である。

　イベント後に訪れたイベント開催地以外の場所に着目すると、イベント前旅行＋イベント参加型のファン同様、イベント開催地と同じ都道府県もしくは隣接する都道府県に訪れるファンが存在した。また、イベント開催地をみると、東京都がそれぞれ6名中4名、千葉県と神奈川県がそれぞれ1名であるが、回答者番号32を除いて全員がイベント参加後に東京都内を訪れている。東京都でイベントが開催されると、その後に併せて都内を観光するファンが多い傾向にあるといえるであろう。

　旅行日数に注目すると、5名が宿泊しており、日帰りが1名のみであった。宿泊している5名中3名が宿泊先として「友人宅」と回答していた。一方、「高級ホテル」は1名にとどまっている（回答者番号44）。

　食事については、「喫茶店」「コンビニ」「ファミレス」が多く、イベント参加のみ型とイベント前旅行＋イベント参加型と同様、安く食事を済ませる傾向になった。宿泊先として「高級ホテル」を選んだ回答者も、食事は「コンビニ」「喫茶店」「ファミレス」であり、食事よりもイベントや宿泊に重き

をおいているとわかる。

　旅行の準備行動については、6名全員が「会場までの行き方の下調べ」を行っている。一方、「観光資源や観光地の下調べ」は1人にとどまっている。

(4) イベント参加＋イベント前後旅行型

　「イベント参加＋イベント前後旅行型」（13名）は、イベント前にイベント開催地以外の場所に訪れ、イベント参加した後にもイベント開催地以外の場所を観光する回答者である。

　イベント開催地に着目すると、東京都をはじめ、宮城県、群馬県、京都府、大阪府、福島県など栃木県から近い距離の県から、遠方の県まで広範囲に存在している。遠くの都道府県へイベント参加するほど観光に時間と費用を費やす傾向にあるといえる。それに伴い、旅行日数も宿泊が多く、1泊2日と2泊3日がそれぞれ4名、4泊5日が1名であった。食事に着目すると、回答者番号33・35・48・52は宿泊日数が2泊3日以上であり、「コンビニ」での食事に加え、レストランで食事をしている。さらに、その4名のうち3名がレストランの名前を覚えており、大阪のお好み焼きや串カツなど"その土地ならでは"の飲食店を選んでいると考えられる。イベント参加を最優先にしながらも、遠方に旅行するほど観光地や食事の重要度が上がり、旅行にこだわりをもつようになると推測される。

　旅行の準備行動に注目すると、大きく分けて2種類に分類できる。1つ目は、「会場内の下調べ」と「会場までの行き方の下調べ」を主に行うファンである。2つ目は、「会場内の下調べ」と「会場までの行き方の下調べ」に加えて、「観光資源や観光地の下調べ」「食事の下調べ」を行うファンである。前者は主に東京都でのイベント参加をしている者（回答者番号4・30・45・50・53）が該当し、後者は主に京都府、大阪府、福岡県でのイベント参加をしている者（回答者番号33・35・48・52）が該当する。栃木県から遠方であればあるほど、観光資源や観光地、食事などについて入念に下調べを行う傾向がみられた。

4. 本章の結論

本章では、①イベント参加時の事前準備行動と②イベント前後の行動の2点に注目し、大学生におけるイベント参加状況からみたファン行動の特徴を明らかにしてきた。

その結果、イベント参加時の事前準備行動に注目すると、「準備なし型」「簡略準備型」「入念準備型」にファンを分類することができた。また、イベント前後の行動についてみると、「イベント参加のみ型」「イベント前旅行＋イベント参加型」「イベント参加＋イベント後旅行型」「イベント参加＋イベント前後旅行型」に分類された。ファンがライブやコンサートなどファン対象に直接会えるイベントを大切にしており、グッズ購入や、SNSやインターネットでの情報収集といった準備行動に時間と費用をある程度費やす傾向にある。さらに、ファンはイベント参加を最優先の目的とするため、宿泊や食事に対する出費を抑えながら、ライブ・コンサートのチケット代やグッズ購入などの資金を生み出していると思われる。

こうしたファン行動を行う背景として、第1に大学生のファン心理が大きく関わっていると考えられる。ファン心理とファン行動を分類した小城（2004）によると、ファン心理は、「作品の評価」「擬似恋愛感情」「外見的魅力」「同一視・類似性」「流行への同調」「ファン・コミュニケーション」「尊敬・憧れ」「流行への反発・独占」の8つに分類され、ファン心理の主軸となっているのは「作品の評価」と「尊敬・憧れ」であることが明らかにされている。本調査の回答者もこうした思いがあったと考えられる。また、幸田・臺（2020）はアイドルグループ「嵐」のファンを対象にファン行動を分析しているが、その中で「アイドル本人と会うこと、期間や場所が限られたものを見ること、販売機会が限定されたものを買うこと、アイドルが訪れた軌跡をリトリートすることなどは、代替性がない魅力自体や、代替性のない魅力が加えられた物や場所であるため、時間やお金をかけても出かける価値が見出されているものといえる」と述べている。このように、ファン対象に対する

「尊敬・憧れ」などのファン態度との関連性や、ファン自体が「代替性のない魅力」が強く影響していると思われる。

　第2に、大学生を対象としたファン行動の背景には、Z世代特有の価値観や特性が強く影響を及ぼしていると考えられる。1つ目は、情報収集においてSNSが最も用いられていることである。日常的に行う情報収集だけにとどまらず、イベント参加前の準備行動としてもSNSでの情報収集が多くのファンによって行われていた。Z世代は、「インターネット接続型デバイスがちょうど子供時代に発達したことで、より深く、自然に共存している。(中略) Z世代のデジタルネイティブな育ち方は、上の世代が見たことのない風景なのだ」(ドーシー・ヴィラ2021) といわれている。SNSや動画投稿サイトなどのソーシャルメディアが情報収集の方法として重要であった。2つ目は、ファン対象に関するイベント参加を目的とした観光において、コストパフォーマンスを意識して、費用を使う場面と使わない場面の使い分けをしていることである。本調査では、イベント参加を目的とした旅行において、ファン対象に関連しない宿泊費や食事代などの事柄に対しては節約をし、ライブ・コンサートのチケット代やファン対象に関連するグッズ購入については費用を費やす傾向がみられた。Z世代には、経済不況のなかで育ったため、安定志向が強い者が多く、貯蓄や節約に高い関心を持つ傾向にある。そして、商品の購入やサービスを契約する際は、事前にSNSなどを活用してじっくりと情報収集をしてから消費行動をとるといわれている。このように、Z世代は優先順位をつけて消費行動を行っており、それがファン行動にも現れていると考えられる。

〔注〕
1) 回答者の性別については、回答者59名のうち「男性」23名、「女性」が34名、「回答しない」が2名であった。学年については、「2年生」が40名、「3年生」が8名、「4年生」が11名を占めていた。居住場所については、「栃木県」が55名、「埼玉県」が3名、「福島県」が1名であった。

〔参考文献〕

大方優子・乾　弘幸2022．ファンツーリズムの行動実態に関する基礎的研究―推し消費と観光行動に関する一考察．産業経営研究所報54：49-62．

幸田麻里子・臺　純子2020．『会いたい気持ちが動かすファンツーリズム―「韓流」ブームが示唆したもの、「嵐」ファンに教わったこと』流通経済大学出版会．

小城英子2004．ファン心理の構造（1）―ファン心理とファン行動の分類．関西大学大学院人間科学（社会学・心理学研究）61：191-205．

小城英子2005．ファン心理の構造（2）―ファン対象の職業によるファン心理・ファン行動の比較．関西大学大学院人間科学（社会学・心理学研究）62：139-151．

ドーシー，J．・ヴィラ，D．著，門脇弘典訳2021．『Z世代マーケティング―世界を激変させるニューノーマル』ハーパーコリンズ・ジャパン．

向居　暁・竹谷真詞・川原明美・川口あかね2016．ファン態度とファン行動の関連性．高松大学高松短期大学研究紀要64・65：233-257．

12章 大学生を対象としたモニターツアーと観光資源の評価
―栃木県小山市を対象として―

鈴木富之

1. 本章の課題

　2000年代後半以降に人口減少社会を迎えた日本では、少子高齢化や大都市への人口流出、産業空洞化の進展などさまざまな要因により、地方では地域維持が困難になると予測されている（増田編2014）。こうした状況下、観光客をはじめとする交流人口や移住者に注目した地域振興の取り組みがなされている。それを実現するためには、地域資源を有効活用し、地域の魅力を発信していくことが必要不可欠である。こうした地域資源の発掘や再評価、PRの手段の1つとして、モニターツアーが注目を集めている（伊藤・川原2015）。

　2010年代以降、大学生などの若者のなかには、ソーシャルネットワーキングサービス（SNS）による情報収集能力や発信力を備え（福井2018）、体験や交流を目的とした観光形態に対する寛容性を持っている者も存在する。若者による観光資源への評価を集約できるモニターツアーは、地方における観光資源の維持や観光振興の発展において重要な示唆を与えることができるだろう。

　2010年代以降、栃木県小山市では地域資源を活かした新しい観光振興がみられている（鈴木2018）。2010年11月には結城紬がユネスコの無形文化遺産に登録されたことにより、2016年5月に小山駅前におやま本場結城紬クラフト館（以下、「クラフト館」とする）が開館し、本場結城紬を活用した産業観光が台頭するようになった。また、2012年には渡良瀬遊水地がラムサール条約湿地に登録されたことに伴い、2014年度からヤナギ・セイタカ

アワダチソウ除去作戦などのイベントが実施されたり、2017年12月に小山市渡良瀬遊水地エコツーリズムガイド協会が発足したりするなど、渡良瀬遊水地第2調節池を対象としたエコツーリズムによる観光振興も行われている。さらに、2016年にプロ野球独立リーグの「栃木ゴールデンブレーブス」が発足し、2017年にはその練習拠点となる小山ベースボールビレッジ（以下、「ベースボールビレッジ」とする）が整備されるなど、スポーツツーリズムによる地域活性化が図られている。

　以上を踏まえて、本章の目的は、地方都市の1つである小山市を対象として、大学生が参加するモニターツアーの実践事例を紹介し、参加者による観光資源の評価に関する諸特徴を明らかにした上で、観光振興の可能性を考察することである。

2. 小山市の観光資源を対象としたモニターツアーの実践

　筆者は、渡良瀬遊水地およびその周辺地域における観光振興に向けた調査研究事業である「平成30年度小山市渡良瀬遊水地地域デザイン作成に関する研究業務委託」の一環として、小山市総合政策課の協力のもと、小山市の観光資源を題材としたモニターツアーの実施を提案した。これを受けて、同課の職員は地域活性化や観光振興が積極的に行われている観光資源を選定し、モニターツアーのコースを設定した。

　実施日は2018年12月1日と2日の2日間（日帰り）であり、参加者は筆者が2018年度に担当した宇都宮大学地域デザイン科学部コミュニティデザイン学科の専門科目「観光学実習」の受講生（17名）とした。両日とも参加した学生は15名、1日目のみ参加した学生が1名、2日目のみ参加した学生が1名であった。なお、両日とも参加した学生のうち、1名は所用によりベースボールビレッジの見学を欠席したため、ベースボールビレッジの回答数は15となっている。

　参加者はいずれも3年生で、女子が9名、男子が8名であった。参加者の出身地は小山市が1名、小山市を除く栃木県が2名、栃木県以外の関東地方

が7名、東北地方が6名、中部地方が1名を占めていた。また、参加者の小山市への来訪経験をみると、「小山市出身・在住」が1名、「来訪経験あり」が10名、「来訪経験なし」が6名であった。「来訪経験あり」と回答した10名の来訪目的は、「鉄道路線の乗り換え」が3名、「部活動の大会等」が2名、「待ち合わせ」「送迎」「授業」「買物」がそれぞれ1名であり、観光目的で訪問した学生は「イチゴ狩り、夏祭り、授業」と回答した1名にとどまっていた。なお、「小山市出身・在住」の学生については、道の駅思川を除くと、今回のモニターツアーのコースに含まれている観光資源を訪問した経験がない。

写真12-1　おやま本場結城紬クラフト館（2021年）
（筆者撮影）

写真12-2　廃校を利用した小山ベースボールビレッジ（2018年）
（筆者撮影）

1）モニターツアー1日目

1日目の訪問地は、①クラフト館→②農村レストランJ→③ベースボールビレッジである。移動手段として、大学のスクールバスを使用した。①クラフト館はJR小山駅西口のロブレビル1階にあり、本場結城紬の情報発信拠点としての機能を有している。ここでは、本場結城紬の歴史と作業工程に関する映像の視

写真12-3　廃校のプールを再利用したナマズ養殖（2018年）
（筆者撮影）

聴、地機織りと糸つむぎの実演見学、クラフト館のスタッフによる解説などが行われた（写真12-1）。また、着物の試着体験や糸つむぎ体験、繭玉を使用したクラフト体験などを行う学生もみられた。その後、参加者は②農村レストランＪに移動し、自家製野菜を使用した「旬の野菜ランチ」（税込1,850円）を食べた。最後に、旧梁小学校の閉校跡地を活用し、栃木ゴールデンブレーブス（株式会社栃木県民球団）の練習拠点となっている③ベースボールビレッジを訪問した。ここでは、球団統括本部長から、運営母体である株式会社エイジェックの事業紹介や閉校利用によるベースボールビレッジ設立の経緯、読売ジャイアンツから移籍した村田修一選手の入団（2018年引退）による波及効果などについて説明がなされた。その後、体育館を再利用した全面人工芝の室内練習場、校舎を活用したトレーニング施設・ラウンジ室・トレーナー室（写真12-2）、プールの跡地を活用したナマズとホンモロコの養殖池などを視察した（写真12-3）。

2）モニターツアー2日目

2日目は、①渡良瀬遊水地第2調節池で実施された第23回ヤナギ・セイタカアワダチソウ除去作戦（以下、「ヤナギ・セイタカアワダチソウ除去作戦」）への参加→②小山市渡良瀬遊水地エコツーリズムガイド協会による渡良瀬遊水地と水塚・揚船の解説・見学→③ナマズ料理店Ｓ→④道の駅思川の順でツアーを実施した。主な移動手段は大学のスクールバスである。

①ヤナギ・セイタカアワダチソウ除去作戦は、湿地環境や湿地植物の保全を目的として、2014年度から小山市や野木町などによって渡良瀬遊水地第2調節池内で年4～5回開催されている[1]。参加者は運営スタッフから作業用の軍手とゴミ袋を受け取り、ヤナギとセイタカアワダチソウの特徴と除去方法の説明[2]を受けた後、それぞれこれらの除去作業を行った（写真12-4）。

つぎに、参加者は、②渡良瀬遊水地第2調節池の堤防上（生井桜づつみ）に上がり、小山市渡良瀬遊水地エコツーリズムガイド協会のガイドスタッフによる渡良瀬遊水地の歴史、流入する河川の特徴、設備と排水方法などについての解説を受け、双眼鏡を用いて山地や越流堤、飛来する鳥、スカイダイ

写真12-4　ヤナギ・セイタカアワダチソウ除去作戦の様子（2018年）
（筆者撮影）

写真12-7　揚舟（2018年）
（筆者撮影）

写真12-5　渡良瀬遊水地第2調節池（2017年）
（筆者撮影）

写真12-8　渡良瀬遊水地の天然ナマズ（2017年）
（筆者撮影）

写真12-6　水塚（2018年）
（筆者撮影）

写真12-9　ナマズの天ぷらとたたきだんご（2018年）
（筆者撮影）

ビングの様子などを観察した（写真12-5）。そこからバスで周辺部の農村集落に移動した後、この地域の水害対策を学ぶために、地元住民が所有する水塚の上に建てられた蔵（写真12-6）と、農機具小屋の天井に保管された揚舟（写真12-7）を観察し、ガイドスタッフからこれらについて解説を受けた。終了後、バスで③ナマズ料理店Sに向かい、ここで蕎麦と郷土料理の天ぷら（渡良瀬遊水地の天然ナマズを使用した白身の天ぷら、2013年から休耕田を再利用した養殖場で採取されているホンモロコの天ぷら、「たたきだんご」と呼ばれるナマズの白身・骨と味噌などを混ぜ合わせたつみれ揚げなど）（税込1,200円）を食べた（写真12-8・12-9）。

最後に、④道の駅思川を訪問し、自由行動とした。ここには、地元の農産物やそれを使用した加工品、総菜などが販売されており、いちごを使用した洋菓子販売店、ハトムギを使用したジェラート販売店などが入居している。ジェラートや野菜などを購入する学生がみられた。

3．モニターツアーに参加した大学生による観光資源の評価

本章では、モニターツアーで訪問した8つの観光資源（クラフト館、農村レストランJ、ベースボールビレッジ、ヤナギ・セイタカアワダチソウ除去作戦、渡良瀬遊水地、揚舟と水塚、ナマズ料理店S、道の駅思川）を対象として、参加者へのアンケート調査をもとにそれぞれの満足度と再来訪の意思について分析し、それぞれの観光資源の評価を明らかにする。

観光資源の満足度については、各観光資源を「満足（5点）」「やや満足（4点）」「どちらともいえない（3点）」「やや不満（2点）」「不満（1点）」の5段階で評価してもらい、その合計点を回答人数で割ったものを「満足度の平均評価」とした（表12-1）。一方、各観光資源への再来訪の意思については、「ぜひまた訪れたい（5点）」「機会があったらまた訪れたい（4点）」「どちらともいえない（3点）」「あまり訪れたいとは思わない（2点）」「訪れたくない（1点）」の5段階で評価してもらい、その合計点を回答人数で除したものを「再来訪の意思の平均評価」とした（表12-2）。同時に、再来訪したい理由と再来訪

表12-1 小山市の観光資源に対する満足度（2018年）

訪問地	平均評価	満足（%）	やや満足（%）	どちらともいえない（%）	やや不満（%）	不満（%）
おやま本場結城紬クラフト館の見学（N＝16）	3.9	18.8	62.5	6.3	12.5	0.0
農村レストランJ（N＝16）	3.6	18.8	43.8	18.8	12.5	6.3
小山ベースボールビレッジの見学（N＝15）	3.8	13.3	60.0	20.0	6.7	0.0
ヤナギ・セイタカアワダチソウ除去作戦（N＝16）	4.4	50.0	43.8	0.0	6.3	0.0
渡良瀬遊水地の見学（N＝16）	3.6	6.3	56.3	25.0	12.5	0.0
揚げ船と水塚の見学（N＝16）	3.3	0.0	50.0	31.3	18.8	0.0
ナマズ料理店S（N＝16）	4.9	87.5	12.5	0.0	0.0	0.0
道の駅思川（N＝16）	4.4	43.8	50.0	6.3	0.0	0.0

注）「おやま本場結城紬クラフト館の見学」「農村レストランJ」「ヤナギ・セイタカアワダチソウ除去作戦」「渡良瀬遊水地の見学」「揚舟と水塚の見学」「道の駅思川」の6カ所については、端数処理により、満足度の割合の合計が100％を超える。（参加者へのアンケート調査により作成）

表12-2 小山市の観光資源に対する再来訪の意思（2018年）

訪問地	平均評価（点）	ぜひまた訪れたい（%）	機会があったらまた訪れたい（%）	どちらともいえない（%）	あまり訪れたいとは思わない（%）	訪れたくない（%）
おやま本場結城紬クラフト館の見学（N＝16）	3.3	6.3	43.8	25.0	25.0	0.0
農村レストランJ（N＝16）	3.1	12.5	31.3	25.0	18.8	12.5
小山ベースボールビレッジの見学（N＝15）	3.1	6.7	20.0	46.7	26.7	0.0
ヤナギ・セイタカアワダチソウ除去作戦（N＝16）	3.9	18.8	62.5	12.5	6.3	0.0
渡良瀬遊水地の見学（N＝16）	3.1	0.0	37.5	31.3	31.3	0.0
揚げ船と水塚の見学（N＝16）	2.4	0.0	12.5	31.3	43.8	12.5
ナマズ料理店S（N＝16）	4.3	50.0	37.5	6.3	6.3	0.0
道の駅思川（N＝16）	4.3	43.8	43.8	12.5	0.0	0.0

注）すべての訪問地において、端数処理により、満足度の割合の合計が100％を超える。
（参加者へのアンケート調査により作成）

したくない理由を自由回答欄で尋ねた。

1）おやま本場結城紬クラフト館の評価

　クラフト館の満足度の平均評価は、3.9と全体で4番目に高い割合を示していた。「満足」が18.8％、「やや満足」が62.5％を占め、これら2つの肯定的な評価が81.3％を占めていた。再来訪の意思の平均評価は3.3である。「ぜひまた訪れたい」と「機会があったらまた訪れたい」が合わせて半数を占めていた。一方で、「どちらともいえない」と「あまり訪れたいと思わない」も50％に達するなど、学生による評価が大きく分かれた。再来訪に積極的

な意見については、「結城紬に関する体験講座で受講したいものがあったら、やってみたいと思ったから」「小山駅から近く、体験も色々できるから」「色々体験できて楽しかったから」「機織りの体験をさせていただいて楽しかったため」「織物を実際にやってみたい」「着物を着てみたくなった」「コースターを作ってみたい」など、体験に関する内容が多くみられた。

　一方、再来訪に消極的な意見には、「今回で施設全てを見て、歴史も知ることができたので1回でいいかなと思ってしまいました」「結城紬を知ることができましたが、次に来る目的がないと思ったため」「見学時間が十分にあり、満足したから」などが挙げられた。このように、体験に重点を置いていた学生は再来訪の意思が強いと考えられるのに対し、本場結城紬の歴史や工程などの学習に重きを置いていた学生は今回のモニターツアーで目的が達成されたためその意識が低い傾向にあった。

2）農村レストランJの評価

　農村レストランJにおける満足度の平均評価は3.6であり、「満足」が18.8％、「やや満足」が43.8％を占め、これら2つの肯定的な評価が全体の約62.6％を占めている。一方で、「不満」と回答した学生が6.3％、「やや不満」が12.5％存在するなど、これら2つの消極的な評価が揚舟と水塚の見学に並んで最も高い割合（18.8％）を示している。

　こうした評価の二極化は再来訪の意思においてより顕著に表れている。「ぜひまた訪れたい」と回答した参加者が12.5％、「機会があったらまた訪れたい」が31.3％であり、肯定的な評価が43.8％を占めていたものの、「訪れたくない」が12.5％、「あまり訪れたいとは思わない」が18.8％も存在した。これら2つの消極的な評価が31.3％であり、渡良瀬遊水地の見学と並んで2番目に割合が高かった。そのため、再来訪の意思の平均評価は3.1にとどまっており、ベースボールビレッジと渡良瀬遊水地の見学に並んで2番目に低い値になった。

　再来訪に積極的な理由として、「野菜が美味しかった」「こだわりがよいと思った」「普段、あまり口にしない野菜を食べることができ、また外で飼わ

れていた羊がかわいかった」「あんなにじっくり野菜を味わうことはないから」など自家製野菜料理の味やこだわり、珍しい野菜の存在を指摘する参加者がみられ、次回は他の料理を食べたいという内容も散見された。一方、再来訪に消極的な理由には、野菜料理中心のコース料理の物足りなさや金額の高さ、苦手な野菜があったことなどが挙げられた。

3）小山ベースボールビレッジの評価

ベースボールビレッジにおける満足度の平均評価は3.8であり、「満足」（13.3％）と「やや満足」（60.0％）が合わせて73.3％を占めていた。一方、再来訪の意思の平均評価は3.1で揚舟と水塚の見学に次いで2番目に低い値を示している。「また訪れたい」が6.7％、「機会があったらまた訪れたい」が20.0％にとどまっており、「どちらともいえない」が46.7％、「あまり訪れたいとは思わない」が26.7％であるなど消極的な回答が73.4％を占めていた。これは、野球に関心がないと回答した学生が多く含まれていたことに起因する。

4）ヤナギ・セイタカアワダチソウ除去作戦の評価

ヤナギ・セイタカアワダチソウ除去作戦における満足度の平均評価は4.4であり、これは道の駅思川と並び2番目に高い割合を示していた。とくに、「満足」が50.0％、「やや満足」が43.8％であり、この2つで93.8％を占めていた。また、ヤナギ・セイタカアワダチソウ除去作戦の再来訪の意思に関する平均評価は3.9であり、3番目に高い割合であった。「ぜひまた訪れたい」が18.8％、「機会があったらまた訪れたい」が62.5％であり、この2つの回答で81.3％を占めていた。再来訪したい理由をみると、「大きなセイタカアワダチソウを見つけて採るのが楽しかったため」「達成感があった」「楽しくて時間があっという間に過ぎたから」「子どもの頃、外で遊んだことを思い出して楽しかった」「1つの目的を達成する為に何かやるのは楽しい」「皆でわいわい楽しみながらやるのは楽しかった」など、充実感や仲間と協力して取り組むことの面白さを指摘する記述が多くみられた。また、「想像以上

に楽しかった。みんなと楽しみながら地域に貢献できる良いイベントだと思いました」「夢中で参加でき、取った雑草の分だけ地域に貢献している気がして満足できたからです」「思ったよりやりがいを感じられたから」など、地域貢献に対するやりがいを指摘する学生も散見された。

5) 渡良瀬遊水地および揚舟・水塚の評価

(1) 渡良瀬遊水地の評価

渡良瀬遊水地における満足度の平均評価は3.6であり、農村レストランJと並んで低い順から2番目であった。とはいえ、「満足」が6.3％、「やや満足」が56.3％を占めるなど、肯定的な評価が多くみられた。

一方、再来訪の意思の平均評価は3.1であり、農村レストランJとベースボールビレッジと並び2番目に低い値であった。「機会があったらまた訪れたい」が37.5％にとどまっており、「どちらともいえない」と「あまり訪れたいとは思わない」（それぞれ31.3％）の消極的な回答が62.6％を占めた。再来訪に消極的な意見として、今回のモニターツアーで渡良瀬遊水地の知識をたくさん学ぶことができたことや、解説が長かったこと、景色に魅力を感じなかったこと、鉄道駅から遠いことなどが指摘された。一方で、モニターツアーではコウノトリや富士山、ヨシ焼きなどをみることができなかったため、渡良瀬遊水地を再来訪したいという意見も散見された。

(2) 揚舟・水塚の評価

揚舟・水塚に関する満足度の平均評価は3.3で最も低い値であったが、「やや満足」が半数を占めていた。一方、再来訪の意思の平均評価は2.4で最も低い値であった。「機会があったらまた訪れたい」が12.5％にとどまり、「訪れたくない」が12.5％、「あまり訪れたいとは思わない」が43.8％、「どちらともいえない」が31.3％を占めるなど、消極的な意見が多くみられた。その理由として、揚舟と水塚は個人宅にあり、改めて訪問しにくいことや解説が長かったことなどが挙げられた。また、モニターツアーの実施前に、座学の授業で揚舟と水塚を取り扱ったため、実際に見学する必要がないという

意見も散見された。

6）ナマズ料理店Sの評価

参加者によるナマズ料理店Sに対する満足度の平均評価は4.9であり、8つの観光資源で最も高い評価を得た。その内訳をみても、「満足」が87.5％、「やや満足」が12.5％を占めていた。同様に、再来訪の意思の平均評価は4.3であり、道の駅思川と並んで最も高い評価がなされた。回答内容をみると、「ぜひまた訪れたい」が50.0％、「機会があったらまた訪れたい」が37.5％であり、これら2つの回答が87.5％を占めていた。

再来訪に積極的な理由をみると、「ナマズが想像よりおいしかった」「ナマズの天ぷら、ナマズのたたきだんごなどはじめて食べたがおいしいと思ったから」「ナマズ料理はなかなか食べることができないから」などナマズ料理を初めて食べる学生がほとんどであったが、その味を気に入るケースが多かった。そのほか、店主からナマズ料理の説明があり、その人柄の良さを挙げる学生もみられた。

7）道の駅思川の評価

道の駅思川における満足度の平均評価は4.4であり、ヤナギ・セイタカアワダチソウ除去作戦と並んで2番目に高い割合であった。「満足」が43.8％、「やや満足」が50.0％であり、この2つの回答で93.8％を占めていた。

同様に、道の駅思川における再来訪の意思の平均評価は4.3であり、ナマズ料理店Sと並んで最も高い値を示していた。「ぜひまた訪れたい」と「機会があったらまた訪れたい」がそれぞれ43.8％を占めている。再来訪したい理由として、ジェラートが美味しかった（もしくは、次回食べてみたい）こと、イチゴのスイーツや多種多様な野菜、焼きそばなどを食べてみたいこと、多くの来訪者で賑わっており活気があったこと、野菜を安く購入できたこと、試食ができたこと、品揃えが豊富であることなどが挙げられた。

4. 本章の結論

本章では、地方都市の1つである小山市の観光資源を対象として、大学が参加するモニターツアーの実践事例を紹介し、参加者による観光資源の評価に関する諸特徴を分析した。

その結果、①クラフト館、ベースボールビレッジの施設見学、渡良瀬遊水地、水塚・揚船など学習型の観光資源は満足度の平均評価である程度の評価を得ていたが、再来訪の意思の平均評価が低かったことがわかった。①学習型の観光資源は知識習得の場として重要であるが、一度訪問して知識を習得すると再来訪する動機がなくなってしまうことからリピーターの確保が難しいと考えられる。そのため、これらの施設は、小中高生の遠足や社会見学の場、大学生のフィールドワークの場として活用していくことが重要であろう。

一方、②ナマズ料理店Sや道の駅思川、ヤナギ・セイタカアワダチソウ除去作戦は満足度と再来訪の意思の双方で平均評価が高かった。また、大学生が現地でしか味わえない郷土料理体験や仲間と協力しながら地域貢献を行うボランティア体験など体験型観光に強い関心を持っていたり、道の駅や飲食店などの消費の場においてコストパフォーマンスの高さを求めたりしていることがわかった。

中沢・古市（2011）は、2000年代以降における日本人の消費行動が、ハワイ豪遊やブランド品の購入に代表されるようなバブル期の過剰な非日常感を演出した「海外旅行型消費」から、日帰り入浴施設やショッピングモールなど日常の延長として日帰りで消費やレジャーを体験型で楽しむ「遠足型消費」に移り変わってきたことを指摘している。とくに、Z世代をはじめとする若年層はいろいろな場面でコストパフォーマンス意識が働くと考えられ、移動コストを踏まえると現状では彼らを遠方から小山市に誘致することは難しいと推測される。以上を踏まえると、小山市のような全国的に有名な観光資源が存在しない地方都市や農村地域では、遠方に住む観光旅行者や訪日外国人旅行者の誘致ばかりを意識するのではなく、子どもの遊び場を求めてい

る親子をはじめとする市内の市街地に住む都市住民や、県内・隣接県に住むレクリエーション目的の来訪者などに目を向けることも必要であろう。

　今回のモニターツアーは冬季に実施したため、観察できる植物や野鳥が限定されてしまうなど、渡良瀬遊水地の魅力が参加者に伝わりにくかった可能性がある。今後、自然観光資源を対象としたモニターツアーを実施する場合、その観光資源が持つ季節性を考慮に入れる必要があるだろう。

〔注〕
1) ヤナギは樹林化することにより、絶滅危惧種を含む在来植物の発芽と生育を阻害するとされている。一方、外来種のセイタカアワダチソウは、根から周囲の植物の生育や発芽を妨げる有害物質を出すといわれている。
2) ヤナギについては、鍬が貸し出され、それを使って根元から除去する。一方、セイタカアワダチソウについては、簡単に手で取り除くことができる。

〔参考文献〕
伊藤正太・川原　晋2015．地域の観光振興のためのモニターツアーの活用のあり方に関する研究．観光科学研究8：51-59．
鈴木富之2018．渡良瀬遊水地第2調節池周辺地域における農村観光の特徴と地域的課題．総合観光研究16・17（合併号）：11-22．
中沢明子・古市憲寿2011．『遠足型消費の時代―なぜ妻はコストコに行きたがるのか？』朝日新聞出版．
福井一喜2018．東京大都市圏の若者の観光・レジャーとSNS利用．地理63（9）：18-25．
増田寛也編2014．『地方消滅―東京一極集中が招く人口急減』中央公論新社．

終章　趣味の多様化と観光地域
―本書のまとめと今後の展望―

鈴木富之

1．本書のまとめ

　本節では、これまで明らかにしてきた①趣味の多様化に伴う主要観光地域の変容、②旅行者の趣味嗜好に寄り添ったオルタナティブ・ツーリズム（ニューツーリズム）の展開、③趣味に没頭するZ世代の若者によるファン行動（推し活）と観光資源の評価の結果を踏まえ、「趣味の多様化と観光地域」の関係性について考察する。

　第Ⅰ部「趣味の多様化に伴う主要観光地域の変容」では、温泉観光地域、高原観光地域、歴史的町並み観光地域、都市など主要観光地域が趣味の多様化によっていかに変化したかについて検討した。板室温泉では、従来の湯治宿としての性格を持つ旅館に加え、自転車、アート、ペットなど特定の趣味に特化した経営を行う旅館や、内装や食器などにこだわるなど客室の高級化を図り、快適な空間づくりを行う旅館が出現している（1章）。秋保温泉では、サイクルツーリズムやアルコールツーリズム、里山散策が導入されたり、動画投稿サイトでプロモーション動画が配信されたりするなどさまざまな新しい取り組みがなされている。同時に、温泉旅館のなかには、外国人観光客の誘致に積極的な施設もみられた（2章）。霧降高原のペンションでは、音楽グループの演奏合宿や修学旅行生など団体宿泊客の受け入れ、料理へのこだわり、浴室の高級化、体験型の観光サービスの提供など、観光客のニーズに合わせたもてなしを展開している（3章）。また、佐原重要伝統的建造物群保存地区は、地元住民向けの商業やサービス業が集積する生活空間から、歴史的な建物の見学や歴史学習の場へと変容している（4章）。1～4章でみたよう

に、観光客の趣味嗜好がこれらの観光地域に影響を与えており、これらが観光関連産業や商業施設の生き残り戦略の1つになっていると考えられる。

　一方、都市に注目すると、東京山谷地域では、日雇い労働者の居住空間から、低予算志向の個人自由旅行者やビジネス客などの滞在拠点へと業態転換を図る簡易宿泊所が出現した（5章）。また、那覇市中心部の事例では、空き家や空き店舗など宿泊施設型ゲストハウスが進出し、低予算志向あるいは長期滞在で沖縄観光を楽しむ観光客がみられた（6章）。5・6章で取り上げた宿泊施設経営者は観光客の趣味嗜好を活かした都市観光の需要に着目した経営を展開しており、結果としてインナーシティ問題を抱える都市内部の新陳代謝を促しているといえるのではないだろうか。

　第Ⅱ部「旅行者の趣味嗜好に寄り添ったオルタナティブ・ツーリズム（ニューツーリズム）の展開」では、オルタナティブ・ツーリズムへの取り組みがいかにして地域に展開されてきたかについて明らかにした。沖縄本島北部および伊江島では、平和学習目的の修学旅行生を対象とした民泊体験事業が組織的に展開されるようになり、受け入れ民家によって農業体験や三線体験、舞踊体験、菓子作り体験など沖縄生活体験や地域内の散策・観光などが行われている（7章）。沖縄県の琉球泡盛製造業者では、工場によって見学者の受け入れ態勢はさまざまであるが、本来業務である生産・製造に支障がないよう調整を行いながら無理のない範囲で工場見学者を受け入れていることが多い（8章）。しまなみ海道サイクリングロードでは、愛媛・広島両県によるサイクリストの受け入れに向けたさまざまな取り組みが行われている。その利用者は観光の途中で短距離のサイクリングを行う観光客や日常的な運動の一環としてサイクリングを行う地元住民から、しまなみ海道の縦断や四国一周を目指す上級者まで多岐にわたる（9章）。東日本大震災の復興を目的として開設された道の駅おながわでは、宮城県外や仙台市から訪れる来訪者は海鮮丼や土産物、水産加工品を求めているのに対し、近隣からの来訪者は中華料理や和食の飲食店を訪問したり、生鮮食料品を購入したりする傾向にある（10章）。県外からの来訪者のなかには、道の駅おながわ来訪の前後に周辺地域の震災関連施設を巡る例が多かった。以上のように、第Ⅱ部では、こ

れまで観光対象になりにくかった地域や産業施設で地域資源を活かしながら、観光客の趣味嗜好に寄り添ったオルタナティブ・ツーリズムが展開されているといえる。ただし、オルタナティブ・ツーリズムは修学旅行生や泡盛愛好者などニッチな需要に対応した観光形態も多い。そのため、温泉観光地域や高原観光地域など面的な広がりを持つマス・ツーリズム型の観光地域と異なり、宿泊施設や土産物店、観光対象施設などの集積に繋がりにくい傾向にある。

第Ⅲ部「Z世代の若者によるファン行動（推し活）と観光資源の評価」では、デジタルネイティブのZ世代に焦点をあてて、その代表的な観光行動の1つであるファン行動（推し活）がどのように行われているか、またZ世代の若者はどのように農村地域の観光資源を評価するのかについて検討した。大学生のファン行動の事例では、グッズの購入、ソーシャルネットワーキングサービス（SNS）やインターネットでの情報収集に加え、グッズの作成やプレゼントの購入、応援歌や掛け声の予習・練習、洋服やアクセサリーの購入、美容室で髪型を整えるなどさまざまな準備行動がみられた（11章）。また、ファン行動を行う大学生はイベントへの参加を最優先にしているため、宿泊先や食事に対する出費を抑えながら、ライブ・コンサートのチケットやグッズの購入資金を確保していると考えられる。一方、大学生による観光資源の評価に関する事例では、彼ら彼女らは渡良瀬遊水地の郷土料理を提供するナマズ料理店、野菜を安く販売している道の駅思川、仲間と楽しみながらボランティア活動ができるヤナギ・セイタカアワダチソウ除去作戦に高い評価を与えているのに対し、学習型の観光施設への再来訪の意思は低かった（12章）。以上のように、第Ⅲ部の結果からZ世代の若者は非日常的なイベントや体験、コストパフォーマンスなどを重要視しながら、自らの消費行動や観光行動の取捨選択をしていることがわかった。

2．今後の展望

最後に、趣味を媒介とした観光地域づくりに向けた取り組みに関わる課題を3点挙げ、それらに関わる今後の展望について述べる。

1）人口減少社会を見据えた観光地域づくりに向けた取り組みの集約化

　第1に、これからの人口減少社会の進展を見据え、いかにして観光地域づくりに向けた取り組みの集約化を図りながら、持続可能な観光地域を形成していくかが挙げられる。

　人口減少社会の到来により、ホテルや旅館などの観光関連産業や観光地域づくりの現場では担い手の高齢化や人手不足の問題が生じていたり、来訪する観光客数が減少していたりするなど、地方の観光地域のなかには衰退や消滅に向かっているものも存在する。このような状況であるのにもかかわらず、補助金や優遇措置をもとに観光地域づくりに向けた取り組みの拡大を目指している自治体も多くみられ、自治体間で交流人口や関係人口の奪い合いを行っている状況にある。

　しかしながら、観光地域づくりに向けた取り組みは必ずしもすべての地域で有効であるとは限らない。観光地域づくりに適している地域とそうではない地域が存在する。たとえば、栃木県の農村観光を例にみると、日光地域（中禅寺湖、日光東照宮、鬼怒川温泉、湯西川温泉など）と那須地域（那須高原、那須湯元温泉、塩原温泉、板室温泉など）など著名な観光地域が高原・山岳火山地域に集中しているのに対し、平坦地では農産物直売所や農家レストランなどの立ち寄り施設が点在するにとどまっている（田林・大石2014）。福井（2022）が指摘するように、地域の魅力形成には当該地域が持つ「欠点」や「不利性」などが重要であり、結果的にこれらが長い期間をかけて観光地域形成の礎になっているといるといえる。日光地域や那須地域の風光明媚な自然景観や温泉などは高原・山岳火山地域の条件不利性がつくり出したものである。同様に、那須地域では冷涼かつ火山灰で痩せた土地も多かったため、酪農が導入されることになり、結果として千本松牧場や南ヶ丘牧場、りんどう湖ファミリー牧場などの観光牧場が点在するようになった。これらを考慮すると、人口減少社会において、国や自治体が観光地域づくりに適していない地域に労働力や補助金を投入し続け一大観光地を目指そうとしても、成功することは難しく、いたずらに自治体職員や地域の担い手などを疲弊させてし

まうだけでなのではないか。

　観光地域づくりに向けた取り組みを実践する際には、当該地域が①全国あるいは地方レベルなどの知名度があり広範囲から観光客を誘致することが可能であるのか、あるいは②地元住民を対象としたローカルなレクリエーションの場に適した地域であるのかを客観的に見極める必要がある。そのためには、自然条件、歴史・文化条件、社会・経済的条件など、当該地域が持つ地域性を詳細に分析することが重要であろう。そのうえで、国家的に観光地域づくりを進める場合、国や自治体が、①知名度が高く集客圏が広い観光地域を重点的に支援し、そこに労働力や補助金などを集約化させていくことが必要なのではないか。

2）観光地域づくりにおけるデジタルコンテンツの活用

　第2の課題として、趣味を媒介とした観光地域づくりを行う際に、いかにしてデジタルコンテンツを活用し、観光地域や観光資源の新たな魅力創出を実行していくかが指摘できる。

　地方では、日本の高温多湿の気候風土や外海からの塩分飛来などに伴いこれらの劣化速度が速くなっていることや、人口減少社会の到来および若年層の大都市への流出などにより自治体の財政状況が悪化していることから、維持管理が難しくなっている産業遺産や歴史的建造物などもみられている（出水2017）。歴史的建造物のなかには、担い手や後継者の不足などから空き家になるケースもある（呂2015）。

　こうした状況下、三次元レーザースキャナやカメラを搭載した無人航空機（ドローン）などを用いて産業遺産や歴史的建造物のデジタルアーカイブ化を実行することにより、学術的な資料として「現在の姿」を保存したり、観光対象施設などでデジタルコンテンツとして公開したりする例もみられている。デジタルアーカイブ化した資料は、損傷や滅失を恐れず使用でき、何回複製しても劣化しないという特徴を持っているため、「地域の記憶」の伝承や活用に適している（橋爪2022）。また、劣化した産業遺産や歴史的建造物のなかには、安全性の問題により観光客の立入禁止区域を設定しているもの

写真F-1　軍艦島（2023年）
（筆者撮影）

写真F-2　軍艦島デジタルミュージアム（2023年）
（筆者撮影）

もあるが、これらの姿をデジタルコンテンツで観光客に公開することも可能である。

　デジタルコンテンツを活用した観光資源の1つとして、長崎市の軍艦島（端島）が挙げられる（写真F-1）。「軍艦島3Dプロジェクト」として、建物、地形、護岸などの地上では三次元レーザースキャナによる計測が、水中部では水中三次元計測が、海側の護岸や建物屋上では無人航空機による空撮が行われ、三次元モデルが作成された（出水2016, 2017）。これらの三次元データは2015年に開設された「軍艦島デジタルミュージアム」で、デジタルコンテンツとして観光客に公開されている（写真F-2）。ここでは、軍艦島のプロジェクションマッピングや三次元モデルの操作体験、VR（Virtual Reality、仮想現実）体験、三次元データからレーザープリンターで出力した鉄筋コンクリートアパートの模型に関する展示などが行われており[1]、来訪者は軍艦島の歴史やそこに住んでいた人々の生活などを可視的に理解することができる。2024年現在、軍艦島デジタルミュージアムは、株式会社ユニバーサルワーカーズが提供している軍艦島上陸ツアー「軍艦島コンシェルジュ」の集合場所になるなど[2]、多くの観光客で賑わっている。

　今後も、人口減少社会の進展に伴い自治体の財政難や担い手の不足、観光客の減少などの問題が拡大することにより、観光地域が衰退したり、地域固有の伝統が消滅したりする可能性がある。しかしながら、映像資料の放映や

プロジェクションマッピング、三次元モデルの操作体験、VR体験、AR（Augmented Reality、拡張現実）体験、メタバース（仮想空間）などのさまざまなデジタルコンテンツを活用することにより、観光客が産業遺産や歴史的建造物、伝統行事、伝統工芸品やその生産現場の「生きた姿」を半永久的に楽しめるようになり、これらのコンテンツが観光地域の新しい魅力創出に繋がるだろう。

3）趣味を媒介とした若者の居場所づくり

第3の課題として、いかにして趣味を媒介とした若者の居場所づくりをしていくかが挙げられる。

少子化や超高齢化が進む現代の日本社会は、2000年代後半から人口減少社会に突入し、長期にわたる経済の低迷や社会格差の拡大、企業や自治体における人手不足や生産性の低さ、空き家・空き店舗の増加、インフラストラクチャーの老朽化、高齢者や若者の社会的孤立・孤独などさまざまな問題を抱えており、現在の日本社会に対し閉塞感や生きづらさを感じている日本人は少なくない。

とくに、Z世代など日本の若者には、こうした閉塞感や生きづらさに加え、メンタルヘルスの不調や引きこもりなどの社会的孤立・孤独の状況にあったり、希死念慮や自殺念慮を抱えていたりする者も存在する。若者が閉塞感や生きづらさなどを抱えている要因は一様ではないが、①人間関係に関する問題（社会的なつながりの不足や人間関係の希薄化、親子関係の不和、いじめ、失恋など）、②自らのキャリアや職場環境に関する問題（学業ストレスや成果主義の職場など社会的圧力、生産性の低い業務、ライフスタイルの変化、非正規雇用などの不安定な労働形態など）、③経済的な問題（長期にわたる経済不況と物価高、将来への不確実性など）、④デジタル社会の弊害（情報過多、インターネットやSNSによる誹謗中傷など）などが考えられる。加えて、新型コロナウイルスCOVID-19が蔓延した2020年には、小中高校生や大学生の多くが登校を許可されず、在宅でオンライン授業を受講する日々を送っていたため、友人に会えず、また新学期に新たな人間関係を構築することも難しかった。

このような閉塞感や生きづらさが蔓延するなか、いわゆる「トー横界隈[3]」や「グリ下[4]」など大都市の繁華街に自らの居場所を求める若者が集まり、彼ら彼女らのなかには過剰な飲酒や市販薬の過剰摂取（オーバードーズ）、街娼（立ちんぼ）などの問題行動がみられている[5]。

一方で、アニメ・マンガの聖地化や、屋外バスケットボールコートやスケートパークの整備、ｅスポーツ大会や音楽祭（音楽フェス・野外フェスなど）の開催、子ども食堂の開設などにより、趣味を媒介とした若者の居場所づくりを行っている地域も存在している。今後もますます人口減少社会が進展し、閉塞感や生きづらさを感じる社会が続くことが予想される。そのため、若者が自らの居場所となり、かつ多様な趣味に没頭できる観光・レクリエーションの空間を整備していくことが必要であろう。これにより、若者が自己表現やストレスの解消を行い、「自分らしさ」を取り戻すとともに、趣味を媒介とした新たな人間関係を構築することができるのではないだろうか。

〔注〕
1) 筆者は群馬県中之条町六合地区で三次元データースキャナを用いたデジタルアーカイブ化を、また栃木県小山市の渡良瀬遊水地第２調節池で無人航空機を使った観光プロモーション動画の制作を試みており、その詳細な手順などについては森田ほか（2018，2024）にまとめている。
2) 軍艦島コンシェルジュ公式ホームページ（https://www.gunkanjima-concierge.com、最終閲覧日2024年９月４日）。
3) トー横界隈とは、東京・新宿区歌舞伎町の新宿東宝ビル周辺部を指し、そこに集まる若者は「トー横キッズ」と呼ばれている。
4) グリ下とは、大阪・ミナミにある道頓堀グリコサインの下のことである。
5) 例えば、若者の繁華街での問題行動として、以下のような報道がなされている（最終閲覧日2024年９月８日）。
    ①産経新聞ニュースサイト「『グリ下』に集う若者の実態 現状つかんで効果的な支援を（2024年７月21日公開）」、https://www.sankei.com/article/20240721-Q4MRUXD3QRKKVKCJ5EI2STPYKE/。

②読売新聞オンライン「『グリ下』に若者なぜ集う…家庭内で暴力や虐待『家が安心安全な場所ではない』（2024年6月19日公開）」、https://www.yomiuri.co.jp/local/kansai/news/20240619-OYO1T50047/。

③東京新聞TOKYO Web「グリ下、トー横で横行…オーバードーズから若者を守るには 『処方薬』と『市販薬』に必要な規制を考える（2024年3月4日公開）」、https://www.tokyo-np.co.jp/article/312875。

④朝日新聞デジタル「なぜ子どもたちはトー横に集うのか 記者が感じた「居場所」の重要性（2023年12月23日公開）」、https://www.asahi.com/articles/ASRDQ3VTMRDLOXIE03X.html。

⑤日テレNEWS NNN「"トー横"に広がる「青い舌」 薬のオーバードーズ…命の危険も（2023年10月21日公開）」、https://news.ntv.co.jp/category/society/646e1c26646d48f3b48b0b74c1315ac4。

⑥TOKYO MX＋「事件・トラブルが相次ぐ"トー横キッズ"…居場所を求めて集まる若者に、いま必要な支援とは？（2023年9月25日公開）」、https://s.mxtv.jp/tokyomxplus/mx/article/202309250650/detail/。

⑦東京新聞TOKYO Web「市販薬オーバードーズ、安ホテルに集団で宿泊…同じ境遇の子を探して歌舞伎町に集う『トー横キッズ』の今（2023年7月18日公開）」、https://www.tokyo-np.co.jp/article/263757。

⑧NHK首都圏ナビ「新宿歌舞伎町の子どもたち「トー横」に集まる理由は タワー開業で再開発進む（2023年4月14日公開）」、https://www.nhk.or.jp/shutoken/wr/20230414a.html。

⑨読売新聞オンライン「大阪ミナミ『グリ下』・東京『トー横』、肩寄せる若者…『家にいたくない』SNSで集う（2021年11月29日公開）」https://www.yomiuri.co.jp/national/20211128-OYT1T50087/。

〔参考文献〕

田林　明・大石貴之2014．首都圏とその周辺における農村空間の商品化による観光活動の地域差．地理空間7：113-148．

出水　享2016．軍艦島3Dプロジェクト―最新のインフラ点検技術を活用したデジ

タルアーカイブ．土木学会誌101（4）：28-29．
出水　享2017．3D技術を用いた軍艦島のデジタルアーカイブ―過去、現在そして未来へ．建設機械施工69（8）：66-70．
橋爪孝介2022．地域の記憶のデジタルアーカイブの構築と活用に関する調査研究．市政研究うつのみや18：75-80．
福井一喜2022．『「無理しない」観光―価値と多様性の再発見』ミネルヴァ書房．
森田裕一・鈴木富之2018．無人航空機（UAV）を活用した観光プロモーション動画の制作―渡良瀬遊水地第2調節池周辺地域を対象として．地域デザイン科学4：45-59．
森田裕一・鈴木富之・枝　拓未・岡田哲明・西野俊夫・乗田翔夢2024．群馬県中之条町六合地区における三次元レーザースキャナを用いた産業遺産のデジタルアーカイブ化．地域デザイン科学14：57-71
呂　茜2015．重要伝統的建造物群保存地区制度の効果と空き家問題―自治体アンケート調査を踏まえて．公共政策研究15：78-89．

索　引

あ　行

アーバンツーリズム　　4
アイドル　　6, 7, 269〜276, 284
秋保温泉　　9, 45〜73, 301
伊江島　　10, 179〜192, 196, 197, 302
生きづらさ　　307, 308
板室温泉　　8, 9, 17〜42, 301, 304
今治市　　10, 224〜227, 231, 232, 236, 238, 239, 242
インナーシティ問題　　5, 302
受け入れ態勢　　9, 10, 45, 55, 56, 65, 66, 127, 180, 182, 196, 200, 201, 209〜211, 217, 229, 302
AR　　307
SNS　　1, 4, 6, 7, 23, 31, 42, 57, 208, 214, 269, 273, 274, 276, 280, 281, 284, 285, 287, 303, 307, 309
沖縄　　9, 10, 161〜174, 179〜197, 200〜221, 302
推し活　　5〜7, 11, 267, 269, 301, 303
女川町　　10, 245〜257, 262〜266
尾道市　　10, 225, 231, 232, 234, 243
小山市　　11, 287〜293, 298, 308
オルタナティブ・ツーリズム　　3, 4, 7, 9, 10, 17, 18, 41, 179, 199, 301〜303
温泉　　1, 8, 9, 17〜42, 45〜72, 77, 80, 81, 89, 234, 238, 258, 261, 301, 303, 304

か　行

外国人　　6, 9, 23, 45〜73, 87, 88, 90, 92, 127〜130, 140〜157, 161, 162, 169, 201, 212, 217〜220, 223, 298, 301
拡張現実　　307
仮想現実　　306
香取市　　9, 97〜120
簡易宿泊所　　9, 127〜157
観光行動　　1, 4, 9, 41, 78, 80, 85, 90, 97〜100, 111, 112, 115, 117, 119, 120, 224, 242, 269, 271, 303

観光地域　　1, 2, 3, 5, 7〜9, 11, 17, 41, 45, 50, 75, 77, 80, 95〜98, 161, 162, 224, 301〜307
観光地理学　　7, 8, 270
霧降高原　　9, 75〜95, 301
グッズ　　9, 252, 269, 272〜276, 284, 285, 303
グリ下　　308, 309
軍艦島　　306, 308
ゲストハウス　　9, 46, 129, 161〜174, 302
高級化　　36, 38, 41, 42, 86, 89, 301
高原　　1, 2, 9, 75〜95, 301, 303, 304
工場見学　　10, 123, 179, 199〜219, 302
高度経済成長期　　1〜3, 5, 21, 41, 75, 128, 134, 138
国際通り　　164, 167, 170, 172, 173, 188, 208
コストパフォーマンス　　285, 298, 303
COVID-19　　53, 78, 181, 196, 243, 307
孤立・孤独　　307

さ　行

サイクリスト　　10, 25, 31, 223, 224, 229〜242, 262, 302
サイクルツーリズム　　10, 53, 71, 223, 224, 301
サスティナブル・ツーリズム　　3, 199
佐原　　9, 97〜123, 301
産業観光　　3, 10, 179, 199〜202, 287
山谷　　9, 127〜157, 162, 302
自転車　　25, 30, 31, 40〜42, 53, 84, 223〜242, 258, 262, 280, 281, 301
しまなみ海道　　10, 223〜243, 302
修学旅行　　10, 86, 87, 94, 179〜197, 301〜303
重伝建地区　　98〜122
重要伝統的建造物群保存地区　　9, 97, 98, 100, 104, 109, 301, 310
趣味　　1, 3, 4, 6〜11, 17, 25, 30, 37, 40〜42, 75, 90, 92, 93, 173, 174, 179, 199, 301〜303, 305, 307, 308
新型コロナウイルス　　53, 78, 86, 181, 243, 307
震災遺構　　245, 248, 249, 254, 256, 258〜261, 264, 265

311

人文地理学　　7, 8
スポーツツーリズム　　3, 10, 179, 223, 288
Z世代　　6, 7, 11, 269, 285, 298, 303, 307
戦跡地　　187, 188, 196
仙台　　4, 9, 45〜50, 52, 53, 56, 63, 65, 69, 70〜72, 253, 255〜260, 262〜265, 278, 279, 280, 302
ソーシャルネットワーキングサービス　　1, 23, 287, 303
ソーシャルメディア　　4, 6, 7, 285

た 行

タイ　　49, 50, 52, 53, 59, 64, 72, 73, 158, 203
大都市圏　　3, 98, 99, 109, 119, 127, 171
デジタルアーカイブ　　305, 308
デジタルコンテンツ　　305〜307
デジタルネイティブ　　6, 7, 285, 303
湯治（場）　　8, 17〜19, 21, 25〜30, 32, 34, 36〜38, 40〜42, 47, 301
トー横界隈　　308
都市観光　　4, 5, 9, 162, 301, 302
栃木ゴールデンブレーブス　　288, 290
利根川　　100, 101, 119, 121
ドヤ街　　161

な 行

那須塩原市　　8, 17, 19, 22, 23
那覇　　9, 161〜174, 181, 188, 200, 208, 212, 219, 220, 302
日光　　8, 9, 19, 24, 75〜95, 157, 304
ニューツーリズム　　3, 7, 10, 17, 53, 179, 199, 301, 302

は 行

バブル期　　1〜4, 21, 84, 138, 139, 142, 152, 298
バブル崩壊　　48, 69, 128, 138, 139, 142, 143, 151, 152, 162
東日本大震災　　3, 4, 10, 34, 48, 50, 68, 69, 245, 248, 249, 251, 259, 263〜265, 266, 302
日雇い労働者　　9, 127〜130, 134, 137〜140, 142, 144, 145, 147, 151〜155, 161, 162, 302
ファン行動　　7, 11, 13, 269〜271, 277, 284, 285, 301, 303
ファン対象　　269, 271〜273, 277〜281, 284, 286
VR　　306, 307
フィールドワーク　　8, 12, 298
復興ツーリズム　　3, 10, 245
文化観光　　3, 10, 93, 179
分宿　　86, 87, 94, 185, 191〜196
米軍基地　　181, 187, 188, 190, 196
閉塞感　　307, 308
平和学習　　187, 188, 190, 196, 302
ペンション　　2, 9, 41, 46, 75〜95, 164, 165, 301

ま 行

マス・ツーリズム　　1, 3, 17, 41, 179, 199, 303
道の駅　　10, 11, 118, 123, 188, 190, 227〜229, 245〜265, 289, 290, 292, 293, 295, 297, 298, 302, 303
ミュージシャン　　7, 270〜276
民泊　　3, 10, 179〜197, 302
メタバース　　307
モニターツアー　　38, 287〜299

や 行

結城紬　　11, 287, 289, 293, 294
寄せ場　　9, 127〜130, 138, 139, 144, 152〜154, 156, 161, 162

ら 行

ライブ・コンサート　　271, 273, 284, 285, 303
ラムサール条約湿地　　287
琉球泡盛　　10, 199〜220, 302
旅館　　1, 8, 9, 17〜42, 45〜71, 75, 94, 123, 164, 165, 301, 304
歴史的町並み　　97, 98, 120, 301
レンタサイクル　　53, 54, 71, 224〜241, 265

わ 行

若者　　6, 7, 9, 11, 269, 270, 287, 301, 303, 307〜309
渡良瀬遊水地　　11, 287, 288, 290〜294, 296, 298, 299, 303, 308

執筆者一覧 (執筆順:氏名／所属)

鈴木富之 (すずき・とみゆき) ／編者紹介参照

鳥水梨歩 (とりみず・りほ) ／宇都宮大学地域デザイン科学部卒業生

半澤佑紀 (はんざわ・ゆうき) ／宇都宮大学地域デザイン科学部卒業生

山本桂輔 (やまもと・けいすけ) ／東武トップツアーズ株式会社、宇都宮大学地域デザイン科学部卒業生

柳　銀珠 (りゅう・うんじゅ) ／名桜大学国際学部国際観光産業学科上級准教授

田中春良 (たなか・はるよし) ／株式会社ジェイアール東海ツアーズ、宇都宮大学地域デザイン科学部卒業生

髙橋　葵 (たかはし・あおい) ／株式会社ジェイアール東日本企画、宇都宮大学地域デザイン科学部卒業生

吉澤優希 (よしざわ・ゆうき) ／宇都宮大学地域デザイン科学部卒業生

■編者紹介

鈴木 富之(すずき・とみゆき)

1982年茨城県生まれ。2012年筑波大学大学院生命環境科学研究科博士後期課程単位取得退学。博士（理学）。鈴鹿国際大学専任講師、公立大学法人名桜大学准教授、宇都宮大学講師を経て、宇都宮大学地域デザイン科学部コミュニティデザイン学科准教授。
専門分野は人文地理学（観光地理学）、観光学。主な著書は『名桜叢書第2集 やんばるに根ざす』（共著、出版舎Mugen、2015年）、『地域デザイン思考』（共著、北樹出版、2020年）、『地域デザイン技法』（共著、北樹出版、2022年）、『大学的栃木ガイド』（共編著、昭和堂、2023年）。

趣味の多様化と観光地域

2025年3月31日　初版第1刷発行

編　者　鈴木　富之
発行者　杉田　啓三

〒607-8494 京都市山科区日ノ岡堤谷町3-1
発行所　株式会社昭和堂
TEL(075)502-7500／FAX(075)502-7501
ホームページ　http://www.showado-kyoto.jp

Ⓒ 鈴木富之ほか　2025　　　　　　　　　印刷　亜細亜印刷

ISBN 978-4-8122-2412-0
＊乱丁・落丁はお取り替えいたします。
Printed in Japan

本書のコピー、スキャン、デジタル化の無断複製は著作権法上での例外を除き禁じられています。本書を代行業者等の第三者に依頼してスキャンやデジタル化することは、たとえ個人や家庭内での利用でも著作権法違反です。